ÖMÜR KURT

200 ADIMDA ERGENLİK REHBERİ

ÇOCUKLUKTAN **ERGENLİĞE**

kitap

1. Baskı: İstanbul, Nisan 2019

200 Adımda Ergenlik Rehberi

ISBN: '978-975-314-121-5'

Yazar
Ömür Kurt

Yayın Direktörü
Tiraje Erginer Önder

Editör
Sedef Batı

Yayına Hazırlık
Coşkun Şen

Kapak Tasarım
Argün Albayrak

Grafik Tasarım
Nazif Mert Güdek

Tasarım ve İçerik Ajansı
3kişilerloop

Baskı-Cilt
Morpa Ofset
Tel: 0212 886 52 13
Matbaa Sertifika No: 40239

Hürriyet Gazetecilik ve Matbaacılık A.Ş.
100. Yıl Mahallesi 2264 Sokak No: 1
Bağcılar – İstanbul
Sertifika No: 43261

ÖMÜR KURT

200 ADIMDA ERGENLİK REHBERİ

ÇOCUKLUKTAN **ERGENLİĞE**

İçindekiler

Önsöz

Çocukluk, bir insanın hayatının temelidir. Nasıl inşa edilirse ona göre şekillenir. Doğduğu andan itibaren ilgi gören, sevgiyle iletişim kurulan, anlaşılan, şefkat gören, merakı engellenmeyen, kurcalamasına izin verilen çocukların diğerlerine göre daha iyi bir gelişim gösterdiği araştırmalarla ortaya çıkmış. Bir şeyi merak ettiğinde "Sen sus, bilmezsin!" diye engellenen çocuk merak etmeyi bırakıyor, bir şeyi kurcaladığında "Bırak onu, bozarsın!" diye azarlanan çocuğun araştırma şevki kırılıyor veya bir resim yaptığında "Bu olmamış! Güneş mor olmaz, sarı olur. Ağaçlar ise yeşildir!" diye kesin ifadelerle yönlendirilmek çocuğun yaratıcılığını engelliyor. Belki de bizlere çok sıradan gelen sözcükler, çocukların dünyasında fırtınalar kopartıyor.

Hürriyet Kitap'tan çıkan "200 Adımda Çocuk Yetiştirme Rehberi"mizdeki uzmanların da sıklıkla vurguladığı üzere bir çocuk; bebeklik, ilk çocukluk, çocukluk gibi aşamalardan geçerek ergenlik dönemine ulaşır. Ergenlik dönemine kadar geçen bu süreçte çocuğun yaşadıkları, ergenliğe hazırlık niteliği taşır. Bireyin mutlu ve huzurlu bir ergenlik geçirmesi de daha önceki gelişim aşamalarını mutlu ve huzurlu geçirmesine bağlıdır. Bu nedenle bir çiftin bebek yapmaya karar vermesinden o bebeğin hangi aile ortamı içinde büyüdüğüne, sevgi ve ilgi görüp görmediğine göre değişir. Güven duygusu da bebeklik döneminde kazanılır ve insanın yaşamı boyunca ihtiyaç duyduğu en temel ihtiyaçlardan biridir. Bu nedenle anne ve bebek arasındaki bağlanma, ailenin bebeğe gösterdiği ilgi, şefkat, sevgi ve güler yüz, bebek henüz hayatın başlarındayken çok önemlidir. Kuşkusuz ki, bebeğin geçirdiği evreler çeşitli zorluklar da içerir. Örneğin bebek için en zor zamanlardan ilki "2 yaş sendromu" olarak adlandırılan süreçtir. Bu süreçte anne ve babanın sabırlı olması gerekir, çünkü bebek daha önce hiç yapmadığı şekilde inatlaşabilir, yemeyebilir, her şeye itiraz edebilir. Bebek bu zorlu süreci atlattıktan sonra "ilk çocukluk" dönemine geçer. 6 yaşına kadar sürecek olan ilk çocukluk dönemi, bireyin temel alışkanlıklarını kazandığı dönemdir. Bu nedenle büyük önem taşır. Yeme alışkanlığından uyku alışkanlığına, temizlik ve tuvalet alışkanlığından disiplin ve sorumluluk bilincine kadar pek çok temel kazanım bu süreçte gerçekleşir. "Okul öncesi dönem" olarak da nitelendirilen bu dönem çocukların hayatının temelini oluşturur ve bu temel nasıl inşa edilirse çocuk ona göre şekil alır. Okulla başlayan dönem ise "çocukluk dönemi"dir ve kızlarda 11, erkeklerde 13 yaşına dek sürer. Eğer çocuk, bu dönemleri mutlu ve huzurlu geçirirse, ergenlik dönemi de mutlu ve huzurlu geçer.

"200 Adımda Ergenlik Rehberi" kitabımız, "200 Adımda Çocuk Yetiştirme Rehberi"nin devamı olarak sizlerle buluşuyor. "200 Adımda Çocuk Yetiştirme Rehberi" bir çiftin bebek yapmaya karar vermesinden çocuk 6 yaşını bitirinceye dek geçen süredeki çocuk eğitimini içeriyordu. "200 Adımda Ergenlik Rehberi" ise bir çocuğun ilkokula başlamasından o çocuğun ergenlik sürecini bitirinceye dek geçen süredeki eğitimini içeriyor. Bu süreçte çocuk hızla büyürken pek çok sorunla da karşı karşıya kalabiliyor. Karşılaştığı her sorun onun için bir tecrübe gibi görünse de sorun çözülene kadar yaşanılanlar hem anne-baba hem de çocuk için oldukça zorlayıcı olabiliyor.

Çocuk, okula başladığında yeni bir ortama giriyor. Okul, çocuğun hayatı için oldukça önemli bir belirleyici oluyor. Üstelik okul hayatı, çocuğun aileden bağımsız olarak girdiği yeni bir sosyal çevreyi de oluşturuyor. Okula yeni başlayan çocuk, diğer çocukların da tıpkı kendisi gibi olduğunu görmekte zorlanabiliyor, okula gitmek istemeyebiliyor, arkadaşlarıyla veya öğretmeniyle sorunlar yaşayabiliyor... Sınavlar, ödevler, kurslar ve sorumluluklarla örülü bir hayat, çocuğun yaşamını zorlaştırabiliyor. Anne ve babalar ise zaman zaman çocuklarının bu zorlanmalarıyla başa çıkamayabiliyor. Çocuklarında gözlemledikleri değişimlere anlam veremediklerinden ve çeşitli iletişim sorunları yaşadıklarından şikâyet edebiliyor, kendi çocukluklarını onlarınkiyle kıyaslayabiliyorlar. İşte bu durum da özellikle ergenlik sürecinde anne-baba ve çocuk çatışmasına sebep olabiliyor. Bu süreçte anne ve babalar, çocuğunun yalnızlaştığından, bilgisayarın başından kalkmadığından, kendilerine bağırdığından, sinirli olduğundan, hiç laf dinlemediğinden yakınıyor; çocuklar ise anne ve babalarının kendilerini anlamadığından, sürekli onlara bir şeyler anlatmak zorunda kaldıklarından, kendilerini rahat bırakmadıklarından, sürekli kısıtlandıklarından yakınıyorlar. Peki, bu sorunlar nasıl çözülecek?

"200 Adımda Ergenlik Rehberi" kitabımızda yer alan uzmanlar, bir çocuğun okula başlamasından o çocuğun ergenlik sürecini bitirinceye dek geçen süreçteki merak edilen soruları yanıtladılar. Çocuk Gelişimi Uzmanı Prof. Dr. Arzu Yükselen, Psikolog Prof. Dr. Doğan Cüceloğlu, Çocuk Sağlığı ve Hastalıkları Uzmanı Dr. Fatma Kırcı, Eğitim Danışmanı Pedagog Prof. Dr. Norma Razon, Eğitim Bilimci Dr. Özgür Bolat, Davranış Bilimci Prof. Dr. Selçuk R. Şirin, Yazar ve Şair Sunay Akın, Beslenme ve Diyet Uzmanı Taylan Kümeli'ye birbirinden kıymetli bilgilerini bizimle paylaştıkları için çok teşekkür ediyoruz. Onların bilgi ve birikimleri, anne babalara ve çocuklara ışık olacak.

Ömür KURT
Hürriyet Gazetesi aile-çocuk yazarı
Nisan 2019, İstanbul

Yazar Hakkında

Ömür Kurt 23 Nisan 1982 tarihinde Samsun'un Ladik ilçesinde doğdu. İlk ve ortaöğrenimini Yalova'nın Çınarcık ilçesinde tamamladı. Gazi Üniversitesi İletişim Fakültesi, Radyo-Televizyon ve Sinema Bölümü'nden mezun oldu. Yüksek lisansını Bahçeşehir Üniversitesi Sosyal Bilimler Enstitüsü, Küresel Siyaset ve Uluslaraarası İlişkiler bölümünde yaptı. Yüksek Lisans tezinde şimdiye kadar hiç araştırılmayan bir konuyu araştırıp, Arap Baharı ve bilgisayar oyunları ilişkisini ortaya koyarak bir ilke imza attı. *Yaban Ördeği Ailesinin Göç Yolculuğu* adlı çocuk kitabıyla Gülten Dayıoğlu Çocuk ve Gençlik Vakfı tarafından 2017 yılı Çocuk Romanı Ödülü'nü kazanan Kurt'un küresel çizgi film ve bilgisayar oyunlarının çocuk ve gençler üzerindeki etkilerini anlattığı *Küçük Adamlara Büyük Oyunlar* adlı kitabı ise bu alanda aileleri uyaran en önemli rehberler arasında gösteriliyor. 2010 yılından bu yana Hürriyet Gazetesi'nin çocuk ve gençlere yönelik yayınlarında görev alan Kurt, Hürriyet Cumartesi ekinde aile-çocuk yazıları yazıyor ve Hürriyet TV'de yayımlanan *Çocuklarla Bir Ömür* adlı programı hazırlayıp sunuyor.

Yazarın kitapları

- Yaban Ördeği Ailesinin Göç Yolculuğu (Çocuk Kitabı/2018)
- Gri Taçlı Turna Kuşu (Fabl/2018)
- Hayal Defterim (Çocuk Kitabı/2018)
- 200 Adımda Çocuk Yetiştirme Rehberi (Rehber Kitap/2017)
- Karaca ve Yürüyen Köşk (Çocuk Öyküsü/2017)
- Karaca ve Sihirli Orman (Çocuk Öyküsü/2015)
- Mentollü Lârva (Şiir/2015)
- Küçük Adamlara Büyük Oyunlar (Araştırma-İnceleme/2013)
- Banu Avar'la Konuşma: Kültürel Soykırım (Araştırma-Söyleşi/2010)
- Dehlizler İçinde (Şiir/2006)

Mutlu çocukluk, mutlu yetişkinliği müjdeler.
Bu kitabı, çocuklarının mutluluğunu önemseyen
anne babalara adıyorum...

1 Okul öncesi eğitimi önemseyin

Okul öncesi eğitim alan çocuklarla almayan çocuklar arasında ne gibi farklar vardır?

Arzu Yükselen: İlkokula başlamak bir çocuğun hayatı için aşamadır. Okul öncesi eğitim alan çocuklarla almayanlar arasında okula hazır bulunma düzeyi, alışma süreci ve algılama arasında ciddi farklar vardır. Bu nedenle eğer imkân varsa çocuk mutlaka okul öncesi eğitimi almalı, anaokulu veya kreşe gönderilmelidir. Okul öncesi eğitimde çocuklar grup etkileşimini, eğitimci liderliğinde hareket etmeyi, sosyal ortamda bulunmayı ve kuralları benimsemenin yanı sıra gelişimsel olarak da ilerleme kaydederler. İlkokula başladıklarında ise yeni akademik ortamlarına daha kolay uyum sağlarlar. Her ne kadar ilkokul dönemi, okul öncesinden farklı olsa da bu iki süreç beraber yürütüldüğünde birbirinden beslenir ve çocuğun birçok sorunla karşı karşıya kalmasının önüne geçilebilir.

Selçuk Şirin: Eğer çocuk anaokuluna gitmediyse, ancak ilkokula başladığı zaman okul sıralarıyla buluşur. Ondan önceki dönemde hep evde, eğer imkân varsa arkadaşlarıyla sokakta ve gene evde televizyon karşısında vakit geçiriyor. Sonra birden bir disiplinin içine giriyor. Dolayısıyla okula alışması da zor oluyor. Ülke olarak okul öncesi katılımı arttırmamız gerekiyor. Dünyanın her tarafında kalkınma iktisatçılarının söylediği bir şey vardır. Derler ki, eğer insanlara yatırım yapmak istiyorsanız okul öncesi döneme yatırım yapın, çünkü en çok verim alacağınız dönem budur. Çocukların en hızlı geliştiği ve büyüdüğü dönemde, okul öncesi kurumları olmadığında o çocukları geleceğe hazırlamak çok güçleşir. Çocuklar günde bir saat bile olsa mutlaka diğer çocuklarla aynı ortamda bulunmalılar. Okul olur, kurs olur, kreş olur hiç fark etmez, ama mutlaka olmalıdır. Çocuklar okul öncesinde doğru şekilde kalem ve fırça tutmayı, belli bir disiplin içinde hareket etmeyi öğrenirler.

2 Her çocuk bir potansiyeldir, onu keşfedin

Anne babalar çocuklarına nasıl yaklaşmalı?

Doğan Cüceloğlu: Öncelikle şuna bakmak lazım, biz karşımızda duran potansiyele güveniyor muyuz? Güvenilen çocuk, güvenen ve güvenilen yetişkin olur; huzurludur, güler yüzlüdür, umut dolu ve mutludur. Zira doğan her bir çocuk potansiyel bir filozof, sanatçı, düşünür, bilim insanıdır. Bazı toplumlara bakıyorsunuz birçok sanatçı, filozof, düşünür çıkmış; bazı toplumlarda ise çöl gibi, yok! "Allah niye vermemiş bunlara?" diye düşünürsünüz, ama mesele "Allah'ın vermesi" meselesi değildir. Mesele toplumun çiftçiliği meselesidir. Bu nedenle her anne baba, kendi çocuğunun çiftçisi olmak zorundadır. Onun, gelecekte çok başarılı biri olmasına destek olmalıdır. Ancak bu isteğin sınırını çizemiyoruz. Hiçbir anne-baba kötü niyetli değil. Hepsi de çocuğunun bağımsız, özgür, kendi ayakları üzerinde duran kişiler olmasını istiyor. Niyet, yola çıkmak için önemli bir adım, ama bunun arkasında hangi bilginin olduğu, o yola devam edebilmek için çok önemli. Oysaki bizde 'korku kültürü' hâkim. Ancak 'sevgi kültürü' hâkim olduğunda her şey değişecek.

Peki, ya ilkokul döneminde?

Doğan Cüceloğlu: İlkokula başladığı zaman da aynı süreç devam ediyor. Çocuk ilkokulda bir sınıf kültürünün içine girecek. Bu, çocuk için çoğunlukla kaygı vericidir. İçine girdiği yeni ortam, yeni arkadaşlar, yeni bir otorite olarak öğretmeni onu endişelendiriyor. Arkadaşları olacak mı, yoksa dışlanacak mı? Bir de çocuğun beklentileri var o dönemde. Mesela başarı beklentisi. Çünkü başarı, aile ve çevre tarafından çocuğun hayatında çok öne çıkartılıyor. Bu da çocukta "Yapabilecek miyim, yoksa yapamayacak mıyım?" korkusuna sebep oluyor. Oysaki burada annenin, babanın, öğretmenin ve tüm çevrenin çocuğun gözüyle bakabilmeye çalışması lazım. Çocuk, ilkokula başladığı süreçte hayatının çok önemli bir aşamasındadır, bu nedenle herkes onu anlamaya çalışmalı. Bir defa anne ve baba o çocuğu içini doldurabilecekleri bir kova gibi mi görüyorlar, yoksa bir potansiyel olarak mı görüyorlar? Eğer bir kova gibi görüyorlarsa orada bir sorun var demektir. Böylelikle anne ve babanın, öğretmenin, komşunun, tüm toplumun kafasındaki temel şey "Ben bildiklerimi aktarayım, o da öğrensin" şeklindedir. Ben buna 'kalıplama modeli' diyorum. Bu modele göre çocuk, anne ve babanın, öğretmenin ve hatta komşunun kafasındaki modele uygun bir insan haline getirilmek istenir. Ancak bir de 'geliştirici tutum' vardır ki, o da çocuğun bir birey olduğunu kabul eder ve onun kendi öyküsü içinde gelişmesi gerektiğine değer verir. Ben 'kalıplayan tutum' ile 'geliştirici tutum' arasında ciddi bir fark görüyorum ve bunu çok önemsiyorum. Kalıplayan tutumda çocuğa nasihat verme, ders verme gibi yaklaşımlar varken; geliştiren tutumda ise anne baba veya öğretmen çocukla sohbet içinde olmaya özen gösterir. Sohbet ortamında çocuğa "Bugün nasıldı, ne duydun, neler yaptın?" dersek, "Evet seni anladım, hiç böyle düşünmemiştim, çok önemli bir şeyin altını çiziyorsun" diye yaklaşırsak çocuk kafasından geçen şeyleri anlatmaya başlar. Gözlem yapmaya başlar. Eğer anne, baba veya öğretmen onu dikkatle dinlerse muazzam bir gelişim ortamı sağlanır.

3 Her çocuğun bir mizacı vardır, onu tanıyın

Aynı evin içinde benzer bir eğitimi almış, benzer ekonomik koşullara sahip çocuklar birbirinden farklı özelliklere sahip olabiliyor. Dolayısıyla her çocuktan aynı başarıyı beklemek doğru mu?

Norma Razon: Tabii ki hayır! Hatta aynı ailede yetişmeyi de geçelim, ikiz kardeşlerde bile birbirinden farklı özellikler ve mizaçlar gözlemliyoruz. Anne babalar her ne kadar "Çocuklar arasında hiç ayrım yapmıyoruz" deseler de ufak tefek ayrımcılıklar yapılabiliyor. Örneğin başarılı olan iki kardeşten birini daha çok, diğerini daha az alkışlayıp övebiliyorlar. Çoğu zaman anne babalar tüm iyi niyetlerine rağmen çocuklarına adil davranmayabiliyorlar. Anne ve babalar ikizlerinden aynı performansı beklerken, birinin çabuk ve pratik, diğerinin ağır ve edilgen olduğunu göz ardı edebiliyorlar. Anne babadan beklenenler, çocuklarını iyi tanımaları, mizaç ve özelliklerini kavramaları ve beklentilerini çocuklarının özelliklerine göre ayarlamalarıdır.

Özgür Bolat: Çocukların doğuştan gelen mizaç özellikleri var. Kimi hiperaktif bir mizaca sahipken kimi oldukça sakin bir mizaca sahip olabilir. Dolayısıyla her iki çocuktan da aynı gelişmeyi ve sonucu beklemek hatadır. Özellikle anne hiperaktifse sakin mizaca sahip çocuğuyla daha çok çatışabilir. Her çocuğun kendi hızında ve yolunda gitmesine izin verilmelidir. Mizaç çatışması, ebeveynlikte çok dikkate alınması gereken bir konudur.

4 Çocukluk unutulmaz! Ona iyi davranın

Hiçbir yetişkinin aklından çocukken yaşadığı iyi ve kötü olaylar çıkmıyor. Çocukluk unutulmuyor. Peki, ama anne babalar bunun farkında mı?

Norma Razon: Çocuğun hayatında anne ve babanın rolü çok önemlidir. Bebeklik çağından itibaren ona yaklaşımımız, sevgi vermemiz, dokunmamız onun hayatında çok önemli. Çünkü onun güven ihtiyacını desteklemiş oluruz. Her ne kadar bizim toplumumuzda "O çocuktur anlamaz" gibi bir yaklaşım olsa da çocuk daha anne karnındayken anlamaya başlıyor. Annenin sesinin tatlı tınısını ayırt edebiliyor. Dolayısıyla anne babaların öncelikle buna inanmaları gerekiyor. Çocuk hiçbir şeyi unutmuyor. Örneğin kalabalık bir ortamda küçük düşürülen bir çocuk, yetişkin olduğunda o anı hiç unutamıyor.

5 Sınırlar içinde özgürlük verin

Çocukların öğrenebilmesi için deneyimlemeleri şart. Peki, evdeki veya okuldaki aşırı kurallardan nasıl kurtulacaklar?

Özgür Bolat: Temel çocuk yetiştirme felsefesi 'kontrol etmek' olan yetişkinler maalesef çocuk için aşırı kurallar koyar. Çocuğun bir 'iç kontrol' ve 'iç disiplin' geliştirmesine izin vermez. Çocukla bir sorun yaşandığında, yapılması gereken onunla çatışmak veya nasihat vermek değil, onun ihtiyacını anlamak ve bir çözüm üretmektir. Anneye ve babaya düşen görev budur. Anlamadan 'hayır' demek veya hemen açıklama yapmak iletişimi kopartır. Çocuklar gelişim çağındayken her şeyi merak ederler. Bizim isteğimiz merak duygusunun yaşam boyunca devam etmesidir. Bunun yolu da çocukluktan geçer. Çocuk, deneyimlerse merakını giderir. Örneğin çocuklar duvar boyamayı çok sever. Ancak çocuk bir duvarı boyadığında evde kıyamet kopar, annesi bağırıp çağırırsa; bu, çocuğun iradesinin kırılmasına sebep olur. Oysaki çocuğuna "Bak, bu duvar senin. İstediğin gibi boyayabilirsin. Hatta oyun saatin boyunca beraber çizeceğiz, ancak diğer duvarlara dokunmak yok. Yalnızca burası senin" dese, çocuğa bir sınır çizmiş olacak ve o sınırlar içinde de bir özgürlük vermiş olacak. Böylece anne veya baba çocukla bağ kurmuş olacak, birlikte vakit geçirmiş olacak ve çocuğun istediğini kendi sınırları içinde yapmasına izin vermiş olacak. Böylece çocuk deneyimleyecek, deneyimledikçe öğrenecek ve gelişecektir. Yasaklar, kısıtlamalar çocukları hem köreltir hem de değersizleştirir.

6 Sağlıklı beslenme alışkanlığı kazandırın

Okul çağı çocuklarının beslenmeye yaklaşımları nasıl?

Taylan Kümeli: Çocuğu okul çağına gelmiş ailelerin gözden kaçırmaması gereken çok önemli bir unsur var. Çocuğun ilk sosyalleştiği ve kendisiyle baş başa kaldığı ortamlardan ilki okuldur. Üstelik okul, onun hayatı boyunca devam edecek bir süreç! Dolayısıyla çocuğun beslenme alışkanlığında oldukça belirleyici bir etkendir okul. Çocuklar okula gittiklerinde ailelerinin gözetim alanından çıkarlar ve çoğu zaman ya kantinde ya da okul yemekhanesinde onlara sunulan yemekleri yerler. Ancak bu yemekler her zaman sağlıklı olmayabilir. Her ne kadar bu yemekler çocuklara 'sağlıklı seçenekler' diye sunulsa da menülerde makarnalar, pizzalar, börekler yan yana konuluyor. Eğer çocuk bunun ayırdında değilse bu sağlıksız yaşama doğru bir adım atılmış oluyor. Bu süreçte lezzet unsuru sağlığın önüne geçiyor. Arkadaşlarının yemek tercihleri de çocuğun gözlem alanına giriyor ve bu dönemde çocuklar aileleriyle bir takım çelişkiler yaşamaya başlıyor. İlk tepkileri de evdeki yemekleri beğenmediğini söylemek oluyor. Eğer kantin alışverişi yapıyorlarsa da ambalajlı gıda tercih ediyorlar. Oysaki ambalajlı gıdalar vücuda 'boş kalori' olarak giriyor ve yağlanmaya sebep oluyor.

Peki, çocuklara sağlıklı beslenme alışkanlığını nasıl kazandıracağız?

Taylan Kümeli: Bir defa çocukla yemek konusunda kavga etmeyeceğiz. Evde beraber yemek yeme kültürü geliştireceğiz. Birlikte kahvaltı yapacağız. Yiyeceklerin besin değerine odaklanacağız ve çocukları besinler konusunda bilgilendireceğiz. Beraber yemek hazırlamaktan tutun da mutfak alışverişini birlikte yapmaya kadar pek çok konuda çocukla işbirliği yapacağız. Bu, çocuğun besinlere dikkatini çekecektir ve çocuk kendi bedenini tanıyıp bir beslenme kültürü kazanmaya başlayacaktır.

7 İlkokula alışması zor olabilir, ona destek olun

İlkokul, çocuklar için bir dönüm noktası! 40 dakika boyunca ders sırasında oturmak zorunda kalacak ve ondan tahtaya yazılanları dikkatle takip etmesi istenecek. İlkokulda kurallar daha belirleyici. Ders saati, teneffüs süreleri ve bir disiplin süreci başlıyor. Çocuklar bu sürece nasıl uyum sağlayacak?

Arzu Yükselen: Eğer çocuk okul öncesi eğitim aldıysa alışması elbette ki çok daha kolay olacaktır. İlkokula başlamadan önce çocuğun okul konusunda bilgilendirilmesinde yarar vardır. Ancak bu sürece haftalar öncesinden başlamak, okula uyumu kolaylaştırabilir. "Biliyor musun, sen artık ilkokula başlayacaksın. Bu okulda öğretmenlerin olacak, birçok yeni arkadaşın olacak, orada çok keyifli zaman geçireceksin" gibi temel bir bilgilendirme yapmak çok önemli. Çocuğun yazılacağı okul tercihini anne baba yapmalıdır. Ancak anne babalar okul seçimini yaptıktan sonra, okulun yerini, binasını çocukla birlikte ziyarete gitmeyi ihmal etmemelidirler. "Bak burası senin yeni okulun, bu sınıflardan biri senin sınıfın olacak, bu sıralardan birinde arkadaşınla oturacaksın. Öğretmenin ve yeni arkadaşlarınla burada yeni bilgiler öğrenebileceksin, oyunlar oynayabileceksin. Sadece sınıfta değil bahçesinde de arkadaşlarınla eğlenceli ve güzel vakit geçirebileceksin." şeklinde küçük bir okul gezisi yapmak, okul konusunda onu bilgilendirmek hem merakını giderecek hem de onu okul konusunda isteklendirecektir.

8 İlkokul bir kurallar bütünüdür, onu kurallarla ilgili bilgilendirin

Okula giderken ağlayan çocuklar var. Neden kaynaklanır bu durum?

Özgür Bolat: Çocuk, ilkokula giderek bambaşka bir sosyal çevreye girer. Öğretmeni o yeni sosyal çevrenin ana figürüdür ama bir 'oyun arkadaşı' değildir. Sınıfın otoritesidir. Dolayısıyla çocuk orada öğretmeni tarafından kabul görüp görmeyeceği kaygısı yaşar. Sonuç olarak ilkokul, çocuk için bir kırılma noktasıdır. Anneden ayrılır ve öğretmenin otoritesi altına girer. Orada, "Ben bu yeni kişiye, öğretmene bağlanabilecek miyim? Onun yanında güvende miyim?" diye düşünür. Çocuk bu kaygılar içindeyken anne ve babasını da kaygılı görürse vay haline! Zaten kendi içinde bir güven sorunu olan çocuğun kaygısı iyice derinleşir. Dolayısıyla öğretmeniyle arasında bir 'bağ kurma' sorunu yaşanabilir.

Peki, anne babalar bu durumda ne yapmalı?

Özgür Bolat: Bir defa sakin olmalılar... Eğer çocuk okula gitmek istemiyor veya okulda her seferinde ağlıyorsa, öğretmeniyle bir bağ kurma sorunu yaşıyor demektir. Aslında bunun en kolay çözüm yolu sistemsel bir değişiklikte yatıyor. Ben okullara şunu öneriyorum: Okul açılmadan bir hafta önce sınıfı gruplara bölerek öğretmenle buluşturmak, okulun açıldığı gün de tüm çocukları birlikte okula başlatmak bu sorunu çok büyük ölçüde çözer. Örneğin, okul açılmadan önce dört çocuk öğretmenle buluşur, bir iki saat oyun oynarlar. Sonra onlar gider, yeni dört çocuk gelir, onlar da bir iki saat öğretmenleriyle oyun oynar. Bu süreç okul açılana kadar sürer. Okulun açıldığı gün de hepsi bir araya gelir. Dolayısıyla çocuklar oyun vasıtasıyla öğretmenleriyle bağ kurarlar. Kısacası, çocuğun okul açılmadan önce öğretmeniyle bağ kurması lazım. Çünkü bağ kurulduğunda, okul açıldığı zaman da çocuk kendini güvende hisseder. Böylece süreç kendiliğinden yoluna girer. Hem çocuk hem anne baba hem de öğretmen sıkıntı yaşamadan bu aşamayı halleder.

9 İlkokula başlangıç, bir geçiş sürecidir

Bir çocuk her ne kadar anaokuluna gitse de ilkokulu bir dönemeç gibi görebiliyor. Adeta ilkokula başlangıç, onun hayatındaki bir 'geçiş süreci' gibi... Bu süreci kolay atlatmanın yolları nedir?

Norma Razon: Her insanın hayatında geçişler vardır. Örneğin 0-2 yaş dönemi bebeklik, 2-6 yaş ilk çocukluktur. Bebeklikten ilk çocukluğa geçiş olan 2 yaş, bebeği de aileyi de zorlar, geçişler zorlayıcıdır. Düşünün ki bir bebek 2 yaşına kadar tamamen annesine ve babasına bağımlıyken, sonra birdenbire bağımsızlaşır ve 'hayır' diyebilir duruma gelir. Okul öncesi dönemde; yani ödevlerin olmadığı, sorumlulukların bulunmadığı, sırada oturmak zorunda kalınmadığı o dönem birdenbire biter. Çocuk, okul öncesi dönemde anasınıfına bile gitse orada oyun oynar, eğlenir, şakalaşır. Oysaki ilkokul böyle değil. Çocuk, okul öncesi dönemdeki rahatlıktan çıkıp sınıf ortamına girer. Sınıf ortamında belli bir düzene ayak uydurmak zorundadır. Ders esnasında ortalıkta dolaşmaması lazım, sıkılsa da sıkılmasa da yazması çizmesi lazım. 6 yaş; okul öncesi dönemin bittiği, ilkokulun başladığı, ilk çocukluk döneminin bittiği, çocukluk döneminin başladığı yaştır, bir başka geçiş dönemidir, bu geçiş de aileyi ve çocuğu zorlar. Bu geçişi kolaylaştırmak için anne-baba çocuğunu, okul öncesi dönemde ilkokula hazırlamalıdır.

10 Okuyacağı sınıfı beraber ziyaret edin

Çocukların ilkokula alışması için önceden okul ziyareti yapmak doğru mu?

Arzu Yükselen: Kesinlikle doğru. Çocuğun ve ailenin ilk gün bir sürpriz yaşamasının önüne geçer bu durum. Çocuğun merakının da giderilmesine yardım eder. Bu nedenle okul açılmadan önce mutlaka çocukla birlikte okul ziyaret edilmeli, sınıfı ona gösterilmeli... Sözgelimi "Burası senin okulun, burası sınıfın. Öğretmeninin sana gösterdiği sıralardan birinde oturacaksın. Şuradaki tahta, öğretmen oraya bir şeyler yazacak. Zil çalacak, teneffüsler olacak. Sen bu teneffüslerde molaya çıkacaksın, ihtiyaçlarını gidereceksin. Herhangi bir sorunun, isteğin olursa öğretmenin sana hep yardım edecek." gibi çok temel bilgiler çocuğa aktarılmalıdır. Yani çocukla birlikte küçük bir okul gezisi hem anne babanın hem de çocuğun merakını giderir. Hatta mümkünse çocuk öğretmeniyle tanıştırılmalı, onula birlikte vakit geçirmelidir.

11 Okul ile ilgili eşyalarını birlikte satın alın

Okul eşyaları çocukla birlikte mi seçilmeli? Okul alışverişine çıkmak çocuğu nasıl etkiler?

Arzu Yükselen: Çocuğun okula alışmasını kolaylaştırmak için okul eşyalarını beraber satın almak çok önemlidir. Defterleri, kalemleri, çantasını, kalem kutusunu birlikte almak, çocuğun kullanacağı eşyaları benimsemesini sağlayabilir. Üstelik birlikte okul alışverişine çıkmak hem iletişimi arttırır hem de çocuğu okul için motive edebilir. Hatta sadece okul araç gereçleri değil, eğer mümkünse evin içinde çocuğun çalışabileceği bir alan oluşturulmalı ve o alana ait eşyalar da birlikte seçilmelidir. Masa, sandalye, kitaplık vs. gibi eşyalar çocukla birlikte alındıktan sonra kitapların kitaplığa yerleştirilmesi, okul eşyalarının düzenlenmesi, defterlerin kalemlerin masaya, çekmecelere konulması gibi işlemler de birlikte yapılabilir. Tüm bunlar okula hazırlığın birer parçasıdır; bu işlemler çocuğu cesaretlendirirken hem ona sorumluluk bilinci kazandırabilir hem de onun okul için heyecanlanıp, merakının uyanması sağlanabilir. Tüm bunların altında aslında "Sen artık okullu olacaksın" mesajı vardır. Çocuk bu mesajı açık ve net bir şekilde alabilir ve bu da onun okula alışması da kolaylaştırabilir.

12 Çocuklarınızın size bağımlı değil, bağlı olmasını sağlayın

Bazı çocuklar annesine çok düşkün oluyor ve okula başladığında da annesinden kopamıyor. Onun da okula gelmesini isteyebiliyor. Böyle durumlarda ne yapılmalı?

Arzu Yükselen: Eğer okul öncesi dönemde anne, çocuğunun üzerine aşırı düştüyse, onun bazı şeyleri tek başına yapabilmesine fırsat tanımadıysa, çocuğun adeta eli ayağı olduysa yani aşırı koruyucu bir tutum sergilediyse çocuk okula başladığında tedirginlik yaşayabiliyor. Okula tek başına giremiyor, kalabalık onu endişelendiriyor, korkuyor, kendini güvende hissedemeyebiliyor. Annesinin de sınıfta ya da sınıfın önünde olmasını isteyebiliyor. Sürekli annesinin varlığını kontrol ediyor, eğer annesini göremezse ağlamaya başlıyor. Onun bu davranışları diğer çocukları da olumsuz etkileyebiliyor. Bu durum çocukla anne arasındaki bağın ötesine geçiyor; çocuk, adeta annesine bağımlı bir halde onsuz hiçbir şey yapamayacağını düşünüyor. Bu aşamaya gelmiş çocuklara durumu açıklamak çok önemlidir. Sakin olmak ve açıklayıcı ifadeler kullanmak yaralı olacaktır. Aslında bütün bu tepkilerin temelinde annenin kaygısının yattığını söyleyebiliriz. "Eyvah, ben yanında yokken acaba ne yaptı? Tuvalete gidebildi mi? Öğretmen bir şey sorunca yanıt verebildi mi?" gibi endişelerini çocuğuna yansıtan anne, çocuğun da kaygı duymasına sebep olabiliyor. Burada öncelikle anne ve babanın sakin olması son derece önemlidir. Öğretmen ile çocuğun okula karşı tutumu ile ilgili konuşmalılar. Ayrıca çocuğa karşı onun merakını gidermeye yönelik bir yaklaşım sergilemeliler ve ona verdikleri sözleri mutlaka tutmalıdırlar. Örneğin "Burası senin okulun. Ben şimdi işe gideceğim ama akşam okul çıkışında seni gelip alacağım, (eğer gerçekten kendisi alacaksa) servise binip evimize geleceksin" şeklinde açıklama yaparak çocuğun kendilerinin de güvendiği bir yerde olduğu duygusunu hissettirmelidirler. Her durumda çocuğa karşı tutarlı ve güven verici bir yaklaşımda bulunmak önemlidir. Çocuğun okula gitmesinin onun için ne kadar güzel ve keyifli olduğunu anlatmak, çocuk okula gitmemek için türlü bahaneler bulduğunda kararlı bir şekilde yaklaşım göstererek okula gitmesini sağlamak okula uyumda yararlı olacaktır. Çocuk, anne babası yanında olmadan okula gideceğini, orada diğer çocuklarla keyifli zaman geçireceğini ve her çocuğun okula gittiğini bilerek bunun okula gitmenin çok normal bir şey olduğunu anlarsa uyum problemlerini çok daha az yaşayacaktır. Bu bağlamda anne babalara büyük sorumluluk düştüğünü vurgulamakta yarar var. Çünkü çocuklar onların tepkilerini izleyecek ve kendi tepkilerini de bu doğrultuda belirleyecektir.

13 Kahvaltı alışkanlığı kazandırın

Çocuğun evde veya okulda kahvaltı yapması önemli mi?

Taylan Kümeli: Önemli. Çocuk, her koşulda mutlaka evde kahvaltı yapmalı. Özellikle birinci sınıf çocuğu, mutlaka evde kahvaltı yaptıktan sonra okula gönderilmelidir. Çocuk ne kadar erken evden çıkarsa çıksın, bu bahane edilmemeli, gerekirse anne veya baba bir gece öncesinden çocuğunun ertesi sabah yapacağı kahvaltıyı hazırlamalı.

Neler olmalı kahvaltıda?

Taylan Kümeli: Geleneksel Türk kahvaltısı hazırlanmalı. Yani bir dilim ekmek, az yağlı bir peynir, iki üç tane zeytin, bir bardak az yağlı süt, mevsimine göre salatalık domates veya kırmızıbiber ve biraz mevsim yeşillikleri... Çocuk, bunlardan hangisini yemeyi seviyorsa o ön plana çıkarılmalı. Veya bir yumurta ile diğer besinler desteklenebilir. Eğer çocuk kahvaltılık gevreğe meyilli bir yapıdaysa, bir kâsenin içine, onun sevdiği kahvaltılık gevrekten iki kaşık konulur, ona iki kaşık da yulaf eklenir ve yoğurt veya sütle birleştirilip mevsim meyvesiyle desteklenirse yine çok besleyici olacaktır. Eğer çocuk sandviç seviyorsa, iki dilim çok tahıllı bir ekmeğin arasında az yağlı bir peynir, mevsim sebzelerinden domates ve roka ile hazırlanmış bir sandviç de yanında bir bardak süt ile çok besleyici olacaktır. Anne baba asla "Okulda nasılsa kahvaltı var, orada yer" gibi bir düşüncede olmamalı, çocuğu evde kahvaltı yapmaya teşvik etmelidir. Hatta mümkünse kahvaltı ailece yapılmalıdır. Çocuk okula gittiğinde de yanına aldığı bir mevsim meyvesini tüketebilir.

14 Okula giderken oyuncak götürmek isterse engel olmayın

Okula yeni başlayan çocuklar bazen oyuncaklarıyla gitmek istiyor. Engel olunmalı mı?

Özgür Bolat: Hayır. Çünkü o oyuncak, çocuğun güvenlik alanıdır. Çocuk, oyuncağına tutunarak kendini güvende hissediyor. Eğer çocuğun elinden onu alırsanız, kaygısını arttırırsınız. Bu da istemediğimiz sonuçlar doğurur. Çocuk okula oyuncağıyla gitmek istiyorsa, bunu bir gösterge olarak kabul etmemiz ve "Neden kendini güvende hissetmiyor?" sorusunu sormamız gerekiyor kendimize. Bunun pek çok sebebi olabilir. Yaşanmış bir olayda bir çocuğun, kediden korktuğu için okula gitmediği vakasıyla karşılaştık. Çocuğun okula gitmemek için bir gerekçesi bu. Veya arkadaşlarıyla bir sorun yaşayabiliyor, kavga edebiliyor ve yine kendini güvende hissetmediği için okula gitmek istemiyor. Burada anne babanın yapması gereken şey, çocuğun kaygısının sebebini bulmaktır. Çocuğun kaygısını arttıran, güvenliğini sarsan durumlar ne ise onların çözülmesi gerekir.

Norma Razon: İlkokula başlayan çocuk hâlâ oyun çocuğudur ve oyununun bir parçası olarak da oyuncağını okula götürmek isteyebilir. Okulun ilk günlerinde oyuncağını okula götürmek isteyen çocuğu engellemeyin. Çünkü oyuncağı, çocuğun sığınacağı, güven duyacağı bir oyun arkadaşıdır. Çocuk öğretmenine güvendikçe, okul ortamına alıştıkça, sınıf arkadaşlarına ısındıkça, kendini rahat hissettikçe, oyuncağını okula götürme ihtiyacını duymayacaktır. Öğretmenin anlayışlı ve sevecen yaklaşımı, ailenin de sabırlı ve kararlı tutumu, çocuğun okula uyumunu kolaylaştıracak ve hızlandıracaktır.

15 Okulun ilk günleri çok önemlidir

Okulun ilk günü için özel bir hazırlık yapılmalı mı?

Özgür Bolat: Evet, kesinlikle... Çocuk, okulda ne ile karşılaşacağını bilmelidir. Üstelik sadece okulda değil, pek çok konuda, özellikle de hastanelerde çok görüyoruz. Çocuk hastaneye götürülüyor, ama orada başına ne geleceği hakkında hiçbir ön bilgilendirme yapılmıyor. Diyelim ki, çocuk orada aşı olacak, annesi "Hiç acımayacak!" diye yalan söylüyor. Büyük ihtimalle daha önce de söylemiştir farkında olmadan. Ancak bunlar çocukta gelişimsel travmalar yaratabilir. Çocuklara gerçekler söylenmiyor. Oysaki söylenmeli. Bir anne baba çocuğunu karşısına alıp teker teker açıklamalı. "Bugün aşı için doktora gideceğiz. Bunu sağlığın için yapıyoruz. Birazcık canın acıyacak." diye dürüstçe gerçeği söylemeliyiz ve mümkünse evde provasını yapmalıyız. Okul konusunda da aynı şekilde davranılmalı. Okula başlayacağı ilk gün, eğer daha önce de okula bir gezi düzenlenmemiş, öğretmen ile tanışılmamışsa orada çocuğun nelerle karşılaşacağı konusunda ona bilgi vermek gerekiyor. Okulun ilk günü çocuk için kritik bir gündür ve ciddiye alınmalıdır. Dahası küçük yaşta çocukların öğretmeniyle bağ kurması önemli. Bu bağın kurulması için gereken önem gösterilmeli. Bağ kuramayan çocuk, güvende hissetmez ve okula gitmek istemeyebilir.

16 Sınıfın kapısında beklemeyin

Bazı çocuklar okula uyum sorunu yaşıyor. Annesinin sınıfın önünde beklemesini isteyen çocuklar az değil. Ne yapılmalı?

Arzu Yükselen: Çocuklar okula yeni başladıklarında bu yeni ortama uyum sağlama aşamasında bazen sorun yaşayabiliyorlar. Bu uyum sürecinde de annelerinin kendileri ile birlikte okulda olmasını tercih edebiliyorlar çünkü ev ortamında da anneleriyle bir aradaydılar ve kendilerini güvende hissediyorlardı. Okula gitmeden önce ya da okulda ağlayıp, mutsuz görünüp, karın ağrısı, baş ağrısı, mide bulantısı gibi gerçek olmayan şikâyetlerle okulda bulunmak istemeyen çocukların anneleri okula gelip çocuklarını bekleyebiliyorlar. Ancak bu sağlıklı bir durum değil. Çünkü çocuğun okula alışması için bulunduğu ortama, öğretmene ve arkadaşlarına güven duyması gerekiyor, tıpkı evde olduğu gibi kendisini güvende hissetmesi önemli. Annenin kapıda beklemesi hem okula uyum sorunu yaşayan hem de yaşamayan çocuk için içinde bulundukları ortama güven oluşturmaları aşamasında olumsuzluk yaratabilir. Üstelik her çocuğun annesi okula gelip bekleme koşullarına sahip olmayabilir bu durum çocuklar arasında bir eşitsizliğe de yol açacaktır. Çocuğun okula uyumunda öğretmenin sorumluluğunu yerine getirebilmesi için sınıf önünde annenin beklemesi onun bu sorumluluğunu yerine getirmesine engel olabilir, çünkü çocuk annesini gördüğü için dikkatini sınıf ortamında yapılanlara veremeyecektir. Bu da onun motivasyonunu, öğrenme becerilerini ve elbette uyumsal davranışlarını olumsuz yönde etkileyebilir.

Norma Razon: Annesini kapıda bekleten çocuklar kimler, önce onu konuşalım. Evine ve annesine bağımlı olan çocuklar, çekingen, tedirgin, ürkek ve güvensiz olanlar, aşırı korunmuş çocuklar, okul kapısında ağlar, olay yaratırsa okula gönderilmeyeceğini düşünen çocuklar, daha önce bir yuvaya gitmiş ama devam etmemiş çocuklar, hastalanıp okula bir süre ara vermiş olanlar, evinde oyuncağı çok ve oynayanı bol olup okulda sıkılanlar... İlk kez bir kuruma giden çocuğun, ilkokula yeni başlayan bir çocuğun, ilk günlerde annesini sınıfın önünde görmek istemesi doğal, ancak sınıf kapısında beklemek birkaç günü geçmemeli, çok uzamamalıdır. Çocuk okula ve öğretmene alıştıktan sonra, anne okuldan çıkmaya hazırlanmalıdır. Sınıfın kapısından koridora, koridordan bekleme alanına, bekleme alanından bahçeye, bahçeden okulun sokak kapısına gitmeli ve çocuğu bu yaptığından haberdar etmelidir. Çocuğa haber vermeden gitmek, ilk gün heyecanlı ve mutlu göründüğüne aldanarak okulda hiç beklemeden gitmek, okul bitiminde gecikmek, yapılmaması gereken hatalardır. Okul öncesi çocuğun okula alışmasını kolaylaştırmak ve hızlandırmak için: kopmakta en az zorlandığı kişi tarafından okula götürülmek ve okuldan alınmak, okula sevdiği bir oyuncağını götürmek, okulda kalma saat ve günlerini yavaşça arttırmak, sınıf arkadaşları ile okul dışında görüştürmek, okula gitmediği günler evde çok eğlendirmemek, evdeki korumacılığı ve hizmeti azaltmak, onu bağımsız ve güvenli kılmak, öğretmeni tarafından görevlendirilmek, sıra ile bütün öğrencilere öğretmen yardımcılığı görevini vermek gerekir.

17 Çocuğun sınıfına girmeyin

Velilerin, sınıfa girmesi doğru mu?

Arzu Yükselen: Velilerin sınıf ortamında bulunması doğru bir yaklaşım değil. Her ortamın kendine özgü kuralları ve işleyişi vardır. Okulun sorumluluğu okul idaresinde, sınıfın sorumluluğu da öğretmendedir. Dolayısıyla bir velinin istediği gibi sınıfa girmesi, çocuğuyla ilgilenmesi, çocuğunun sorunlarını veya isteklerini diğer çocukların önünde dile getirmesi, karşılaması hem kendi çocuğunu hem de diğer çocukları olumsuz yönde etkileyebilir. Çok olağanüstü bir durum olmadıkça teneffüslerde dahi öğretmenin bilgisi dışında sınıfa girmek doğru bir davranış değildir. Sınıf, öğretmenin kontrolü altındadır ve buna herkes saygı göstermelidir.

Norma Razon: Veli, sadece öğretmen davet ettiği zaman sınıfa girmelidir. Çocuğun okula gitmesi, ailesinden ayrılarak farklı bir sosyal ortama girmesidir. Bu, çocuğun bireysel gelişiminin bir parçasıdır. Çocuğun bağımsızlığını kazanacağı en önemli sosyal ortam okuldur. Sınıftaki otorite öğretmendir, sınıfın sorumluluğu da öğretmendedir. Eğer veli, her fırsatta çocuğunun sınıfına girip işleyişe müdahale ederse hem kendi çocuğunun hem de diğer çocukların psikolojik ve sosyal gelişimlerini olumsuz yönde etkiler. Üstelik çocuğun sınıfını ve öğretmenini benimsemesini, onlara güvenmesini ve kendini o sınıfa, yani o sosyal guruba ait hissetmesini de geciktirmiş olur. Hatta çocuğun sınıfta karşılaştığı sorunlar karşısında kendi başına karar vermesini, toplumsal kurallara uymasını, annesi veya babası olmadan sorun çözme becerisi geliştirmesini engeller. Eğer sınıfta bir sorun olur, anne veya baba "sorun çözücü" olarak sınıfa müdahale ederse çocuk, kendini arkadaşlarının yanında yetersiz, bir yetişkin tarafından korunmaya muhtaç hisseder. Hatta durum biraz daha ileri gidebilir ve çocukla "bebek, beceriksiz, anne kuzusu vb." şeklinde dalga geçilerek sağlıklı arkadaşlık ilişkisi kurmasına da engel oluşturur. Bunun yanı sıra, diğer çocukların da kendilerini yalnız, desteksiz hissetmelerine, velisi sınıfa giren arkadaşlarına ayrıcalık tanındığı için ona karşı kızgınlık duymalarına ve kendilerini haksızlığa uğramış hissetmelerine; bu nedenle öğretmenlerine ve okullarına güvenmemelerine de neden olabilir. Çok istisnai, özel durumlar dışında ve sınıf öğretmeniyle okulun rehberlik servisinin önerisi olmadan bir velinin çocuğunun sınıfına girmesi doğru değil.

18 Okulun ilk haftası 'uyum haftası'dır

İlkokulun ilk haftası pek çok aile için zor geçiyor. Anne babalar bu süreci çocuklardan daha zor atlatıyor. Ne yapmalılar?

Arzu Yükselen: Okulun ilk haftası 'uyum haftası'dır. Çocuklar bu süreç içinde okula alışırlar. İlk birkaç gün içinde öğretmenlerini, arkadaşlarını, okulu tanırlar. Genel olarak ilk hafta içinde çocukların bu haftada okula karşı olumlu tutum sergilemeye başladıkları gözlemlenir, ancak bazı çocuklarda bu süre bir haftadan daha uzun sürebilir. Bu aşamada anne baba ile iletişime geçmekte yarar vardır çünkü onların okula ve çocuğa karşı tutumlarının nasıl olduğunu görmek önemlidir. Çocuklarına karşı demokratik ve güven verici yaklaşım benimseyen anne babaların çocuklarında okula uyumla ilgili sorunlara rastlamıyoruz. Aşırı koruyucu ve baskıcı tutum benimseyen anne babaların çocuklarında sorun daha fazla yaşanabiliyor. Anne babanın okula karşı olumlu yaklaşımı, kendilerinin işe gitmeleri gibi çocuklarının da okula gitmesinin son derece normal bir şey olduğunu ifade etmeleri yararlı olacaktır. Anne babalar kendi endişelerini kaygılarını çocuklarına yansıtmaktan kaçınmalıdırlar. Okuldan dönüşte "Bugün okul nasıldı? En çok ne yapmaktan hoşlandın okulda?, En çok ne mutlu etti seni bugün?, Yanında hangi arkadaşın oturuyordu, adı neydi?" gibi sorular sorarak onunla okul hakkında konuşulabilir. Ayrıca anne babalar da o gün içinde kendi yaşadıklarını çocuklarına anlatarak karşılıklı iletişim kurma fırsatı yaratabilirler.

19 Çocuğunuzla ilgili özel konularda öğretmenini bilgilendirin

Her çocuk farklı farklıdır. Öğretmeninin, sınıfındaki çocukları tanıması zaman alır. Özel durumu olan çocuklar için anne babalar ne yapmalı?

Norma Razon: Öğretmeni mutlaka bilgilendirmeliler. Çocuk bir yakınını kaybetmiş olabilir, hassas olabilir, tuvalet alışkanlığını geç kazanmış olabilir, sağlık sorunu olabilir, kalabalıktan ürküyor olabilir... Çocuğun hangi konuda ne sorunu varsa, öğretmene ayrıntılı olarak bilgi verilmelidir. Bu, öğretmenin o çocukla ilgili durumu iyi yönetmesini sağlar. Örneğin çocuk tuvalet alışkanlığını geç kazandıysa ve tuvalete gitmek için teneffüsleri bekleyemiyorsa, öğretmen bu durumu bilerek ona yaklaşmalıdır. Çocuklar teneffüsleri genellikle oyun oynamak için değerlendirir. İhtiyaçlarını gidermeyi unuturlar. Özel durumu olan çocuklarla öğretmenler teneffüslerde de ilgilenmelidir. Ayrıca hiçbir çocuğun eksiği yüzüne vurulmamalı, sınıf içinde rencide edilmemeli. Akran zorbalığına çok açık bir toplum haline geldik. Öğretmen sınıf içinde destekleyici bir otorite olmalı. Bu nedenle öğretmenin, çocukla ilgili her türlü bilgiye sahip olması gerekiyor.

20 Kendi okul deneyiminizi çocuğunkiyle kıyaslamayın

Anne babalar çocuklarıyla iletişim kurarken, kendi çocukluklarından çokça örnek veriyor. Doğru mu bu?

Arzu Yükselen: Kesinlikle doğru değil. Hiçbir çocuk anne veya babasının şartlarında yaşayamaz, çünkü zaman içinde her şey değişim gösteriyor. Anne babalar da kendi şartlarını çocuklarınınkiyle kıyaslayınca bir şey elde edemezler, bu aileyi olumlu sonuca götüren bir yaklaşım değil. Çocuk kendi hayatı içinde bazı değişimlere uyum sağlamak için belki biraz sıkıntı çekecek, ama mutlaka alışacaktır... Üstelik anne babanın bu hatalı yaklaşımı çocuğun arkadaşlarını da olumsuz etkileyebilir. Çünkü bazen çocuklar birbirini taklit ederler. Örneğin, birinci sınıfta içlerinden biri "Öğretmenim!" diye seslendiğinde diğerleri de hep birlikte seslenmeye başlayabilir veya biri annesini özleyip ağladığı için diğerleri de ağlayabilir. Özellikle birinci sınıfta bu çok gözlenir. Eğer anne baba çocuğunun bu durumunu "Aaaa hiç hoş değil! Neden böyle yapıyorsun? Ben çocukken sınıfta hiç 'annemi istiyorum' diye ağlamazdım, sen niye böylesin!" diye tepki verirse, çocuğun kendine olan saygısını ve güvenini olumsuz yönde etkileyebilir.

Peki, ne yapılmalı?

Arzu Yükselen: İletişim kurulmalı ve çocuğun ihtiyacı olan güven ve sevgi verilmelidir. Eğer herhangi bir şeyden şikâyet ediyorsa bu onun bir şeyden rahatsız olmuş olduğunu düşünmemizi sağlamalıdır. O halde öncelikle rahatsız olduğu konu anlaşılmalı, sonra da ona uygun yanıtlar verilmelidir. Bu yanıtlar da çocuğun içinde bulunduğu şartlar düşünülerek tasarlanmalı ve gün içinde çocukla gelişimsel düzeyine uygun bir şekilde konuşulmalıdır. Örneğin, çocuk okulda tek başına kaldığını düşünüp annesini özlediyse bu durumda öğretmeni çocuğun rahatlatmasını sağlayabilir. Ona, diğer çocukların da okulda olduğunu, tüm çocukların okula gittiğini, okulun eğlenceli ve onun yeni şeyler öğrenebileceği bir yer olduğunu anlatmalıdır. Okulda güzel zaman geçireceklerini, oyunlar oynayıp ders yapacaklarını, akşam olunca da anne babalarının onları alacağını veya eve servisle gidiyorsa, servisin onu evine götüreceğini söylemelidir. Anne-babalar da öğretmenle uyum içinde olarak "Evet, okula gideceksin ama okuldan sonra tıpkı senin gibi biz de işten evimize geri döneceğiz, birlikte evde oyun oynayacağız." gibi ona kendini iyi hissetmesini sağlayacak güven verici sözler söylemeli ve mutlaka sözlerinde durmalılar.

21 Öğretmen korkusu yaşayabilir, sakinleştirin

Bir çocuğun öğretmenden korkmaması, ona alışması için neler yapmak gerekir?

Doğan Cüceloğlu: Her insan, olayları kendi anlam verme sürecinde anlamlandırır. İnsan zihninde böylelikle her şey açıklığa kavuşur. Burada öğretmene iş düşüyor. Eğer öğretmen, karşısında duran bireylere birer 'potansiyel' olarak bakarsa her şey çok güzel ilerler. Önemli olan öğretmenin, çocukların anlam verme şeklini değiştirmesinde... Örneğin, çocuklara birbirinin içine geçmiş iki figürün yer aldığı bir resim gösterip "Ne görüyorsunuz?" diye sorduğunda çocukların yanıtları farklı olacaktır. Kimi vazo görecektir, kimi ise iki farklı yüz. Ancak onlara "Zemini siyah kabul ettiğinizde ne görüyorsunuz?" diye sorduğumda yanıtları "Yüz görüyoruz!" olacaktır; "Peki, şimdi de zemini beyaz kabul edin..." dediğimizde bu kez de "Vazo görüyoruz!" diyeceklerdir. Öğretmen orada çocukları yönlendiren kişi haline gelecektir ve çocukların anlam verme şekillerinde belirleyici unsura dönüşecektir. Böyle olduğunda çocuklar öğretmenleriyle bütünleşirler.

Peki, ya anne babalar?

Doğan Cüceloğlu: Bizim toplumumuzda yaşamda ve insan ilişkilerinde denetim odaklı korku kültürü var. Bu kültürün içinde yetişmiş insanlar "Benim güvende olabilmem için senin kontrolünde olmam lazım!" bilinciyle yetiştiriliyor. Nasıl ki balık suyun farkında değildir, insanlar da bunun farkında değil. Burada önemli olan gelişim odaklı değerler kültürü içinde çocukları yetiştirmektir. Bu korku kültürü içinde öğretmene eskiden "Eti senin kemiği benim" diye bakılırdı. O süreç içinde öğrencinin öğretmenden korkması gerektiği vurgulanır, öğrenci üzerinde baskı kurmayan öğretmene de iyi gözle bakılmazdı. Oysaki bunun çocuğu geliştirmediği, aksine sindirdiği açıktır. Bu nedenle gelişim odaklı değerler kültürü önemlidir. Çünkü geleceğin en önemli kaynağı bireyin aklıdır. Ancak bireyler arasında farklar vardır. Bu nedenle farklı bireylerin içindeki potansiyel korku kültürüyle bastırılmamalı, gelişim kültürüyle açığa çıkartılmalıdır. Gelişim kültürü içinde öğretmen de anne baba da çocuklara yaklaşırken "Ay, ay, ay sizler ne kadar tatlısınız, ne kadar güzelsiniz. Gözleriniz cıvıl cıvıl. Bütün yıl boyunca böyle ışıldasın gözleriniz..." diyerek çocukların gözlerinin içine bakmalı, önce onların gönlüne girmeli. Çünkü gelişim odaklı değerler kültüründe çocukların gönlüne girmeden, zihnine giremezsiniz. Dolayısıyla anne baba da çocuğuyla göz göze iletişim içinde olmalı, onu anlamalı, açık ve anlaşılır yanıtlar vermelidir. Öğretmeninden korkmaya değil, onu anlamaya vurgu yapmalıdır.

22 Ona verdiğiniz sözleri tutun

Anne babaların çocukları oyalamak için onlara sözler verdiğini ama yerine getirmediğini gözlemliyoruz zaman zaman... Bu durum çocukları nasıl etkiler?

Arzu Yükselen: Hiçbir faydası olmaz bunun. O an için durumu kurtarmış olabilirler belki ama çocukta kalıcı hasarlara sebep olabilirler. Örneğin çocuğunu evde bakıcıya veya anneannesine bırakıp işe gitmek zorunda olan bir anne çocuğundan kaçarak işe gidiyorsa bu doğru bir davranış olmaz. Hele hele çocuğa yakalandıysa ve "Buradayım, bir yere gitmiyorum bak!" diye yalan söylüyorsa durum daha farklı bir şekilde algılanabilir. Doğru olan şey durumu uygun şekilde açıklamak ve verilen sözde durmaktır: "Şimdi işe gideceğim ama akşam hava kararmadan evde olurum. Sen o saate kadar anneannenle oyna, keyifli zaman geçir. Benim şimdi gitmem gerekiyor." diyerek, kararlı ve kesin bir biçimde durumu açıklayarak çıkması gerekiyor annenin. Veya okula yeni başlamış çocuğu tedirginlik yaşıyorsa "Şimdi okulunda keyifli ve güzel zaman geçir, derslerini yap. Akşamüzeri gelip seni okuldan alacağım." demesi ve bu sözünü de tutması gerekir. Eğer anne baba verdiği sözde durmazsa, çocukta güven sorunu oluşabilir. Çocuklar sürprizlerden çok hoşlanırlar. Örneğin, okulda onu karşılayacağımızı söylemedik, ama gittik. Çocuk buna çok sevinecektir. Anne babalar her koşulda çocuklarının güvenini kazanmalı, yalan söylememeli ve o güven duygusunu sürdürmelidirler.

23 Müdahaleci olmayın, yardımcı olun

Çocuğun her yaptığı şeye müdahale etmek doğru mu? Onun bizim istediğimiz gibi davranmasını istemek, doğru bir şekilde gelişmesini sağlar mı?

Özgür Bolat: Müdahaleci yaklaşım, çocuğun güçsüz ve yetersiz hissetmesine sebep olur. Eğer çocuğa sürekli müdahale edersek, "Öyle yapma şöyle yap!", "Onu giyme bunu giy!", "Oraya gitme buraya git!" gibi önermelerle ona yön çizmeye çalışırsak çocuğun öz güvenini zedelemiş oluruz. Çünkü bu cümlelerin altında "Senin kendi hayatınla ilgili konularda karar verme kapasiten yok!" mesajı saklıdır. Bu da çocuğun yetersiz hissetmesine, sonuç olarak da öz güveninin kırılmasına sebep olur. Oysaki sınırların en baştan çizilmesi gerekir. İşte o zaman anne baba, çocuğuna sürekli müdahale etme ihtiyacı duymaz. Bunun yerine çocuk bir ihtiyacı olduğunda anne babasına başvurur.

Bu noktada anne babalara bir önerim var: Lütfen çocuklarını uyardıkları anları bir kâğıda yazsınlar. Çocuklarını hangi noktalarda uyarmışlar? Örneğin "Vazoyu kırmasın diye uyardım", "Düşmesin diye uyardım", "İnce giyinmesin diye uyardım" vb. Güvenlikle ilgili konular önemli olabilir, ama diğer konulardaki uyarılara bir bakalım. Güvenlik dışındaki konularda anne babanın çoğunlukla kendi üzerine düşen görevi yapmadığını görürüz. Örneğin, çocuğunu vazoyu kırmasın diye uyaran anne aslında o vazoyu çocuğun oyun alanına koymuş oluyor. Dolayısıyla evde bir 'oyun alanı sınırı' çizilmemiş oluyor. Bir başka örnek vermek gerekirse, yemek saati konusunda çocuğunu uyaran anne, çoğu zaman yemek saatini çocuğun ihtiyacına göre değil de babanın eve gelme saatine göre ayarlamış olabiliyor. Burada da evde çocuğun ihtiyacını gözeten bir rutin olmadığı sonucu çıkıyor. Eğer sınırlar en baştan çizilmezse, anne veya baba, çocuğu sürekli olarak uyarmaya başlıyor. Bu da pek çok sorunu beraberinde getiriyor.

Peki, anne babaların kaygıları da etkili değil mi müdahaleci olmak konusunda?

Özgür Bolat: Evet, kesinlikle çok etkili. Anne babalar "Eğer ben çocuğumu tek başına bırakırsam, başına kötü şeyler gelir" kaygısı yaşıyorlar. Kendine göre çocuğunu koruyarak iyi bir şey yaptığını düşünüyor, ancak bu korumacılığın bedelini çocukta yetersizlik, değersizlik ve güçsüzlük olacağını öngöremiyorlar. Çocukları gerçek anlamda korumak istiyorlarsa ona sınır çizsinler ve o sınırlar içinde özgürlük versinler. İşte gerçek yol budur.

24 İlkokul çocuğu 'oyun çocuğu'dur, unutmayın

İlkokul çocukları oyun oynamak istiyor, ama anne babaların "Sen büyüdün" baskısıyla karşılaşıyorlar. Ne yapmak gerekir?

Arzu Yükselen: İlkokul çocuğu hâlâ oyun çocuğudur ve bu asla unutulmamalıdır. Çocuklar oyunla sosyalleşir, öğrenir, eğlenir, gelişir ve mutlu olurlar. Bu nedenle özellikle birinci, ikinci ve üçüncü sınıfta oyun hem okulda hem de okul dışında çocuğun hayatının en vazgeçilmez etkinliği olmalıdır. 'Oyun' kavramından kastımız elbette ki sadece dijital oyunlar değildir. Çocuklar arkadaşlarıyla dışarıda oynamak isteyebilir, evde oyuncaklarıyla oynamak isteyebilir, yaşına göre yaratıcı ev oyunları geliştirmek isteyebilir. Bu noktada anne babanın çocuğu anlayışla karşılaması, ona oyun oynayabileceği, kendini geliştirebileceği ortamları oluşturması için destek olması gerekir.

25 Çocuklar birden büyümez, acele etmeyin

Çocukların hayatlarındaki değişimleri gözlemlediğimizde anne babaların onlara yaklaşımlarının değiştiğini de görüyoruz. Örneğin çocuğu ilkokula başlayan anne baba, ona "birden büyümüş gibi" davranıyor, çocuklara aşırı sorumluluklar veriliyor. Bunu en çok da okul başarısı ve ödevler konusunda görüyoruz. Anne babalar bu konuda nasıl bir tutum sergilemeli?

Arzu Yükselen: Biz yetişkinler, çocuk okula başlayınca ona birdenbire büyüyormuş gibi davranıyoruz ama çocuk aslında birdenbire büyümez. Anne babalar böyle yaklaştığı için bir kargaşa oluyor ve akademik başarısızlık devreye giriyor. Çocuk okuldan ve öğrenmekten soğuyabiliyor. Ne yaparsa yapsın tatmin olmuyor, içinde olduğu ortamı keyifsiz bulabiliyor. Düşünün ki okulda oyun yok, eğlence yok, şakalaşmak yok; disiplin ve ders var. Hem okul disiplinin hem de ailenin baskısı altında çocuklar... "Onu yaptın mı? Bunu yazdın mı? Okuyabildin mi? Yapabildin mi? Çizebildin mi?" soruları uzayıp gidiyor. Oysaki çocuk hâlâ çocuk... Okula gidiyor diye büyümüş, olgunlaşmış sayılmaz. Büyümek bir süreç meselesidir. Çocuk içinde yaşayarak, görerek, deneyerek büyüyecektir. Bu süreçte en çok ihtiyaç duyduğu şey ise anlaşılmaktır. Bu nedenle anne babalara düşen en önemli görev, empati yaparak çocuğu anlamaya çalışmaktır.

Türkiye'deki ebeveynlik kavramı değişti. Kurallar, duyguların önüne geçti. Doğru mu bu?

Selçuk Şirin: Ebeveynlik Türkiye'de ciddi bir kriz yaşıyor. Bu yüzyıllardır gelen bir ebeveyn kültürünün bir anda çözülmesinden kaynaklanıyor. Biz, kırsal kesimden, sanayi öncesi toplumdan bugüne gelirken son yıllarda birden başkalaşım geçirdik. Kırsal kesim insanları kentlere doluştu ve kentler, çoğunluğu aslında kırsal bölge insanı olan Türk toplumu için bir başkalaşmaya yol açtı. Şu an bizler 21. yüzyıl için çocuk yetiştiriyoruz. Dolayısıyla şu an yüzlerce yıldır bildiğimiz şeyler artık bizlere yetmiyor. Bu nedenle uzmanlara ihtiyaç duyuyoruz. Ancak hiçbir uzman çocuk yetiştirirken reçete vermez, sadece yol gösterir. Yani ebeveynlik reçeteye gelmez! Bu nedenle işin özü, önce herkesin kendi çocuğunu tanımasında yatıyor.

26 Ödev yerine sorumluluk bilinci kazandırın

Çocuğun ödev yapması, onun gelişimi için önemli mi?

Arzu Yükselen: Bizim toplumumuzda çocuklara sorumluluk bilinci kazandırılmadığı için ödevler bir araç olarak görülüyor. Gelişmiş birçok ülkede ödev olmadığını görüyoruz. Çocuklar ödevlerini evde değil okul ortamında tamamlıyorlar. Burada en önemli fark bu ülkelerdeki çocukların erken yaşta sorumluluk bilinci kazanmasıdır. Çocuklar doğumdan itibaren müthiş donanımlılar, tek yapılması gereken onlara kendilerini geliştirebilecekleri fırsatların erken dönemde sunulması. Toplumumuzda ne yazık ki bazı ailelerde örneğin 6 yaşına gelmiş bir çocuğun herhangi bir gelişimsel problemi olmamasına rağmen kendi başına üstünü giyinip soyunamadığını, yemeğini bile kendi kendine yiyemediğini görebiliyoruz. Dolayısıyla ödevler, özellikle ilkokul döneminde çocukların, kendine verilen sorumlulukları takip ettiğimiz somut şeylerdir. "Şu işlemleri yap, sonraki sayfaya geç. Şimdi şunları alt alta topla!" vs. yönergelerin olduğu somut şeyler. Sorumluluk bilincini çok erken yaşlarda hatta daha odasındaki oyuncakları sepete koyarak kavramaya başlayan çocuğun ödevlerini yaparak bu bilinci pekiştirmesinde herhangi bir sakınca yoktur. Bu bilinci erken yaşta kazanan çocuklar için verilen görev ve sorumlulukları yerine getirmesi oldukça kolaydır.

Peki, bir çocuğun sayfalarca 'o' harfi ya da sayfalarca 'l' harfi yazması için ödevlere gerek var mı?

Arzu Yükselen: Öğrenmenin pekişmesi için bu tekrarlar yararlı olabilir. Bunlar ayrıca çocuğun el becerisini geliştiren el göz koordinasyonunu sağlayan çalışmalar. Bir süre sonra çocuk için çok sıkıcı hale gelebilen bu tarz çalışmaları çok daha farklı şekillerde de yapabiliriz. Çocukları çok fazla sıkmadan, bunaltmadan, biraz eğlence katarak da yapabiliriz hatta! İlkokul dönemi çocuğuna bu tür şeyleri oyunla vermemiz mümkün. Örneğin 'o' veya 'l' harfini mi öğretmek istiyoruz. O halde bir tepsinin içine un serpip, oraya çizmesini isteyebiliriz. Parmak boyasıyla kâğıdın üzerine çizdirebiliriz veya fırça ile yaptırabiliriz. Bakın, hepsinin amacı aynı. Burada önemli olan eğlenmek! Beraberce keyif alarak öğrenmek...

27 İlkokulda ödevin başarıya etkisi düşüktür, onu zorlamayın

Ödevler, çocukların okul başarısını arttırır mı?

Selçuk Şirin: Türkiye'de çocuklar neredeyse haftanın her günü ödev yapıyor. OECD (Ekonomik Kalkınma ve İşbirliği Örgütü)'nün 2014 yılında matematik ödevleri üzerinden yaptığı çok ilginç bir çalışma var. OECD ülkelerinde her bir saatlik matematik ödevi artışı çocukların başarısını ortalama 5 puan arttırıyor. Yani ödev başarı getiriyor. Ancak Türkiye için durum tam tersi! Bizim çocuklarda 1 saatlik artış, 5 puanlık düşüşe denk geliyor. Yine araştırmaya göre Türkiye, 34 OECD ülkesi içinde fen alanında en çok ödev yapan ülke. Bizim çocuklar haftada ortalama 4.7 saat fen ödevi yapıyor. Bu rakama özel ders ve kurslar da dâhil. Peki, fen dersleri için ödevlere harcanan zamanda OECD ortalaması kaç saat dersiniz? 3.2 saat! OECD içinde fen puanında zirvede olan Japonya'da çocuklar ödev, kurs ve özel derslere haftalık ortalama 2 saat harcıyor. Bizim çocuklar Japon akranlarından iki kat fazla ödev yapıyor ama PISA sonuçlarına baktığımızda Japonya zirvede biz ise sonunculuğu Meksika ile paylaşıyoruz. Harris Cooper, yüzlerce araştırmayı özetleyerek bir 'meta-analiz' yayımladı. Bu analize göre ödevler başarıya katkıda bulunuyor ama bu etki okul seviyesine ve ödevin niteliğine göre değişiyor. Çocukların yaşı ilerledikçe ödevin de etkisi artıyor. İlkokul çağında ödevin etkisi az, ortaokul ve lisede daha fazla. Önemli olan ödevin niteliği! Ders tekrarı (pratik) için verilen ödevler çok etkili olmuyor mesela. Fakat derse hazırlık amacıyla verilen ödevler çocukların merak duygusunu arttırıyor ve derste geçen zamanı daha verimli kılıyor. Dolayısıyla daha etkili bir sonuç alınıyor. Ancak en etkili ödevler proje tabanlı, uygulama ve yaratıcılık gerektiren ev ödevleri.

Peki, ödevlerin süresi ne olmalı?

Selçuk Şirin: Ödeve harcanan zaman arttıkça başarı da doğrusal olarak artmıyor. Eğitimde pek çok sorunumuz var, ama bunları gidermenin yolu çocukların ödev yükünü arttırmak değil. Az ama kaliteli ödev verince sonuç iyi oluyor. 'Az' derken 'çok az' demek istiyorum. İlla ki bir rakam verecek olursak, Cooper'ın çalışmasından yola çıkarak OECD'nin önerdiği yol haritasını uygulayabiliriz. Birinci sınıfta günlük 10 dakika, sonraki her sınıf için ek 10 dakika. Yani 4. sınıfta günlük 40 dakika. Yapılan araştırmalar, çocuklara erken yaşta verilen ödevlerin zararlı olduğunu da gösteriyor. En çok ödev veren ülkeler, uluslararası olarak en başarısız ülkeler. Buna ek olarak, ödevin yoğun olarak verildiği ülkelerin okul sisteminde ödevin kalitesi de düşüyor. Oysaki proje tabanlı, çocuğun yaratıcılığını, problem çözme becerisini harekete geçirecek ödevler olsa, çocuk için daha yararlı hale dönüşebilir.

28 Çocuklara ödev yapmanın anlamını açıklayın

Çocuklar ödev yapmak istemiyor, ama ödevlerin ardı arkası da kesilmiyor. Anne babalar ne yapmalı?

Norma Razon: Ödev, ülkemizin bir gerçeği. Bazı okullarımızda öğrencilere hafta içi çok, hafta sonu daha çok ödev verilmekte. Bazı okullarımızda da, haftanın sadece belli günlerinde, gün içinde öğrenilenleri tekrar niteliğinde ödev verilmekte. Bazı okullarda da ödev çocuktan çok, veliye verilmekte, çünkü çoğu zaman o ödevi çocuğun yalnız yapması mümkün değil. Ödev, çocuğun sorumluluğudur, anne babanın değil. Anne babanın görevi, çocuğun bilgisini yoklamak, ödevini denetlemek, eksiklerini belirlemektir. Evet, ilkokul çocuklarına ödevin, tekrar amaçlı ve kısa bir çalışma olarak yaptırılması daha yararlı olur. Örneğin öğrencinin sınıfta işlenmiş konu ile ilgili bir resim yapması, varsa bir yazı, resim veya kitabı okula götürmesi güzel bir ev ödevidir, okulda öğrenileni pekiştiren bir ödevdir, öğrenciye keyif veren bir ödevdir. Eğer öğretmen ödevin amacını açıklayabilirse, ödevi öğrenciye yaptırmak kolaylaşır. "Bu ödevleri bugün okulda öğrendiklerini pekiştirmek için yapıyorsun" cümlesini çocuğun anlamasını sağlamak önemli. O günkü dersin içeriğiyle ilgili birkaç soru yanıtlatmak, küçük bir tekrar yaptırmak çocuk için kazanım olur. Ancak bir çocuğa 'ödev' adı altında sayfalarca yazı yazdırılıyorsa, bu durum çocuğu sadece ödevden değil, dersten de okuldan da soğutur. Kısa, anlamlı ve eğlenceli ödev, bilgiyi kalıcı kılar. Önemli olan çocuğun o dersi anlaması ve hayata geçirmesidir.

29 İsteklerinizi onu 'korkutarak' yaptırmayın

Pek çok konuda olduğu gibi ders konusunda anne babalar çocuklara sert çıkıyor. "Eğer o dersi bitirmezsen sokağa çıkamazsın!" gibi tehditler havada uçuşuyor. Doğru bir yaklaşım mı bu?

Norma Razon: Kesinlikle doğru değil. Bir çocuğa herhangi bir şeyi korkutarak yaptırmak kısa vadede bir sonuç getirir belki ama uzun vadede bir yıkım olur! "Eğer o ödevi bitirmezsen bir daha dondurma yiyemezsin" gibi bir tehdit, çocuğun o an ödevini bitirmesini sağlayabilir, ama çocuğun o ödevi korkusundan yapmasına neden olur. Tehdit ve korku; çocuğu ödevden, dersten ve öğretmenden soğutur. Maalesef bizim toplumumuzda "korku kültürü" var. Örneğin bir anne baba, çocuğuna arabada emniyet kemeri bağlatmak için "Bağlamazsan, ani bir frende burnun çarpar, zarar görürsün" diyeceğine, "Polis görürse ceza yazar, bizi hapse atar" diyor. Çocuklar arabanın önünde oturmak isteyince de "Çocuklar arabanın ön koltuğunda oturmaz, arka koltukta, çocuk koltuğunda otururlar" diyeceğine "Polis seni önde görürse ceza yazar, seni alır götürür" diyor. Bu yaklaşım hayatımızın her alanında öylesine yaygın ki... Okul için de bu geçerli. "Ödevini yapmazsan öğretmen ceza verir" deniyor çocuğa. Ceza ile korkutmak, pazarlık yapmak, rüşvet kullanmak, en hatalı eğitim yöntemleridir. Yarın öbür gün o çocuk büyüdüğünde o da aynı şeyi anne babasına yapar. İstediği alınsın veya yapılsın diye anne babasını tehdit eder, (Bana şimdi TV seyrettirmezseniz, ben de ödevlerimi yapmam vb.) veya görevini yerine getirmek için rüşvet ister (Bana cep telefonu almazsanız artık okula gitmem vb.). Anneden babadan beklenen şey, söyleneni veya isteneni neden yapması gerektiğini kendisine açıklamaktır, bu açıklamayı sade bir dille, sabırla, kısa ve net bir ifade kullanarak anlatmaktır.

30 Unutmayın! İradesi kırılan çocuk bir suçlu adayıdır

Bir çocuğun iradesinin kırılması nelere sebep olur?

Özgür Bolat: Hiçbir çocuğun iradesi kırılmamalıdır, çünkü iradesi kırılan çocuk, bir suçlu adayıdır. İradenin kırılması, bir çocuğun yapmak istediği herhangi bir şeyin engellenmesidir. Örneğin çocuk "Anne ben deney yapıyorum" dediğinde anne "Burada deney yapamazsın!" diye yanıtlarsa veya çocuk heyecanlı bir şey yapmak istediğinde ebeveyni onun heyecanını kırarsa, onun iradesini de kırmış olur. Maalesef ki günümüzde anne babalar çocuklarının iradesini sürekli olarak kırıyor. Çocuk o zaman bu engellerle nasıl baş edeceğini şaşırıyor. Bu durumun sonucunda iki ihtimal vardır: Çocuk ya içine kapanır ya da bunu yenmeye çalışır. Eğer bunu yenmeye çalışırsa kullanacağı mekanizmalar şiddet ve saldırganlık olacaktır. Yani önünde duran engeli geçebilmesi için güç kullanmaya yönelecektir. Dolayısıyla bu da asiliği, saldırganlığı, şiddeti arttıracaktır. Bu özelliklerin geliştiği kişi, öfke sorunuyla toplumun içinde yer aldığında yine tüm sorunlarını şiddet ve saldırganlıkla çözmeye çalışır. Dolayısıyla çocuklarında sorunlar olduğunu düşünen ebeveynler, öncelikle çocuklarına nasıl davrandıklarına bakmalılar.

31 Onu övmeyin de yermeyin de

Anne babaların çocuklarını başkalarının yanında övmesi veya yermesi doğru mu?

Norma Razon: Değil. Çocuğunu başkalarının yanında sürekli övmek, abartarak övmek, haklı haksız övmek, ne kadar hatalı ise, onu herkesin içinde sürekli eleştirmek, en ufak yanlışını yakalayıp yermek, olur olmaz aşağılamak da o kadar hatalıdır. Kendi küçük çevresinde devamlı övülen çocuk, en az yirmi öğrencinin olduğu sınıf ortamında öğretmeninden ve sınıf arkadaşlarından aynı ilgiyi, övgüyü almadığında mutsuz olur, olumsuz olur, hırçınlaşır, öz güvenini yitirir "Ne oldu da beni beğenmiyorlar?" düşüncesine kapılır. Ev ortamında sürekli eleştirilen çocuk da okula gittiğinde, her an beni azarlayacaklar, bana ne zaman kızacaklar endişesi ile huzursuz olur, becerilerini sergileyemez hale gelir. Bir çocuğa "Aslanım, koçum, sen süpersin, ondan daha iyisin!" demek ne kadar zararlıysa "Sen neden onun kadar olamıyorsun? O sınavdan 5 aldı da sen niye alamadın?" demek de o kadar zararlıdır. Kıyaslamak çocuğu geliştirmez, köreltir. Önemli olan çocuğu olduğu gibi kabul etmek ve sevmektir, çabasını övmek, doğru ve güzel yaptığı şeyleri fark etmek, kaydettiği gelişmeyi fark ettirmek, öz güvenini desteklemektir.

32 Okulun sosyal ve fiziki koşulları çocuk gelişimi için önemli

Bir çocuğun okul ortamında iyi bir şekilde gelişebilmesi için neler gerekir?

Selçuk Şirin: Çocukların bulundukları fiziki ve insani ortamın iyi hazırlanmış olması çok önemli. Çocuğun okulu sağlıklı bir ortam olarak hazırlandıysa, iyi ısıtılmış ve iyi yalıtılmışsa oyun alanı geniş bir ortamsa çocuk daha iyi şartlarda gelişebilir. Mesela birinci sınıf çocuğu çok hareketlidir. Çocuğun o hareketliliğini karşılayabilecek bir ortama sahip olması çok önemli. Sınıf ortamının yeterliliği, sınıftaki öğrenci sayısı çok çok önemli. Sınıf kalabalıklaştıkça, öğretmenin öğrencilerle ilgilenme oranı düşüyor. Öğretmene daha çok ihtiyaç duyan öğrenciler de gözden kayboluyor. Özellikle birinci sınıflarda, otuzun üstünde mevcudu olan sınıflar kabul edilebilir değil.

33 Oyunla öğrenmeyi destekleyin

Çocukların daha etkili öğrenebilmesi için neler gerekir?

Arzu Yükselen: Öğrenmede oyun çok etkilidir. Her ne kadar ilkokul ortamında eğitim bir müfredata göre ilerlese de öğretmen o stresten arınmaya çalışmalıdır. Öğretmen "Evet, müfredat var ama ben öncelikle çocukları kazanmalıyım. Bu nedenle önce çocuklarla aramdaki köprüyü kuracağım." demeli. Bunun yolu da etkili iletişimdir. Etkili iletişim de oyun sayesinde sağlanır. Öğretmen öğrencileriyle bol bol oyun oynamalı. Evde de anne babalar çocuklarıyla oyun oynamalılar. İster oyun hamuruyla oynasınlar, ister bahçede yakalamaca oynasınlar, ister deve cüce oynasınlar, isterse şarkı söylesinler. Çocuklar oyun sayesinde eğlenecek, eğlenerek öğrendiği için de sorumluluklarını çok daha iyi yerine getirebilecektir. Oyun, sadece çocuklar için değil, yetişkinler için de son derece etkili ve eğlenceli bir yöntemdir, herkesi mutlu eder.

Peki, oyunları sınıflandırmak gerekirse?

Arzu Yükselen: Sınıf ortamında veya evde kolayca oynanabilecek masa oyunları var. Her yaş grubu için ayrı ayrı düzenlenmiş kelime oyunları var. İsim-şehir-hayvan gibi çocukların kelime dağarcığını geliştiren, beyin jimnastiği yapmalarını sağlayan oyunlar var. Bu tür oyunlar hem çocukların okuma yazma becerisini geliştirir hem de eğlendirir. Masa oyunlarıyla veya çeşitli kartlarla oynanabilen oyunlarla da çocuklar yönergelere uymayı öğrenirler. Okulda da üçerli, dörderli, beşerli gruplar halinde bir araya getirilen çocuklarla oynanan oyunlar da takım ruhunu, ekip içinde hareket etmeyi, işbirliği yapmayı ve paylaşmayı geliştirir. Açık havada oynanan oyunlar da aynı şekilde... Çocuklar hem arkadaşlarıyla hem ailesiyle hem de okul ortamında öğretmenleriyle oyunlar oynayabilmelidir. Oyun, tüm buzları eritir, çocuğun okula uyumunu sağlarken diğer taraftan onu hayata bağlar.

34 Çocuğun iletişimdeki dili oyundur

Aile içi iletişimi geliştirmek için neler yapılmalı?

Sunay Akın: Aileler çok büyük bir kuşatma altında. Bu adeta teknolojik bir kuşatma... Herkesin elinde cep telefonu var. Çocuklar daha bebeklikten itibaren telefonlara, tabletlere, bilgisayara alıştırılıyor. Çocuklar elbette ki teknolojiyi öğrenmeli, kullanmalı, teknolojiden faydalanmalı. Çünkü bilgisayarın çocuğun dünyasında yeri var. Ancak çocuklar bilgisayarı sadece sanal oyunlar için kullanıyorsa orada ciddi bir sorun var demektir. Ben, bilgisayar oyunlarını çocuklar için çok zararlı görüyorum. Sanal oyunların çocuğun dünyasına katacağı bir şey yok, bu nedenle onları gerçek oyunlarla tanıştırmalıyız. Anne babalar ellerinden telefonları bırakmalı, çocuklar sanal oyunların başından kalkmalı; aile gerçek oyunlarla bir araya gelmeli. İletişim böyle gelişecektir.

Bilgisayar oyunları çocuğun önüne konulan labirent gibidir. Hani labirentin ortasına peynir koyarsınız da bir köşeden fareyi bırakırsınız. Fare peynirin kokusunu alır ve labirentin koridorlarında heyecanla dolaşarak peyniri bulmaya çalışır. Oysaki fare aslında hiçbir şey yapmaz. Çünkü o labirenti oraya başkası koymuş, peynire giden tek yolu da başkası çizmiştir. O, sadece ona verilen sınırlar içinde dolaşır durur. İşte bilgisayar oyunları da buna benziyor.

Pek çok yerde gözlemliyorum... Çocuklar aynı mekânda ama birbirleriyle oynamak yerine ellerindeki bilgisayarlarla oynuyorlar. Anne babalar da telefonlarla sosyal medyada ömür tüketiyorlar. Herkes elindeki o aleti bıraksa, birbirlerinin gözüne bakarak iletişim kursa işler değişecek oysa... Bu noktada bir örnek vermek isterim: Biz yıllar önce ailece Londra'ya gitmiştik. Oğlumuz Ozan 6-7 yaşlarında kızımız Ilgın da 2-3 yaşlarındaydı. Londra'ya dünyanın dört bir yanından ziyaretçiler gelmişti. Hayvanat bahçesindeydik. Çocuklar oynamak için kum havuzuna gitti, biz de banklardan birine oturduk onları izliyorduk. Bizim çocuklar oyun oynarken diğer çocuklarla arkadaş oluverdiler. Çember içindeki kum havuzunun kenarındaki banklarda dünyanın dört bir yanından gelen anne babalar oturuyor, kum havuzundaki çocuklar ise arkadaş olmuş konuşuyorlardı. Dilleri aynı değildi ama hep beraber gülüp eğleniyorlardı. Demek ki çocuğun iletişimindeki en büyük dil oyundur. Biz çocuğu doğru oyunlara yönlendirirsek iletişim bozukluğunu da ortadan kaldırmış olacağız. Ancak bunu önce anne baba yapacak. Çünkü çocuklar bizleri taklit ediyorlar.

35 Ondan şikâyet etmeyin, destek olun

Anne babaların kalabalık ortamlarda çocuklarından beklentilerini dile getirdiklerini, daha iyisini yapması için onun eksik yönlerini uluorta konuştuğunu gözlemliyoruz. Bu durum çocukları nasıl etkiliyor?

Doğan Cüceloğlu: Anne babaların bu davranışını yine 'denetim odaklı korku kültürü' içinde değerlendirmek gerekir. Konuya bu açıdan baktığımızda anne babaların çocuklarını denetlemek, kısıtlamak, kendi kafasına göre şekillendirmek amacıyla yaptığı davranışların sonucu olduğunu görürüz. Bir anne baba "Ben senin doktor olmanı istiyorum, senin öğretmen olmanı istiyorum" gibi cümleler söylerken akıllarına hiçbir sakınca gelmez. Oysaki çocuğun bu yaklaşımdan aldığı mesaj "Ben değersizim!" mesajıdır. Çocuk, "Ben, anne veya babamın istediği o kalıba yaklaştığımda değer göreceğim, ancak o zaman sevileceğim." der. Üstelik hiç farkına varmadan çocuğun içine öfke girer. Çünkü bu yaklaşım, bir insanın iç dünyasında kendini değersiz görmesidir. "Neden ben anne ve babamın istediği gibi biri değilim?" diye bir yandan kendine kızar, kendini aşağılar, kendine öfkelenir; diğer yandan da "Neden beni olduğum gibi kabul etmiyorlar?" diye anne babasına kızar...

Bu durum nelere sebep olur?

Doğan Cüceloğlu: Mutsuzluğa sebep olur. Çünkü pek çok insana yaşamında 'kendisi olarak' yaşama fırsatı verilmemiş. Bu bakımdan anne baba böyle şeyler söylerken psikolojik cinayet işlediklerinin farkında değiller. Aslında çocuğun ruhunu öldürüyorlar, bu resmen bir cinayet! Anne babalar bunun farkına varsalar hüngür hüngür ağlarlar. Bu nedenle insan ilişkilerine çok özen göstermek lazım. O sizin çocuğunuz diye ona istediğinizi söyleyemezsiniz. Karşınızdaki bir insandır ve iki insan birbirini anlamaya başlarsa iletişim başlar; bir şey söyleseler de söylemeseler de, yapsalar da, yapmasalar da.

36 Duyarlı insan yetiştirmek için iletişim kurun

Duyarlı insan yetiştirmek için neler gereklidir?

Sunay Akın: Bu konuyu ne zaman düşünsem aklıma hep Doktor Atalay Yörükoğlu gelir. Kendisi bir gün öğrencilerine şöyle söylemiş: "Bugüne kadar Türkiye'nin her yerinden anne babalar 'Bu çocuk biraz garip, onu tedavi edin' diyerek çocuklarını bana getirdiler. Ben de çocukların ellerinden tutup, onları oyuncak odasına götürdüm. Onlarla oyun oynadım, arkadaş oldum; anne babalarını ise tedavi edip gönderdim." Demek ki çocuk dediğimiz aslında sağlıklı bir anne baba ilişkisini gerektiriyor! Anne ve babaların kendi dünyalarındaki bir tartışma, bardağın içerisindeki suyun çalkalanmasıysa; bilmeliyiz ki o tartışma çocuğun dünyasında okyanusta fırtınadır. Ben dâhil baba olmayı, baba olmanın toplumdaki yerini, rolünü içinde yaşadığım aileden gözlemledim, bu yüzden pek çok doğruyu ve pek çok yanlışı kendi çocuklarımda uyguladım. Yanlışlarımı kitap okudukça anladım. Demek ki bir evde kitap varsa, kitap okunuyorsa, yanlış yapma payı düşüyor.

Anne babalardan "Benim çocuğum kitap okumayı sevmiyor. Nasıl sevdireceğim?" sorusunu çokça duyarız...

Sunay Akın: Evet, işte bu durumda onlara şunu söylemek isterim: Çocuğunuz sizi, yani anne ve babasını evde yemek yerken görüyor, televizyon seyrederken görüyor, kavga ederken de görüyor, peki çocuğunuz sizi evde karşılıklı oturmuş kitap okurken görüyor mu? Duyarlı insan yetiştirmekle ilgili sorunlar yaşıyorsak, bunun sebebi aslında evde bir kütüphanenin olup olmayışıdır. Bu çok önemli bir konudur. Bir iç mimar arkadaşım bana "Çok yakın tarihte çok büyük evler tasarladım, paralar kazandım, villalar köşkler tasarladım; ama hiç kimse benden evinin bir odasını kütüphane yapmamı istemedi. İstedikleri sadece sinema salonuydu." dedi. Ailelerin sadece bir odaya ekran koyup orada film seyretmeyi planladığını söyledi. Oysaki benim çocukluğumun geçtiği yıllarda, 70'lerde, evlerde çekyatlar vardı. Bence "Duyarlı insan nasıl yetiştirilir?" sorusunun yanıtı o çekyatlardaydı. O çekyatlar aniden bir misafir gelirse diye, tutulup çekildiğinde yatak olan, oturma gruplarıydı. Maalesef artık bu çekyatlar kalmadı. Zaten artık evlere misafir de gelmiyor yatıya. Ancak o çekyatlar çok önemliydi. Çünkü kitaplar için rafları vardı o çekyatların... Düşünün ki, bir çekyatta bile evin tasarımında kitaba bir yer düşünülüyordu.

Saatli maarif takvimleri vardı. Ne varsa o takvim yaprağının arkasında saklıydı. Şiir yazılıydı o takvim yapraklarında... 365 güne 365 şiir düşüyordu. Bizim evde herkes o şiiri okurdu. Yani bu takvimler de aile içi iletişime aracılık ediyordu. Düşünsenize, evin duvarında şiir antolojisi asılıydı. Şimdi bu kültür de yok oldu. Ancak anne babalara önerim şu: En azından duvara üzerinde şiirler yazan, kısa bilgilerin olduğu bir takvim asılsın, herkes her gün orada yazılanları okusun. Böylece aile bir araya gelir, o şiirin güzelliği, duyarlılığı aileyi etrafında toplar. Bu çağda hepimizin, tüm anne babaların ve çocukların iletişimini geliştirecek, aileyi bir araya toplayacak, onların duyargalarını harekete geçirecek unsurlar gerekiyor.

37 Sınav sonucu, okulda başarısız olduğu anlamına gelmez

İlkokul döneminde sınav olmalı mı?

Arzu Yükselen: İlkokul dönemi kritik bir dönemdir. Bazı çocukların bu dönemde özel ilgiye daha çok ihtiyacı olabilir. Öğretmen bu süreçte ailelerden de destek alarak o öğrenciyi desteklemelidir. Dolayısıyla ilkokulda değerlendirme yaparken sadece sınavdan yola çıkmak yerine, çocukları her gün gözlemleyip onları yakından tanımaya çalışmalıdır. İlkokul döneminde özellikle akademik becerilerin kazanılması aşamasında çocukları "Sen tembelsin, sen çalışkansın" gibi sınıflandırmalarla bölmemek, onları etiketlememek son derece önemlidir. Çocuklar eksiklik duyduğu dersler için desteklenebilir. Bu aşamada da "Biraz daha kitap okursan, eminim okuduğunu daha iyi anlayacaksın, böylece Türkçe dersini daha iyi yapacaksın" veya "Gel biraz daha soru çözelim, böylece öğrendiklerin pekişecek" vb. mesajlar verilerek çocuğa gayret gösterdiğinde yapabileceği mesajını vermeliyiz.

Peki, okul başarısı neye göre ölçülür?

Norma Razon: Bazı okullarımızın ilk sınıflarında sınav yok, not kavramı da yok. Bazı okullarımızda sınavlar ilkokul 3. 4. sınıflarında başlıyor, nottan da o zaman söz ediliyor. Sayısı az olmakla birlikte, bazı okullarda ilk günden itibaren sınav var, öğrencinin başarısı notla ölçülüyor, notlara göre başarı sıralaması da yapılıyor. Unutmamak lazım ki öğrencilerin sosyo-ekonomik ve sosyo-kültürel seviyeleri farklı. Kimi çocuk evde destekleniyor, kimisi de desteklenmiyor. Dolayısıyla desteklenen çocukla desteklenmeyen çocuk arasında başarı ve not farkı oluşuyor. Öğrencilerin zekâ düzeyleri, dikkat, hafıza yetenekleri ve öğrenme potansiyelleri de farklı, bu farklılıklar da başarı ve not farklılıkları yaratıyor. Bir çocuğun okul başarısı ya da başarısızlığı okulun ilk yıllarında okumayı yazmayı öğrenmesi, yazdığını okuyabilmesi, okuduğunu anlayabilmesi veya anladığını yazıya dökebilmesiyle ölçülmeli. Yani hayat bilgisi dersinden ya da matematik dersinden kaç puan aldığıyla değil. Burada önemli bir noktaya dikkat çekmek isterim: Okulda kullanılan malzeme ne kadar somutsa ve çocuğun ne kadar çok duyu organına hitap ediyorsa, çocuğun öğrenmesi de o kadar çabuk ve kalıcı oluyor. Örneğin çocuk için derslerde öğretilen 'meridyenler ve paraleller' bir şey ifade etmiyor. Hatta bir küre atlas üzerinde gösterseniz bile bir şey ifade etmeyebiliyor. Ancak meridyen ve paralellerin bir yerin konumunu belirlemek için kullanıldığını anlatırsak, bir portakalı alıp üzerine o meridyen ve paralelleri çizersek, dünya üzerindeki noktaları o portakalın üzerinde gösterirsek çocuk çok daha iyi anlıyor. Çocuğun anlatılanı çabuk, kolay anlaması ve aklında tutabilmesi için o konuyu kafasında canlandırabilmesi, gözünün önüne getirebilmesi şarttır. Beraberinde görsel, işitsel, dokunsal anımsatıcıların sunulması, aktarılan bilginin kolay anlaşılmasını ve kalıcı olmasını sağlıyor.

38 İlkokul çocuğu teşvik edilmeli

İlkokul çocuğuna puan vermek doğru mu?

Selçuk Şirin: "Puan vermek doğru değil" demek işin kolayına kaçmak olur. Burada önemli olan çocukların başarılarını fark ettirici, pekiştirici mesajlar vermektir. Yani hem anne babanın hem de öğretmenin "Seni tebrik ederim, bravo! Sen bunu başardın, bunu yaptın. Tebrikler!" diyerek çocuğu teşvik etmesi gerekiyor. Özellikle ilkokulda çocukların buna çok ihtiyacı var. İlkokul döneminde çeşitli çıtalar koymak lazım. Örneğin "Okumaya başladı mı? Matematikte dört işlemi yapabiliyor mu?" vb. ölçme ve değerlendirme çıtaları anlamlı olabilir. Bu uygulamayı okulda öğretmen, evde de anne baba yapabilir. Ancak her durumda çocuğun başarabilme azmine vurgu yapılmalı, yapabileceğine olan inancı arttırılmalıdır.

Norma Razon: Okul başarısı notlarla ölçülüyor ancak özellikle ilkokulda not kavramı öz güven sorunu yaratabiliyor, kötü not alma kaygısı doğurabiliyor. Not vermek yerine değerlendirme yazısı verilebilir. Burada önemli olan çocuğun başarma azmine ve çabasına vurgu yapmaktır. Eğer ilk seferde istediği sonucu alamadıysa "Tamam, bu kez olmadı ama bir kez daha dene. Yapabileceğini göreceksin" gibi teşvik edici cümleler kurmak önemli. Çocuk başardığında ise "Seni kutluyorum. Ne kadar da güzel bir yöntem buldun. Ne güzel bir sonuç aldın..." gibi olumlu sözlerle onun gururunu okşayıcı, onu teşvik edici tavır takınmak en yararlı yaklaşımdır. Her ne kadar okul sistemi not ile başarıyı ölçse de öğrenci, öğrenme hızı ve kazanımları gözlemlenerek değerlendirilebilir.

39 Ona 'sen tembelsin' demeyin!

Çocuklara 'tembel' veya 'çalışkan' demek doğru mu?

Arzu Yükselen: Aile arasında veya okulda çocuklara 'sen tembelsin' veya 'sen çalışkansın' denildiğini gözlemiyoruz. Bu doğru bir yaklaşım değildir. Çocuklara "Sen zaten yapamazsın, zaten beceriksizsin, zaten tembelsin" dediğimizde çocuğun tüm şevkini, yapabilmeye olan inancını ve azmini bitirmiş oluruz. Çocukta "Ben zaten tembelim, yapamam!" algısı oluşur. Asıl vurgu yapmamız gereken şey ise yapabilme azmine olan teşviktir. Çocuk bizim sözlerimizden "Evet, ben istersem zaten yapabilirim" sonucunu çıkarmalı. İşte o zaman çocuğun benlik saygısı da kaybolmamış olur. Bizim ortaya çıkarmamız gereken budur.

Norma Razon: Kullanılan sıfat ne olursa olsun, çocukları özelliklerine göre isimlendirmek, etiketlemek yanlış. Bazı çocuklar yeni bir ortama girdiklerinde "Biliyor musunuz ben hiperaktifim, ben üstün zekâlıyım diyebiliyorlar, çevrelerinden duyduklarını tekrarlayabiliyorlar. 'Tembel', 'çalışkan' terimlerine gelince, sadece anne babalar değil, çocuklar da 'tembel teneke' veya 'inek gibi çalışkan' terimlerini kullanıyorlar. Çocuk 'çalışkan' da görülse 'tembel' de görülse dışlanabiliyor. Dışlama veya dışlanma ne ergenlikte başlıyor ne de ilkokulda... Çok daha erken başlıyor. Anaokulunda bile çocuklar herhangi bir nedenden ötürü birini dışlayabiliyorlar. Örneğin bir çocuk arkadaşlarını örgütleyip, başka bir çocuğun oyuna alınmamasını sağlayabiliyor. Oyuna alınmayan çocukla oynayanların da dışlanmasını ayarlayabiliyor. Ayrıca çocuklar birbirlerinin çeşitli özellikleriyle dalga geçebiliyorlar. Uzun veya kısa boylu olmak, kilolu veya zayıf olmak gibi bedensel özellikler alay konusu olmak için yeterli olabiliyor. Bazı çocuklar da başarı ya da başarısızlıklarıyla alay konusu olabilirler. Bir yıl başarılı olan bir öğrenci ertesi yıl bazı derslerde başarısız olabilir. Uzun yıllar başarısından söz ettirmiş olan bir öğrenci, ergenlikte değişebilir. Ergenlikte okul hayatı, akademik başarı da farklılaşır. Bir gün okulu sıkıcı, öğretmenleri bilgisiz, dersleri anlamsız, öğrendiklerini gereksiz bulan ergen, ertesi gün ideal öğrenci olma yolunda adımlar atar. Düzenli çalışma kararı alır, çalışmalarını programlar, ödevlerini planlar, duvarına renkli görev çizelgeleri asar, elektronik araç gereçlere harcadığı zamanı kısıtlar, sınıf arkadaşları ile çalışma planları yapar. Ne yazık ki bu çabası uzun süreli olmaz, dikkati çabuk dağıldığından, hevesi de kısa sürdüğünden, iyi niyetli plan ve programları çabuk sonlanır. Ergenlik öncesinde tembel, ilgisiz, isteksiz damgasını yemiş öğrencilerde ciddi bir çalışma ve başarılı olma isteği görülebildiği gibi, çalışkan ve başarılı olarak bilinen öğrencilerde dersleri serme, ödev yapmama, ders çalışmama, sınıf düzenini bozma, okula düzenli gitmeme görülebilir. Ergenin okuldan ve akademik çalışmadan soğumasının nedenleri, ergenin farklılaşan dünya görüşü ve ergenlik ilgileridir. Ergeni tanımak, özelliklerini keşfetmek, iyi izlemek ve doğru yönlendirmek önemlidir.

Peki, bu durum nasıl çözülebilir?

Norma Razon: Ergenin okul başarısının yıldan yıla, günden güne, dersten derse farklılık gösterdiği gerçeği öğretmenin, ailenin ve okul rehberinin gözünden kaçmamalı, ergen dikkatlice izlenmeli. Ergen ile yakınlaşma sağlanmalı, kendisinde oluşan değişiklikler konuşulmalı, farklılaşan dünya görüşü ve ilgileri hakkında sohbet edilmeli, yetenekleri ve yetersizlikleri fark ettirilmeli, potansiyelini kullanmaya teşvik edilmeli, kendisine verimli çalışma yöntemleri ve kolay öğrenme yolları sunulmalıdır. Bu konularda öğretmen veya rehber, kim daha başarılı olacaksa o ergenle iletişime geçmeli, ergeni adım adım izlemeli. Ayrıca ergenle sosyal aktiviteler yapmalı, sınıf içi sosyal etkinliklere zaman ayırmalı, teneffüslerde ergeni aktif kılmalı.

40 Özel öğrenme güçlüğüne karşı dikkatli olun

Eğer çocuk özel öğrenme güçlüğü yaşıyorsa, ona nasıl yaklaşmamız gerekir?

Norma Razon: Okul öncesi dönemde çocuğu olan anne babalara "Çocuğunuzu sevin, öpün, okşayın, koklayın, ona şefkat gösterin ve sevgi ile yaklaşın, onunla ilgilenin, ona güven verin, size sağlıklı bağlanmasını sağlayın, size bağlı olmasına ancak bağımlı olmamasına dikkat edin diyoruz. Onunla konuşun, ona anlatın, onu dinleyin" diyoruz. Onu tanıyın, izleyin, hoşlandıklarını ve hoşlanmadıklarını keşfedin diyoruz. Çocukları anaokulu, ilkokul çağına geldiğinde aynı önerileri vermeye devam ediyoruz. Ancak ek olarak okul durumları, sınıf içi davranışları, etkinliklere katılımları, öğretmenleri ve akranları ile iletişimleri hakkında bilgilenmelerini öneriyoruz. Bütün çocuklardan aynı performansın beklenemeyeceği, her çocuğun okumayı yazmayı aynı anda öğrenemeyeceği, her çocuğun aynı matematik işlemini aynı kolaylıkla yapamayacağını bilmek ve anlamak lazım. Bazı çocuklar çok çabuk öğrenirler, bazı çocuklar diğerlerinden geç öğrenirler ama öğrendiklerinde tam öğrenirler, bazı çocuklar öğrenirler ama bildiklerini hemen gösteremezler, bazı çocuklar da kendi çabalarına, öğretmenin çabasına ve ailenin çabasına rağmen bazı dersleri veya konuları ya sınıf ortamında öğrenemezler, ya öğrenmekte çok zorlanırlar, ya da özel yöntemlerle öğrenirler. İşte 'özel öğrenme güçlüğü' kavramı burada önemli! Bazı çocuklar için şu ifadeler kullanılır: Aslında biliyor ama tembelliğinden yapmıyor, biliyor ama göstermek istemiyor" veya "Birinci dönem geçsin, ikinci dönem açılacaktır, o hep sonradan açılır." Böylece çocuğun sorunu görmezden gelinmiş olur ve sorunun ele alınması gecikmiş olur. Eğer bir birinci sınıf öğrencisi okumada, yazıda, diktede, basit aritmetik işlemlerinin çözümünde zorlanıyorsa, bu becerileri akranları ile aynı zamanda aynı yöntemlerle öğrenemiyorsa, zorlanmasını açıklayacak bir zihinsel geriliği, bir özrü yoksa okul öncesi dönemde ailesinin dile getirdiği bir şikâyet yoksa "özel öğrenme güçlüğünden" şüphelenilebilir.

Peki, özel öğrenme güçlüğü ne zaman ortaya çıkar?

Norma Razon: Genelde özel öğrenme güçlüğü birinci sınıfta fark edilir, çünkü okuma, yazı, dikte ve aritmetik çalışmaları bu sınıfta yoğundur. Bazı çocuklar okul öncesi dönemde sinyal verirler. Renkleri tanımamak, günleri, ayları, mevsimleri sayamamak, sağını solunu ayırt edememek, tekerlemeleri öğrenememek, bir gün öğrenileni ertesi gün unutmak, tekrarlara rağmen şarkıların sözlerini hatırlayamamak, cisimleri isimlendirememek, resimdeki eksikleri bulamamak, benzer şekilleri eşleştirememek, farklılıkları görememek, bir geometrik şekli kopyalayamamak, şekilleri satıra ve sayfaya sığdıramamak vs. hep birer ipucudur. Çocukta bu ipuçlarından biri veya birkaçı görülebilir. Önemli olan bunları göz ardı etmemek, uygun alıştırmalarla kaybolup kaybolmadıklarını, hafifleyip hafiflemediklerini izlemektir. Bu ipuçlarını gösteren her çocukta özel öğrenme güçlüğü olduğu kanısına varılmamalıdır. Aileler ve öğretmenler, bu ipuçlarını yok etmek için gereken çabayı göstermelidir.

Nasıl?

Norma Razon: Okul öncesi dönemde bir uzmana götürülerek destek alınabilir, çocuk oyunlarla desteklenebilir. Okul dönemindeyse çocukla özel olarak ilgilenmek gerekir. Örneğin, derslerini parçalara bölerek yaptırmak, sıkıldığında bir iki dakika hava aldırmak sonra tekrar dersine devam ettirmek, onu motive etmek gerekiyor. Yani 'özel öğrenme güçlüğü' olan çocukları kendi kaderine bırakmamak gerekiyor. Hangi sınıfta veya yaşta olursa olsun onları iyi gözlemlemek, onlara profesyonel ilgi göstermek gerekiyor. Öğretmen, veli ve öğrenci iletişimi çok önemli bu süreçte.

Peki, geç fark edilirse ne olur?

Norma Razon: Çocuklar ilk sınıflarda zekâlarının sayesinde bazı zorlukların üstesinden gelebiliyorlar. Örneğin, bir öğrencinin okuması, yazması, kompozisyonu çok iyi olmayabilir ama dinlediğini çok iyi anlatabilir, başka bir öğrenci klasik sınavlarda başarısız olabilir ama çoktan seçmeli testlerde çok başarılı olabilir. Bu nedenlerle zeki çocuklarda, özel öğrenme güçlüğü hemen fark edilemeyebilir. Fark edilince öğrenciyi özel eğitimle desteklemek şart. Özel eğitim vermek için onu dersten, sınıftan çıkarmamak, sınıf arkadaşlarının yeni bilgiler edindiği veya teneffüste oyun oynadığı saatlerde ona özel eğitim çalışmaları yaptırmamak önemli. "Sen beceriksizsin, sen öğrenemiyorsun" hissini vermemek, çocuğun kendini "ezik" hissetmemesine dikkat etmek gerek. Her çocuğun yetenek ve yetersizlikleri farklı olduğundan, her çocuk için farklı yöntemler geliştirmek, farklı alıştırmalar hazırlamak önemli. "Özel öğrenme güçlüğü" olan çocuklara, "farklı öğrenen çocuklar" da deniyor, bu deyiş onları çok iyi tanımlayan bir ifade. Bu çocuklara sınavlarda veya değerlendirme çalışmalarında diğerlerinden farklı görevler yaptırılabilir, farklı sorular sorulabilir, böylece seviyelerine ve becerilerine uygun bir başarıya ulaşmaları sağlanabilir, böylece tüm çocuklar aynı sınavlara, aynı değerlendirmelere girdiklerini zannederler. Bu şekilde özel öğrenme güçlüğü olan çocuklar, "farklı öğrenci" muamelesi görmemiş, akranlarının dikkatini çekmemiş, kendilerini de yetersiz hissetmemiş olurlar. Başarılı oldukları beden, sanat, drama, müzik derslerinde bu çocuklara kendilerini gösterme fırsatı vermek, hem bu çocukların kendilerini yetersiz görmelerini engeller hem de arkadaşları tarafından kabul görmelerini sağlar, hatta başarıları ile öne çıkmalarına fırsat verir. Buradan anlaşılıyor ki, öğrenme güçlükleri olan çocukları iyi tanımak, iyi gözlemlemek, güçlü ve zayıf yönlerini belirlemek en önemli iş.

41 Disleksiyi önemseyin

Disleksi nedir?

Norma Razon: Fransızca bir terim olan "disleksi" Türkçe'ye "yanlış okuma", "hatalı okuma" olarak çevrilebilir, ancak her hatalı okuma disleksi değildir. Disleksi, zekâ düzeyi normal hatta normalin üstünde olup, okumayı öğrenmesini engelleyecek herhangi bir özrü olmamasına rağmen, çocuk veya bireyin kendisinden beklenen sürede ve düzeyde okuyamaması durumudur. Disleksi vakalarının en belirgin hataları:

Okumada:

- Harflerin karşılığı olan sesleri (harflerin adını) öğrenememe
- Benzer harfleri ayırt edememe (z ile s'yi ayır edememe)
- Benzer yazılı sembolleri karıştırma (E ile 3'ü karıştırma)
- Benzer ancak yönleri farklı harf ve rakamları karıştırma (b ile d yi, 6 ile 9 u, dede yi bebe okuma, bu hatalara "aynadan görüntü" veya "ayna hayali" adı verilir)
- Okurken hecenin içindeki harflerin yerini değiştirme (al 'ı la, 15' i 51 okuma)
- Rakam veya kelimeyi ters okuma (kar' ı rak, 125' i 521 okuma)
- Yan yana duran sessiz harfleri okuyamama (kırmızı, rüzgar gibi)
- Okurken harf atlama, kelime atlama, satır atlama
- Okurken harf ekleme, hece ekleme, sözcük ekleme
- Okurken "okul" yerine "mektep" okuma
- Türkçede sağdan sola doğru okuma
- Çok ağır okuma
- Harfleri seslendirmeye çalışırken okuduğunu anlamama, anlatamama
- Noktalama işaretlerinin kullanımını anlamama

Kopyalamada ve diktede:

- Benzer harfleri karıştırma (z yerine s yazma)
- Benzer yazılı sembolleri karıştırma (E yerine 3 yazma)
- Benzer ancak yönleri farklı harf ve rakamları karıştırma (bir yerine dir, dört yerine bört yazma)
- Rakam veya harfleri ters yazma (baba yerine dada, 69 yerine 96 yazma)

- Harflerin yerini değiştirme ("on" yerine "no" yazma)
- Ters yazma "top" yerine "pot" yazma
- Sesli harfleri atlama ("kaldırabilir" yerine "kaldrbilr" veya "kırık" yerine "kırk" yazma, kontrol ettirilince hatasını görememe)
- Hece, kelime, satır atlama
- Noktalama işaretlerini dikkate almadan yazma
- Gelişigüzel yazma, yazıyı satıra ve sayfaya oturtamama
- Sol tarafı mavi sağ tarafı kırmızı bir kareyi kopyalarken, karenin solunu kırmızıya- sağını maviye boyama

Disleksi vakalarında neler gözlenir?

Norma Razon: Doğru okuyamadığı satırlar kendisine okunduğunda okunanı çok iyi anlar, hatırlar, tekrarlar, anlatabilir. Doğru okuyamadığı için kendi okuduğunda problemi çözemez ancak kendisine okunduğunda problemi zihinden çözebilir. Disleksi vakalarında disgrafi=yazı bozuklukları, diskalkuli-hesap bozuklukları da görülebilir. Bugün disleksi, disgrafi, diskalkuli "özel öğrenme güçlüğü" başlığı altında toplanabilir.

Hangi hallerde disleksiden şüphelenmek gerekir peki?

Norma Razon: İlkokul öncesinde veya ilkokulun ilk sınıflarında:

- Kâğıt kalem faaliyetlerinden hoşlanmama, adını yazarken harfleri ters yazma, adını ve yazıyı sağdan sola yazma, örnekteki harfleri ve rakamları ters kopyalama, yönleri karıştırma, ayakkabılarını ters giyme, satıra veya iki çizginin içine sığamama, yazıyı oluşturan çizgileri aşağıdan yukarı ve sağdan sola çizme durumunda
- Yanlış sözcük kullanma (çatal yerine kaşık), tanıdık cismi isimlendirememe, gecikmiş konuşma, deyim-tekerleme-şarkı-şiir öğrenememe, öğretildiği halde renkleri adlandıramama, günleri ve mevsimleri sayamama, günleri ve ayları sırayla sayabilse de "Pazartesiden sonra hangi gün gelir" veya "Şubattan önce hangi ay gelir" sorularını cevaplayamama, yer ve zaman kavramlarını öğrenememe, saati okuyamama, verilen komutları sırası ile akılda tutamama ve yerine getirememe, uyarılara ve tekrarlara rağmen bu hataların düzelmemesi durumunda, özel öğrenme güçlüğü veya disleksi riskinden söz edilebilir.

Disleksi şüphesi durumunda ne yapılmalı?

Norma Razon: Görsel, işitsel, nörolojik ve psikiyatrik muayenelerde bir sorun yoksa eğitim uzmanı, pedagog, çocuk psikoloğu, çocuğu zihinsel, duygusal, sosyal ve akademik yönden incelemeli, görsel-işitsel dikkat, dil gelişimi, hafıza, el-göz koordinasyonu gibi becerileri ile başaramama kaygısı ve öz güven gibi özelliklerini değerlendirmeli, sosyal olgunluk düzeyini saptamalıdır. Bunların herhangi birinde bir yetersizlik saptadığında, sorunu hafifletecek veya giderecek bir çalışma programı yapmalı, uygun alıştırmalar hazırlamalı ve uygulamalıdır.

42 Zekâyı arttırmanın yolları hakkında bilinçlenin

Çocukların zekâsını arttırmanın bir yolu var mı?

Selçuk Şirin: Mâlum, okul öncesi dönem beyin gelişimi bakımından kritik bir dönem! Ebeveynler ve eğitimciler bu dönemde zekâyı nasıl arttıracaklarını bilmek istiyorlar. New York Üniversitesi'nden John Protzko, Clancy Blair ve Joshua Aronson gibi kıdemli araştırmacılar tarafından yapılan meta-analiz çalışması sonucu çok çarpıcı. Bu araştırmanın temel bulgusu şu: Çocukların zekâsını, standart ölçmeler ile tespit edilebilecek seviyede arttırmak mümkün. Yani zekâ tamamen doğuştan belirlenmiyor, sonradan da dönüştürülebiliyor. Araştırma ilk yayınlandığında John Protzko "Amacımız zekâyı arttırmak için yapılan çalışmalarda neyin işe yarayıp neyin işe yaramadığını ortaya çıkarmak. Bizim analizimizde ele aldığımız tüm çalışmalar zekâyı arttırmak için uygulanan ve iyi yürütülmüş deneylerden oluşuyor." demişti. Joshua Aronson "İnsan zekâsının gelişim özelliklerini anlamaya çalışıyoruz ve zekânın her gelişim aşamasında nasıl destekleneceğini ortaya çıkarmak istiyoruz. Bu araştırma zekânın değiştirilebilir, dönüştürülebilir bir şey olduğunu göstermek bakımından önemli bir ilk adım" diyerek bu savı destekliyor. "Perspectives on Psychological Science" adlı dergide çıkan ve ciddi bir yankı uyandıran "Çocuğunuzu nasıl daha zeki yaparsınız?" başlıklı bilimsel makaleye göre de çocukların zekâsını arttırdığı bilimsel olarak desteklenmiş üç uygulama var: Kaliteli bir okul öncesi eğitime katılım, erken yaşta diyaloğa dayalı okuma pratiği ve balıkyağı diyeti! Araştırmadan çıkan ilk ders çok basit: Çocukları evde tek başına yetiştirmek yetmiyor. Okul öncesi eğitime katılım özellikle dar gelirli aileler için büyük bir fayda sağlıyor. Yapılan meta-analize göre okul öncesi eğitime katılan çocukların zekâsı akranlarından biraz daha ileri oluyor. Somut olarak söylersek, dar gelirli ailelerden gelen çocuğun okul öncesi eğitime devam etmesi o çocuğun zekâsını ortalama olarak 4 puan arttırıyor. Eğer söz konusu okul öncesi kurumu, kaliteli yani çocuğun her türlü gelişimini odağa alan kapsamlı bir eğitim kurumuysa artış 7 puandan fazla oluyor. 7 puan neredeyse yarım standart sapma ediyor. Çok ciddi bir artış bu! Meta-analizden çıkan ikinci önemli sonuç da ebeveynle çocuk arasındaki diyaloğun kalitesi. Etkileşimli okuma, yani ebeveynlerin çocukları ile karşılıklı konuşarak ve soru-cevaplarla kitap okumaları zekâyı 6 puanın üstünde arttırıyor. Ama bu etkinlik 4 yaşına kadar olan çocuklarda görülüyor. Yani eğer çocuğunuza kitap okumak için onların da kitap okur yaşa, hatta kitap tutar yaşa gelmesini bekliyorsanız biraz geç kalma riskiniz var. Doğumdan itibaren karşılıklı diyalog ile okuma aktivitesinden söz ediyoruz. Tıpkı deneylerde diyalog kurulan çiçeklerin, şarkı söylenen çiçeklerin biraz daha gür açması gibi diyalog kurulan çocukların da kelime haznesi ve algı seviyesi daha erken açılıyor.

Peki, diyet de etkili mi?

Selçuk Şirin: Evet. Protzko, Aronson ve Blair'in araştırmasında belki de ebeveynlerin en kolay uygulayabilecekleri somut bulgulardan biri diyet ile ilgili olan. Bu sonuç çok net. Doğum öncesi dönemden başlayarak çocukların beslenmelerinde 'polyunsaturated' yağ asitleri, Omega-3'ün olması çocukların zekâsını yaklaşık olarak 3.5 puan arttırıyor. Bu yağ asitleri çocukların zekâ gelişiminde temel olan sinirsel hücrelerin gelişimine katkıda bulunuyor. Öte yandan B-kompleks vitaminlerin, riboflavin, tiamin, niasin ya da çinko gibi besin destekleyicilerin ise zekâyı arttırdığı yönünde bir veri yok. Yani bizim Karadenizlilerin hakikaten bir bildiği varmış. Balık diyetine devam.

43 Zekâyı arttıran yiyecekleri tüketmeye teşvik edin

Beslenme de çocukların okul başarısını etkiliyor. Peki, zekâyı arttıran besinler neler?

Taylan Kümeli: Yiyecekler bizim en büyük tedavilerimiz. Ne yersek oyuz. Zekâ ise genetik olarak aktarılan bir şey. Hangi ebeveynde zekâ daha yüksekse çocuğa o geçiyor. Yani bu çocuk için iyi bir şey. Peki, besinler yoluyla zekâyı nasıl yönlendirebiliriz? Çocuğun sabah öğle akşam düzenli beslenmesi, sağlıklı yemekleri yemesi, bütün besin gruplarının o yemeklerin içerisinde olması, protein ve demir mineralinin eksik olmaması gerekiyor. Örneğin bir bireyin zekâsını doğru kullanabilmesi, demir mineraliyle doğrudan ilişkilidir. Demir kırmızı ette ağırlıklı olarak vardır. Bu nedenle de özellikle vejetaryen veya vegan anne babaların çocuklarında hafıza sorunlarına çokça rastlanır. Çünkü bu süreç hamilelikte başlar. Anne istediği kadar dışarıdan B12 vitamini alsın, demir vitamini alsın; vücut bu vitamini doğal olarak alamadığı için yararı olmuyor. Anne babaların demir vitaminine çok dikkat etmeleri lazım. Ülkemizde demir eksikliği çok fazla maalesef.

Başka neler eksik?

Taylan Kümeli: Ülkemizdeki insanların %75'inde iyot eksikliği de çok fazla. Bu tiroit problemine neden olur. Tiroit de algılamaya engel olan bir rahatsızlık... Çocukların zekâ ve öğrenmeyle ilgili sorunlar yaşamasının iyot eksikliğiyle bir bağlantısı var. Dolayısıyla böyle sorunlar yaşayan çocukların vücudunda tiroit sorunu olup olmadığına bakılmalı. Çocuğa yeterli derecede iyotlu tuz verilmesi bu nedenle önemli. Çünkü öğrenmesinde etkili. Demir eksikliği olmaması ve Omega 3 kaynağının doğru tüketilmesi de zekâ ile doğru orantılı...

44 Kodlama ve teknoloji üretimi gibi gelecekçi yaklaşımları önemseyin

Kodlama eğitimi neden önemli?

Selçuk Şirin: Şu an geçerli olan beceri, bu çağın alfabesi olan kodlamadır. Kodlama ya da daha geleneksel deyişle bilgisayar programlama bu çağın alfabesi. Kumaşın bile akıllısının tasarlandığı, buzdolabında biten sütün kendi siparişini verdiği, siyasetin ve elbette dış politikanın bile siber casusluk maharetiyle yeniden tarif edildiği bir yeni çağa geçerken kodlama, mühendislerin tekeline bırakılamayacak kadar önemli bir beceri oldu. Artık elimizin değdiği her şeyin arkasında yazılım olanı makbul. İşte tam da bu nedenle dünyada ciddi bir kodlama yarışı başlamış durumda. Çünkü şurası çok açık, geçmiş yüzyılın yarışından bağımsız olarak bu yeni ekonomide çocuklarına kodlama becerisini daha hızlı ve yaygın bir şekilde kazandıran ülke bu yeni çağın yükselen ekonomisi olacak. Çocukların bu eğitimi alması çok önemli. Kodlama dersi alan her çocuğun yarın öbür gün bilgisayar programı geliştirmesini beklemiyoruz. Ancak her çocuğun bu işin mantığını anlaması lazım. Şu an gelişen dünya da gelişmekte olan dünya da bu yarışın farkında. Herkes hummalı bir şekilde çocuklarına kodlama öğretmenin yolunu arıyor. Ama başta Estonya ve Finlandiya olmak üzere bazı ülkeler kodlama dersini 1. sınıftan itibaren tüm müfredata koymuş durumda. İngiltere ise daha önce 5 yaşında çocuklara kodlama algoritmasını yapboz ve diğer oyunlarla öğretmeye başladı. Bütün bu reformlar çok yeni, bir kısmı birkaç aylık! Kodlama, bilgisayarın alfabesidir. Yani kullandıkları araç gereçlerin dili... Ben bu dilin öğrenilmesini kalkınma anlamında da önemsiyorum. Eğer Türkiye dünyayı yakalayacaksa, ilkokuldan başlamak üzere okul müfredatlarına kodlama eğitimini eklemeli. Çünkü kodlama hem çağın gerçeği hem de ekonomik getirisi çok olacak.

Peki, ne zaman başlamalı?

Selçuk Şirin: Kodlamayı okuma-yazma gibi temel beceri seviyesinde 1. sınıftan itibaren öğretmek çok önemli. Eğitim sisteminin, öğretmenlerin ve sistemi bir mıknatıs gibi arkasından sürükleyen sınavların bu reforma göre elden geçirilmesi gerekir. Bütün bu adımların nasıl atılacağı yanıtı olan bir soru. Kendi çocuklarımla kodlama saatine katılmış, kodlamayı 'online' ortamda mülteci çocuklar için tasarlamış biri olarak şu kadarını söyleyeyim ki bu işi öğretmek mümkün. Alfabeyi öğretmek, matematiği, feni öğretmek kadar mümkün. Ayrıca araştırmalar öğrencilerin kodlama dersini çok sevdiğini de gösteriyor. Yani somut, uygulanabilir bir reform bu.

45 Her çocuk STEM becerisi kazanmalı

Geleceğin çocukları STEM eğitimi almalı, diyorsunuz. Neden?

Selçuk Şirin: STEM bilim, teknoloji, mühendislik ve matematik becerilerinin İngilizce kısaltması. Bu beceriler dünya ülkeleri tarafından çok önemseniyor. Bu nedenle de Ekonomik İşbirliği ve Kalkınma Teşkilatı (OECD) da PISA ile her 3 yılda bir dünya ekonomisinin yüzde 90'ında aynı becerileri 15 yaş çağındaki gençlerde ölçüyor. Hem TİMSS hem de PISA verilerine bakınca STEM becerileri bakımından dünya ortalamasının çok altında olduğumuzu görüyoruz. Hem 4 ve 8. sınıflar üzerinden hem de 15 yaş grubunda yapılan ölçümlerde Türk öğrenciler fen ve matematik becerileri bakımından dünyadaki akranlarından çok daha geri bir noktada. Daha acı olan PISA üst seviye fen bilgisi testinde başarı oranımız yüzde 0. Evet sıfır! Ancak ülkemizde bilim, teknoloji ve inovasyonun geleceği açısından en endişe verici durum fen ve matematik alanlarında üst seviyede başarı gösteren öğrencilerimizin neredeyse hiç olmamasıdır. Fen ve matematik alanları bilgi ekonomisinin dinamosu. Bu alanlarda ileri seviyede eğitim veren okullarımızın sayısını ve niteliğini gözden geçirmemiz kaçınılmaz. Dünyadaki STEM (fen, teknoloji, matematik, mühendislik eğitimi) reform girişimini bizim de acil olarak ulusal bir kampanyayla ülkenin her yanına ulaştırmamız gerekiyor.

46 'Sınıf annesi' uygulamasına dikkat

Pek çok okulda 'sınıf annesi' uygulaması var. Bu durum çocukları nasıl etkiliyor?

Arzu Yükselen: Sınıf annesi uygulamasının hemen her okulda bulunduğunu görüyoruz. Sınıf anneleri bazı durumlarda öğretmene yardımcı olabiliyorlar, ancak orada kontrolün daima öğretmende olduğu unutulmamalıdır. Sınıfın işleyişine, diğer öğrencilerin durumuna, ailelerle iletişime öğretmen karar vermelidir. Sınıf annesi diğer çocuklara etki eder ve çocukları yönlendirmeye çalışırsa orada sorunlar oluşabilir, bu aşamada dikkatli olmakta yarar vardır. Sınıf annelerinin eğitime müdahale etmeye çalıştığı durumlar gözlemlenebiliyor ya da kendi çocuklarına diğer çocuklardan ayrıcalıklı davranılmasını bekleyebiliyorlar. Ancak bu çok uygun bir yaklaşım değildir. Sınıf annesi, sınıfla ilgili çeşitli ihtiyaçlar olduğu durumlarda gerektiğinde öğretmene yardımcı olabilir. Ancak şu unutulmamalıdır: Okul ve sınıf ayrı bir disiplin ve düzen ortamıdır. Sınıf ortamında düzen, disiplin ve işleyişin birinci derece sorumlusu öğretmendir.

Norma Razon: 'Sınıf annesi' kavramı iyi tanımlanmış bir kavram değil. Her okul 'sınıf annesi' kavramını farklı yorumluyor, farklı uyguluyor. Bazı sınıflarda bir, bazı sınıflarda birden fazla 'sınıf annesi' olabiliyor. Bazı okullarda 'sınıf annesi' olmak demek, öğretmenin sağ kolu olmak demek. Kendisini sınıf öğretmeninin sağ kolu olarak gören 'sınıf annesi' her konuda öğretmene ve okul idaresine karışma hakkını kendinde görebiliyor. Dersin süresi, ödevin azlığı çokluğu, ders programının verimliliği hakkında fikir yürütebiliyor. İstediği gün ve saatte okulda dolaşabiliyor, uygun gördüğü zaman çocuğunun sınıfına girebiliyor. Paris, New York, Ottawa, Chicago ve Boston'da farklı okul ve farklı sınıflarda misafir öğretim üyesi olarak bulundum. Buralarda hiç 'sınıf annesi' uygulamasına rastlamadım. Velilerin, birbirinden farklı konularda öğretmene destek olduğuna tanık oldum yalnızca... İsteyen anneler okul gezilerinde, bayram etkinliklerinde, okul gösterilerinde, tiyatro çalışmalarında, malzeme hazırlıklarında öğretmenlere yardımcı oluyor, öğretmenlerin kendilerine verdiği görevleri yapıyorlar. Her iş için gönüllü olan farklı anneler görevlendiriliyor. Böylece tüm anneler sıra ile öğretmene yardımcı olma fırsatı buluyorlar.

Sınıf annesi tarafsız değildir. Çünkü sınıfta kendi çocuğu vardır ve ona yaklaşımı diğerlerinden farklı olacaktır. Bu durum sınıf düzenini nasıl etkiler?

Norma Razon: Tanık olduğumuz ilginç şeyler var. Örneğin bir sınıf annesi "Çocuklar üşür bahçeye çıkarmayın" derken diğeri "Dışarı çıksınlar" diyebiliyor veya biri öğretmeni sert bulurken diğeri yumuşak bulabiliyor. Biri sınıf düzenini eleştirirken diğeri öğretmene övgüler yağdırabiliyor. Aynı şey çocuklara yaklaşımla da ilgili. Ayrıca elbette ki 'sınıf annesi' tarafsız olamaz. Sınıfta kavga eden çocuklardan biri kendi çocuğuysa haksız yere müdahale edebilir, başka bir çocuğu suçlayabilir. Bu da çocuklar ve veliler arasında kutuplaşmalara yol açabilir. Hiçbir velinin, 'sınıf annesi' olsa da olmasa da öğretmene, okul idaresine, öğrencilere, programa, etkinliklere, teneffüslere müdahale etmeye hakkı yoktur. Sınıf annesi, okulun personeli değildir, okul kadrosunda yer almaz. Sınırlarını iyi bilmeli, öğretmene ya da öğrencilere destek vermek için orada bulunduğunu hatırlamalı, kendisine verilen görevleri yerine getirmelidir. Hepsi bu. Öğretmen sınıfın, idarecilerse okulun yöneticisi, yani kaptanıdır. Öğretmenin görevleri, sınıfa uygun bir program hazırlamak, ders ve ödevleri düzenlemek, öğrencilerini tanımaya çalışmak, öğrencilerin yeteneklerini ve yetersizliklerini dikkate almak, sınıf ve okul kurallarını çocuklara benimsetmektir. Öğrenciler arasında ayrım yapmamak, kararlı davranmak, sevecen ve disiplinli olmak öğretmenin ilkeleri olmalıdır. Bu noktada veliler ise sınırını bilmeli, öğretmenin sınıf içindeki görevlerine ve disiplinine müdahaleci olmamalıdır. 'Sınıf annesi' öğretmene ve yönetime karışmamalı, öğretim yılının başında 'sınıf annesi' seçilen kişi yıl sonuna kadar bu görevde kalmamalı, kalıyorsa başka annelere de öğretmene yardımcı olma fırsatı verilmelidir.

47 Okul yemekleri konusunda dikkatli olun

Anne babalar yemeğini okulda yiyen çocukları çok denetleyemiyor. Onlara ne söylenmeli?

Taylan Kümeli: Bir defa okulda çorba, salata ve yoğurt her koşulda seçeceği üç seçenektir. Onun dışında karşısına çıkan her seçenekten yarım porsiyon yiyebilir. Böylece arkadaş ortamından da uzaklaşmamış olur. Akşam; sebze, yoğurt, öğlen yemediği bir yemek, sebze veya kuru bakla yiyebilir. Hafta sonları da; çocuğun özellikle öğlen ve akşam yemeğinde çok yemeyi arzuladığı yiyecekleri porsiyon kontrolünde yedirmek iyi olabilir. Mesela bir pizzayı veya evde yapılmış malzemesi bol bir hamburgeri üç dört kişi paylaşabilir, yanına da içecek olarak ayran alınabilir. Böylece hem çocuk kısıtlanmamış hem de ev ortamında sağlıklı bir öğün geçirilmiş olur. Çocukların 'fast food' gıdaları sevdiklerini biliyoruz. Onlara 'hayır' demek yerine, ev ortamında böyle seçenekler sunduğumuzda onu yönlendirebilmiş oluruz.

48 Yemek yemeye zorlamayın

Anne babalar çocuklarının yemek yemediğinden şikâyet ediyor. Onları yemek yemeye zorlamak doğru mu?

Taylan Kümeli: Değil. Çocuğun yemek yemeyi istememenin iki nedeni olabilir: Ya duygusal olarak kötü bir deneyimi olmuştur ya da fiziksel olarak gerçekten ihtiyaç hissetmiyordur. Bu nedenle çocuğumuzdaki isteksizliğin nedenini çok iyi bulmamız gerekir. Yani çocuk, fiziksel olarak acıkmadığı için mi yemek istemiyor, yoksa o yemekle ilgili kötü bir deneyim mi yaşadı? Eğer bir çocuk sağlıklı bir bedene sahip ise en fazla iki gün aç durabilir, üçüncü gün mutlaka yemek yemek isteyecektir. Anne baba bunu bir takıntı haline getirmemeli, çocuğu biraz oluruna bırakma cesareti göstermeli. Çünkü çocuk onların ilgisini yemeğe karşı isteksizlikle pekiştirirse, çocuk hep yemeği istememeye başlayacaktır.

Peki, elinde tabakla çocuğun peşinde dolaşmak doğru mu?

Taylan Kümeli: O da doğru değil. Çocuğu zorlamak çocuğun karnını doyurmaz, aksine evdeki ana gündemin 'çocuğun yemek yememesi' olmasına zemin hazırlar. Yani ondaki isteksizlik ilgi odağı haline gelirse, çocuk bunu pekiştirir, çocuk hep istememeye başlar. Bu da yarar yerine, zarar getirir. Bu sorunu çözmenin birçok yolu vardır. Mesela çocuk ıspanak yemek istemiyorsa, ama yumurtayı çok seviyorsa; ıspanaklı yumurta yapılabilir veya ıspanak çorbanın içine konulabilir. Böreği çok seven çocuğun ıspanak yemesi için, o böreğin içine ıspanak konulabilir. Eğer çocuk "Anne ben kuru fasulye yemek istemiyorum, sevmiyorum" dediğinde anne ona "Peki, canım sen bilirsin, bugün kuru fasulye var" diye yanıt verdiğinizde çocuk o kuru fasulyeyi yemesi gerektiğini bilir.

49 Çocuğun dikkat süresinin kısa olduğunu unutmayın

İlkokul çocuklarının dikkat süresi kısa, ama ders süresi uzun. Ne yapmak gerekir?

Arzu Yükselen: Okullarda bir ders saati 40 dakika. Bu özellikle ilkokul dönemi için uzun bir süredir. Unutmamak gerekir ki çocukların dikkat süreleri yaşla birlikte uzar. 2 yaşındaki çocukla 5 yaşındaki çocuğun dikkat süreleri eşit değildir. 6 yaş çocuğu, masa başında oturup yaklaşık 10-15 dakika dinleyebilir. Hem ödev süresi yapma hem de ders süresi olarak 15-20 dakikalık aralıklar dikkate alınabilir. Öğretmen bir ders süresi içinde 10-15 dakika ders anlatıp, sonra oyun oynatıp sonra tekrar ders anlatarak çocukların dikkat sürelerini uyanık tutabilir.

50 İlkokul çocuğu motor gelişim sürecindedir

İlkokul çocuğu gelişim düzeyi açısından nasıl bir noktadadır?

Arzu Yükselen: İlkokuldaki bir çocuk 'motor gelişim' dönemindedir. Yani çocuğun performansının zirve yaptığı dönem ilkokul dönemidir. Bu nedenle hep şunu gözlemleriz: Çocuk 40 dakika boyunca ders ortamında bekliyor, zil çalınca adeta zincirini koparırcasına sınıftan çıkıyor, koşmaya başlıyor. Eğer öğretmen arada çocukların motor gelişimine yönelik etkinlikler koyarsa hem odaklanmayı arttırır hem de çocukların performansını doğru değerlendirebilir. Biz geleceğin çocuklarından daha çok verim almak istiyorsak sıra merkezli sınıflar yerine oyun alanlı sınıflara geçiş yapmalıyız. Yani sınıflarımız, ders içeriklerimiz yeniden yapılandırılmalı; oyun okulun gündeminde olmalı. Aileler de bu konuda okul yönetimini yönlendirmeye çalışmalıdır.

51 Kendi çocuğunuzu korumak adına başka çocuğu dışlamayın

Veliler kendi çocuklarına karşı çok korumacı ama okulun diğer öğrencilerine karşı sert olabiliyor. Bu durum çocukları olumsuz etkiliyor. Ne yapmak gerekir?

Norma Razon: Her çocuk özeldir. Her anne baba için kendi çocuğu önceliklidir. Dolayısıyla tarafsız değildirler. Her ebeveyn okulda bir sorun çıktığında konuya kendi açısından bakıp kendi çocuğunu koruma içgüdüsüyle davranabilir ancak bu durum sorunu büyütebilir. Hiçbir anne baba kendi çocuğunu korumak adına başka bir çocuğu dışlamamalıdır. Kendi çocuğu için istediği iyi bir şeyi diğer çocuklar için de istediğinde daha adil ve daha iyi bir ortam oluşur. Karşılaştığımız örnekler var: Örneğin bir çocuk diğeriyle kavga ettiğinde anne veya babası okula gidip diğer çocuğa ders verebiliyor, onu azarlayabiliyor veya ona kötü davranabiliyor. Bu durumda kendi çocuğuna arka çıkmış, karşıdakini de sindirmiş gibi görünse de aslında her iki çocuğa da zarar vermiş oluyor. Çünkü ortada bir 'güç' unsuru beliriyor ve olay 'güç kullanarak' çözüme ulaştırılıyor. Böyle durumlarda yapılması gereken öğretmenden yardım almak ve iki çocukla da eşit koşullarda konuşup durumun yanlışlığını onlara aktarmak ve benimsemelerini sağlamaktır. Güç kullanımıyla sorunların çözüldüğünü gören çocuklar, bu örneklerden hareket ederek diğer sorunlarını da güç kullanarak çözme eğilimi gösterebilirler. Bu da yanlış çözümlere veya çözümsüzlüğe götürür. Anne babanın asla unutmaması gereken şey, her davranışlarıyla çocuklarının rol modeli olduklarıdır.

52 Çocukla iletişimin altı boyutu vardır

Anne babalar, çocuklarını gerçek anlamda nasıl tanıyabilirler?

Doğan Cüceloğlu: Her çocuğun sosyal bir kimliği, bir mizacı vardır. Anne babanın birincil görevi o mizacı tanımak, o kimliğe saygı göstermektir. Bir insanla karşılaştığımız, birbirimizi gördüğümüz anda mesaj alışverişi, yani iletişim başlar. Bu çok karmaşık bir süreçtir. Karşımızdakinin bakışı, gülüşü, sesinin tonu, giyim kuşamı, duruşu her şey bir mesaj değeri taşır. Karşılıklı iletişim ve ilişkide bir çocuk ilk 6 saatten itibaren bunun farkındadır. Böyle bir yaradılışımız var yani, müthiş bir şey bu! Eğer sık sık birbirimizi görürsek ilişki oluşmaya başlar. Yani iletişimin ötesinde bir ilişki oluşmaya başlıyor. Burada insanın iki doğası belirgin olmaya başlıyor: Birincisi karşımızdaki insanın, çocuğun insan olarak içindeki öz. O öz, candır. Diğeri ise o 'can'ın sosyal kimliğidir. Her sosyal kimliğin toplum içinde yaşaması gerekir. Buna mecburuz. Üstelik kimlik içinde bizim sorumluluklarımız var ve aslında bunun farkındayız. Buna tanıklık ediyoruz. Tanıklık boyutunda bu ilişkinin gıdası altı farklı boyuttur.

- **Birinci boyut:** Sen varsın, seni önemsiyorum boyutu.
- **İkinci boyut:** Ötekileştirme, dışlama boyutu.
- **Üçüncü boyut:** Teklik, biriciklik boyutu.
- **Dördüncü boyut:** Güven boyutu.
- **Beşinci boyut:** Sevgi boyutu.
- **Altıncı boyut:** Saygı ve sorumluluk boyutu.

Tanıklık boyutlarında ilişkinin gıdası, bu altı boyutta saklıdır. Bu nasıl oluyor biliyor musunuz? Önce karşımızdakini önemsiyoruz. Karşımızdaki 6 aylık bir bebek de olsa 3 yaşında bir çocuk da olsa, 50 yaşında bir yetişkin de olsa hiç fark etmez. Karşınızdakine "Sen varsın, seni önemsiyorum" bakışıyla yaklaştığınızda şunu anlıyorsunuz: "Canın küçüğü büyüğü olmaz. Hepsi can!" Dolayısıyla o 'can'a verdiğimiz önem ile ilk ilişki boyutunu kurmuş oluyoruz. İkincisinde ise "Sen varsın" deriz ama ona öyle bir bakarız ki dışlamaya, ötekileştirmeye başlarız. Bu da bir ilişki boyutu. Üçüncü boyutta ise karşımızdakinin biricikliğini, tekliğini görürüz. Evet, dünyada bir sürü insan var ama hiçbir karşımızdaki kişi değil, o biricik, tek! Dördüncü boyutta karşımızdakine "Sana güveniyorum. Sen insan olarak iyiyi, doğruyu, adil olanı ayırt edebilirsin, potansiyelin var. Beşincisi, insan olarak sana emek ve zaman vermek isterim çünkü seni seviyorum, sevilmeye layıksın. Altıncısı da saygı ve sorumluluk çerçevesinde gerçekleşiyor. Yani öyle büyük bir resim var ki bizler de o çerçevenin içinde yer alıyoruz. Ve çocuklar karşısındakinin bakışıyla, duruşuyla, konuşmasıyla, davranışıyla bunu saniyesinde anlıyor. Bu çok önemli bir şey.

Aa 53 Çocuğun anlayacağı yazı, düz yazıdır

Bitişik eğik el yazısı mı yoksa düz yazı mı çocuklar için daha yararlı?

Arzu Yükselen: Çocukların dünyayı anlama ve anlamlandırma süreci içinde hayatta karşılığı olan şeylerle hareket edilmesi, çocuğun her şeyi daha hızlı kavramasını sağlar. Bitişik eğik el yazısının sokakta pratik anlamda bir karşılığı yok. Cep telefonlarında yok, bilgisayarlarda yok, kitaplarda yok, sokaklardaki tabelalarda yok...

Selçuk Şirin: Bir dönem Türkiye'de çocuklara bitişik eğik el yazısıyla yazı yazdırıldı, ama vazgeçildi. Çünkü bu artık işlevi olmayan bir beceriydi. Artık farklı disiplinler var. Örneğin -daha önce de değindiğimiz gibi- kodlama eğitimi dünyada önem kazanıyor. Herkes ona yönelirken bizim bitişik eğik el yazısına dönmemiz anlamlı değildir. Bir de bazı çocuklar zihinsel olarak yetişkindir ama o ince motor becerisi konusunda becerikli değildir. O da o çocuklara ket vuruyor. Sonuç olarak yazı nedir? Bir araçtır. Kendini ifade etmenin bir aracı... Eğer siz o aracın kendisini amaç yaparsanız çocuğun gelişimini engellemiş olursunuz. Üstelik öğretmenler de sıkıntı yaratabiliyor. Örneğin iyi yazı yazan çocuğu ödüllendiriyor, diğerini değil. Oysaki diğerinin sözcükleri kullanma ve ifade etme biçimi daha iyi olabilir. Dolayısıyla bizim değerlendirme ölçütlerimizi de değiştirmemiz gerekiyor.

54 Günlük tutma alışkanlığı kazandırın

Çocukların hayal gücünü ve okuma-yazma becerisini geliştirmek için neler yapmak gerekir?

Özgür Bolat: Günlük tutmalarını öneriyorum. 'Günlükle iyileşmek' diye bir kavram var. Dünyada insanlar günlük yazarak kendilerini iyileştiriyorlar. Günlük tutarak yaşadıkları olayla ilgili perspektif kazanıyor ve duygusunu ifade ediyor. Bu nedenle çocuklar günlük tutma alışkanlığı kazanmalı. Böylece anlamlı yazı yazma, yazdıklarını okuma, anlama ve yorumlama kabiliyetlerini geliştirecekler. Her birimiz günlük hayatımızda çeşitli sorunlarla karşılaşıyoruz. Oysaki sorunları yaratan bizim bakış açımız. Sorunu yaratan bakış açımızı keşfetmek de çok önemli. Bu nedenle yazmak büyük önem kazanıyor çünkü bize derinlik kazandırıyor. Duygularımızı ifade etmemizi, kendimizi tanımamızı, hayatımızı keşfetmemizi sağlıyor. Günlük tutmak sadece çocuklar için değil yetişkinler için de çok değerli. Üstesinden gelemediğimiz pek çok sorunu günlükler sayesinde çözebiliriz.

55 Çocuğunuzu yarıştırmayın, not odaklı olmayın

İlkokul çocuklarına not verilmesi doğru mu?

Özgür Bolat: Hayır, doğru değil. İlkokulda çocuklara not verilmesi de doğru değil. Çünkü not yapay bir sistem ve gerçek hayatta da bir karşılığı yok. Meselâ Leonardo Da Vinci'ye not vermişler midir? Atölyede çalışırken hocası ona not vermiş midir? Veya Messi not almış mıdır hocasından? Almamıştır. Aldığı iki şey vardır: İlişki ve geri bildirim. Onların hayat öykülerini okuduğumuzda kimin öğrencisi olduğunu, nasıl çalıştığını, yıllarını nasıl geçirdiğini okuruz. Her seferinde hocasından geri bildirim aldığını görürüz. Bu nedenle okullarda da geri bildirim verilmesi gerekiyor. Sistemden dolayı not vermek zorundaysak da notları öğrenme sürecinde değil, en sonunda vermeliyiz. Ancak bu notlar da 'bilgiyi ölçen notlar' olmamalı, 'beceriyi ölçen notlar' olmalı. Ancak ilkokulda çocuklara not verilmemeli. Dünyanın bazı ülkelerinde, örneğin Amerika'da bazı okullarda not kaldırıldı. Hatta karne bile kaldırıldı. Şu an sadece çocuğun ne yapabileceğine ve ne yapamayacağına dair bir değerlendirme yazısı yazılıyor. O değerlendirme sonucunda çocuklar Harvard Üniversitesi'ne kabul edilebiliyor mesela... Yani notsuz bir karneyi, bir üniversite kabul edebiliyor şu an.

Peki, anne babaların çocuklarının notlarını yarıştırması?

Özgür Bolat: O da doğru değil. Çocukları kıyaslamak, notlarını yarıştırmak çocuklar arasında bir rekabete yol açar. Daha da tehlikelisi çocukta değersizlik yaratır. Nasıl mı? Çocuğa "Sen diğer kişi gibi olmazsan veya onun gibi yüksek not almazsan, onun kadar değerli değilsin" mesajı gider. Burada önemli olan, çocuğun o dersi, o konuyu anlamış olup olmamasıdır. 90 puan alan biri de anlamış olabilir... Şunu unutmamak gerekiyor; rekabet ortamında insanlar öğrenmek için değil, sürekli diğer insanları geçmek için çalışır. Bu tavan etkisi de yaratabilir. Örneğin, bir çocuk hiç çalışmıyormuş. Annesi "Neden çalışmıyorsun?" diye sormuş. Çocuk da "Anne ben zaten çalışmadan birinci oluyorum" demiş. Diğer insanları referans olan insanların gelişimleri durur. Aynı şekilde bir çocuk rekabet içindeyse ve sürekli düşük not alıyorsa, bir süre sonra çalışmayı bırakır.

Bazı anne babalar da not yarışını ödül-ceza sistemine dönüştürüyor...

Özgür Bolat: "Matematik dersinden 100 alırsan seni sinemaya götüreceğim" gibi sözlerle çocuğun önüne bir ödül koyuyor ama aslında onu cezalandırıyor. Çünkü 100 alamazsa aile onun istediği bir şeyden alıkoyuyor. Çocuk da der ki "Anne babam benim sevdiğimi bir şeyi, sırf beni sevdikleri için yapmıyor. Karşılık bekliyor." Çocukta değersizlik inancı gelişebilir. Not ile koşullanan ödül pek çok soruna sebep olur:

- Adalet değeri insanlar için önemlidir. Adaletli ortamlarda insanlar hem daha verimli hem de daha mutludur. Ödül, adalet duygusunu yok eder. Çünkü taraflıdır.
- Adaletin olmadığı ortamlarda verimlilik düşer. Çünkü stres yaratır ve kişinin daha az emek harcamasına neden olur.
- İlişkiler bozulur.
- Eşitlik ortamı yok olduğu için başarı oranı düşer, performans olumsuz etkilenir.
- Ödül, tavan etkisi yaratır. Yani, kendi seviyesinin üstüne çıkan, ama ödülü alamayan çocuk mutsuz olur veya ödül kendi seviyesinin altındaysa ve ödülü aldıysa, bu kez de kendi seviyesinin üstüne çıkma ihtiyacı duymaz.

56 Çocuk çocuktur, prens veya prenses değildir

Neden şimdiki anne babalar çocuklarını prens-prenses gibi görüyorlar?

Arzu Yükselen: Günümüz anne babaları genel olarak çok koruyucu tutum sergileme eğilimdeler. Bunda değişen ve gelişen dünyanın, teknolojinin de etkisi var. Çoğu anne baba internetten nasıl anne baba olacağını ya da çocuğuna nasıl davranacağını öğrenmeye çalışıyor. Çoğu zaman yanlış akademik alt yapıdan yoksun kirli bilgileri sorgulamadan uygulamaya çalışan anne babalar çocuklarına prens/prenses gibi davranmayı dayatan yaklaşımı da olumlu karşılayabiliyorlar. Diğer yandan da çocukken gerçekleştiremediklerini kendi çocuklarının yapabilmesini istiyorlar. Küçükken çok istemiş ama piyano çalamamış, çocuğunun çalmasını istiyor veya çocukken imkânsızlıklar sonucu kısıtlı kalan hayatına karşılık çocuğunu bolluk içinde yetiştirmeye çalışıyorlar.

Peki, bu durum çocuklarda neye sebep olur?

Arzu Yükselen: Dünyanın kendi etraflarında döndüğünü düşünüp, diğer insanların da kendileri gibi 'mükemmel' olmasını beklerler. Ancak beklentileri gerçekleşmediğinde büyük hayal kırıklığı yaşarlar. Evlerinde gördükleri ilgi ve alakayı okulda, sokakta veya aile dışı sosyal ortamlarda göremediklerinde psikolojik ve duygusal açıdan olumsuz etkilenip kendilerini kötü hissedebilirler.

Anne babaların çocukları fazla pohpohlaması, onlara tozpembe bir dünya sunma yarışı doğru mu?

Arzu Yükselen: Hayır, değil. Çocuklarının her istediğini yapmak onları hayatlarının merkezinde tutmak, onların gerçek yaşama uyumlarında sorun yaşamalarına neden olabilir. Bencil, sadece kendi isteklerinin yapılmasını isteyen aksi durumda uyum sorunu yaşayan ve yaşatan bireyler olma riskleri vardır. İçinde yaşayacakları toplumun gerçeklerine uyum sağlayacak şekilde davranışlarını düzenlemeyi erken yaşta öğrenmeleri ve bunu anne babalarından öğrenmeleri son derece önemlidir. Her çocuk özeldir ancak kendi yeterlilikleri, kendine özgü özellikleriyle olumlanarak hayata hazırlanmalıdır. Mükemmeliyetçi bir yaklaşımdan ya da kusursuz olmaları gerektiği izleniminden çocuklar uzak tutulmalıdır.

Çocuklar, aileler arasında da bir çekişme konusu. Herkes kendi çocuğunu övüyor. Bu nelere sebep oluyor?

Arzu Yükselen: Bu da anne babalar arasındaki rekabetten kaynaklanıyor. Mesela iş arkadaşına "Bizim oğlan yüzmeye başladı, çok iyi yüzüyor, dereceler aldı" diye övüyor, bu kez diğeri "Bizimki de yüzmeli!" hissine kapılıyor. Yani kişilerin kendi içindeki rekabeti çok baskın. Çünkü böyle bir öğreti var. Mutlaka başarmalısın! Başarısızlığa tahammül yok. Beceriksizliğe tahammül yok. Anne babaların demokratik ve güven verici tutumu benimsemeleri son derece önemlidir. Çocuklarına sınır koymaları onların kendilerini güvende hissetmelerini sağlayacaktır. Evde kuralların olması ve bu kurallara evde yaşayan herkesin uyması gereklidir. Çocuğa rol model olan anne babanın kendi tavır ve davranışlarını gözden geçirmesi, bu bağlamda doğru davranışları sergilemesi çocuğun sağlıklı gelişimi için yarar sağlayacaktır.

57 Çocuğunuzun ödevini veya çalışmasını siz yapmayın

Ödev bir sorumluluk, ancak bu sorumluluğu çocukların yerine getirmesine pek de fırsat verilmiyor. Çünkü genellikle çocukların ödevlerini anne babalar yapıyor...

Arzu Yükselen: Her bireyin sorumlulukları vardır, anne babalar bunu asla unutmamalıdır. Ancak ne yazık ki ebeveynler çok hırslılar. Çok 'başarı' odaklılar. İşin kötü yanı, toplumsal yaşamın da sayısal başarıya odaklanması! "Yapmalıyız, başarmalıyım, daha çok puan almalısın!" düşüncesiyle, bir yarış var anne babaların arasında... Oysaki çocuklar arasındaki durum bundan farklı, onlar anne babalarına göre çok daha başarılı bir şekilde birbirleri arasındaki rekabeti yönetebiliyorlar. Anne babaların bu hırsı çocuklara çok olumsuz yansıyor. Çocuklar da kendi kişisel yetenekleri göz ardı edildiği için ödevlerine sorumluluk bilinciyle yaklaşmayabiliyorlar. Anne babalar "Bak bu çirkin oldu, bunu atalım ben sana yenisini yapayım" şeklinde çocuğun yapabileceğinin önüne geçebiliyor, onun körelmesine sebep olabiliyor. Oysaki anne babanın yapması gereken çocuk çok zorlandığında yardım etmek olmalıdır, onun yerine geçmemektir. Hatta çocuk yardım istemeden ona yardım etmeye çalışmak da doğru bir yaklaşım değildir. Önce çocuk "Ben bunu yapamıyorum, nasıl yapacağım?" diye sizden yardım istediğinde "Tamam, bir bakalım, anlamaya çalışalım" diye yaklaşmak ve yol göstermek gerekir. Talep etmeden yardım etmeye çalışmak çocuğun benlik saygısını, kendine güvenini olumsuz yönde etkileyebilir.

58 Onu yüreklendirin

Çocukların başarabilme azmini geliştirmek neler yapmak gerekir?

Arzu Yükselen: Öncelikle anne babaların bu konuya duyarlı olması gerekiyor. Örneğin çocuk birinci sınıfa başladı diyelim. Anne babalar çocuğun yanına oturup "Yaz bakayım, olmadı. Sil o satırı bir daha yaz!" diye çocuğu yoruyor. Oysaki orada çocuğun emeği var. Biraz eğik olmuş olabilir. Hiç önemli değil. Yanlış değilse sorun yok, neden bu kadar nizamlı olmalı ki? Bir dahakine daha düzgün yazar, daha sonra daha da düzgün yazar. Yanlış yazdıysa da "Sil hemen, sil! Yanlış yazdın, şöyle yaz bakayım!" diye çocuğun hatasını biz düzeltiyoruz. Oysaki doğru yaklaşım yanlış olanı fark ettirmektir. "Burada bir hata var, bakalım fark ettin mi? İstersen bir daha dene..." diyerek çocuğun kendi deneyimine fırsat vermek gerekiyor. Yapınca da "Evet, yapabildin, bravo!" diye çocuğu yüreklendirmemiz gerekiyor. Böylece başarabilme azmini geliştirmiş olacağız. Bunu yaparken de çocuğun başında durmayacağız. "Benim içeride biraz işim var. Bir şeye ihtiyacın olursa seslen, hemen geleceğim" diyerek çocuğa ihtiyacı olan güveni vermek gerekiyor. Anne babaların görevi çocuğu her koşulda yüreklendirmektir, hevesini kırmak değildir. Ancak bazen farkında olmadan çocukların içindeki heyecanı kırmış oluyoruz. Bu nedenle çok dikkatli olmak gerekiyor. Çünkü bu dönemde onun başarma azmine ket vurulması, gelecekteki kararlarını olumsuz etkileyebilir.

59 Çocuklar arasında bir ayrım gözetmeyin

Zaman zaman çocukların 'başarılı-başarısız' diye sınıflandırıldığına tanık oluyoruz. Okulda, evde veya sokakta çocuklara nasıl davranılmalı?

Doğan Cüceloğlu: Bir bebek doğumundan sonra kucaklanıp kendisiyle konuşulmazsa ilk üç ay içinde değişik hastalıklar geliştirir ve hayatını kaybedebilir. Bu konuda yapılmış çok ciddi bilimsel araştırmalar vardır. Bebeğin yemesi, içmesi, bakımı kadar kucaklanıp sevilmesi, onunla konuşulması da gerekir. Bir bebek doğumundan altı saat sonra şu iki sorunun cevabını arar: "Güvende miyim?" ve "Olduğum gibi kabul edilip seviliyor muyum?" Bu, çocuğun içine doğduğu ailenin tanıklık bilincidir ve çocuğun sağlıklı gelişiminin temelini oluşturur. Ailede olduğu gibi okulda da tanıklık çok önemlidir. Eğer öğretmen sınıfa girince öğrencilerine tanıklık bilinci kazandırırsa gücünün kaynağını bulur. Yani öğretmen;

- Sınıfa girince her bir öğrencisini kâle alıp, sınıftaki varlığını önemsiyorsa,
- Öğrencilerini yargılamadan, onları olduğu gibi kabul ediyorsa,
- Öğrencilerini kendine özgü bir değer olarak görüyorsa,
- Öğrencilerinin potansiyelini yeterli görüp onun gelişebileceğini güveniyorsa,
- Öğrencilerini emek vermeye, onlar için zaman harcamaya ve onları sevmeye layık buluyorsa,
- Öğrencilerine birey olarak saygı duyuyorsa, o çocuklar gelişir.

Üstelik bu tanıklık yalnızca okul ortamında değil, tüm insan ilişkilerinde geçerlidir. Çocuklara "gelişim odaklı değerler kültürü" içinde yaklaşıldığında onlar arasındaki ayrımlar ortadan kalkar ve çocuklar gelişir.

60 Çocukların görüşleri değerlidir, göz ardı etmeyin

Her çocuk bir bireydir, dolayısıyla görüşlerine değer verilmelidir. Oysaki evde baskıya uğrayan çocuğun dışarıda da başka çocuklara baskı uyguladığını görüyoruz...

Özgür Bolat: Şunu unutmamak gerekir ki, zorbalığı yapan çocuk da zorbalığa maruz kalan çocuk da sorun yaşıyordur. Çocuklardan biri kurbandır ve kurbanlığını yaşar. Şiddet uygulayan çocuk ise güç ile kabul görmeye çalışır. Aslında kurban ile zorba arasında gizli bir anlaşma vardır. Zorba bunu neden yapar? Kendi ailesinde güçsüzlük duygusunu yaşayan çocuklar, bu güçsüzlük duygusunu yenebilmek için başka canlılar üzerinde kendi güçsüzlüğünü gidermeye çalışır. Üstelik sadece insanlar üzerinde değil, bitkiler ve hayvanlar üzerinde de... Hem kurban için hem de zorba için temel kavram 'sınır'dır. Her bireyin kendi sınırı vardır ve zorbalık yapan veya zorbalığa maruz kalan çocukların sınırlarına çok fazla girilmiştir. Örneğin anne babaları bu sınırlara çok fazla girmiştir ve çocuğun iradesini kırmışlardır. İradesi kırılmış çocuklardan birisi güçle diğeri de kurban rolüyle varlık göstermeye başlar. Örneğin, biri kendini çok acındırırsa karşısındaki ona zarar vermez. Bir kurban kendini acındırır, çünkü hayatta kalma mekanizması budur. Diğeri de aynı şekilde güç ile hayatta kalır. Örneğin zorbalığı yapan çocuk ortamını değiştirsin ve o ortamdaki en zayıf kişi o olsun, o zaman rolünü hemen değiştirir ve bu kez 'kurban' kendisi olur. Bu nedenle de geçicidir bu zorbalık...

Peki, ne yapmak gerek?

Özgür Bolat: Çocuk aile içinde sevgi içinde büyürse, söylendiği dinlenirse, sohbet ortamı gelişirse değer gördüğünü hissedecektir. Bu durumda "Ben sadece konuşarak değer görebilirim" diyecek ve diğer sağlıksız güç mekanizmalarına başvurmayacaktır.

61 Ödül-ceza sisteminden vazgeçin

Çocuk eğitiminde ödül-ceza sistemi doğru mu?

Arzu Yükselen: Ödül-ceza sistemi eğitimde etkili bir yöntem değil. Etkili olan yöntem olumlama yöntemidir. Örneğin öğretmen bir görev mi verdi? "Eğer dersini yapmazsan sokağa çıkamazsın!" gibi bir tehditte bulunmak yerine "Öğretmenin bu görevi hepinize vermiş. Dolayısıyla hepinizin görevi aynı! Sadece sen yapmıyorsun ki, herkes aynı görevi yerine getirmekle yükümlü..." diyerek çocuğu eşitlemek ve sorumluluğunu hatırlatmak gerekiyor. Sonuç olarak çocuk "Ne yapayım yani? Dersimi yapmazsam en fazla sokağa çıkamam. Yarın nasılsa çıkarım" gibi bir hisse kapılmamalı. Olumlayarak sorumluluklara vurgu yapılmalı. Esasında bu bilinç ilkokul döneminden de önce verilmeli çocuğa. Okul öncesinde sorumluluk bilinci kazanan çocukla, sorumluluk bilinci verilmesinde geç kalınmış çocuk farklıdır. Eğer bu bilinci ilkokulda da kazanamadıysa, anne-baba ve öğretmenin o çocuk üzerinde daha fazla emek harcaması gerekebiliyor.

Sorumlulukları olumlamanın ne gibi yararları var?

Arzu Yükselen: İyi yönlerinin öne çıkartılması çocukları onurlandırır. Küçük küçük sorumluluklarını "Bravo, çalışmanı çok güzel yapmışsın. Tebrik ederim." diyerek onu yüreklendirir. Okul başlamadan önce ona küçük küçük sorumluluklar verip, o sorumlulukları yerine getirdiğinde de "Bravo, tebrik ederim, harikasın..." gibi küçük cümleler söylendiğinde, sorumluluk bilinci kazanmasını pekiştirir. Odasını, eşyalarını toplaması, sofrayı kurarken yardım etmesi, giysilerini çıkardıktan sonra kirli sepetine atması gibi küçük görünen şeyler de çocuğun gelecek yaşamına büyük etki edecek küçük sorumluluklardır. Maalesef bizim toplumumuzda her şeyi anneler yapıyor. Çocuk giyiniyor, soyunuyor, eşyalarını olduğu yerde bırakıyor. Oysaki kendine ait her işi kendisi yapmaya çalışmalıdır. Tabağını kaşık çatalını makinaya koyabilir mesela... Eğer yapmadıysa ebeveyni onu uyarabilir. "Lütfen tabağını ve kaşık çatalını makinaya koyar mısın?" gibi küçük cümleler yeterli... Çocuğa kızmamalı, bağırmamalı; sadece hatırlatabilir. Buna karşın zaman zaman "Sakın gözüm görmesin seni!", "Bir oda bu kadar dağınık olur mu?" gibi çocuğu azarlayıp, ona sert çıkabiliyoruz. Bu doğru bir yaklaşım değildir.

Özgür Bolat: Ödül vererek bir çocuğu motive edebilirsiniz. Evet, çocuk kendisine verilen o işi yapar, hatta heyecanla yapabilir ama ödül vermeyi bırakınca çocuk o işten vazgeçer. Dolayısıyla eğer çocuğun, ebeveynlerinin istediği o davranışı bırakması istenmiyorsa ona sürekli ödül verilmesi gerekir ki bir süre sonra çocuk o ödüle alıştığından ödül de bir işe yaramamaya başlar. Ödüle alışan çocuk o ödülden de o işten de zevk almamaya başlar. Bu kez çocuğu tekrar motive etmek için ödülü değiştirmeniz ya da daha büyük bir ödül vermeniz gerekir ki bu da sürdürülebilir bir motivasyon aracı değildir. Bir noktadan sonra mutlaka tıkanırsınız ve çocuk da ödül olmayınca o işi yapmayı bırakır. Dolayısıyla çocuk ödülle iş yapmaya alıştıysa, kendi sorumluluğunda olan işler için bile ödül talep eder. Bu da sorumsuzluk duygusunu geliştirir ve bütün hayatını olumsuz yönde etkiler.

62 Başarısını ödüllendirmeyin

Ödül-ceza sisteminin bir diğer şekli de 'başarıyı ödüllendirmek' konusu... Başarı ödüllendirilmeli mi?

Özgür Bolat: Nasıl ki başarısızlığın cezalandırılması doğru değilse, başarının ödüllendirilmesi de doğru değildir. "Sınıfını geçersen, ödül olarak tablet alacağım" ya da "Ödevini yaparsan, bilgisayarla oynayabilirsin." dediğiniz zaman, beyin dopamin salgılamaz. Daha doğrusu, tabletin ya da bilgisayarın tek başına vereceğinden daha fazla keyif vermez. Çünkü ödüle ulaşamama ihtimali neredeyse yoktur. Çocuk her zaman ödevini çabucak bitirip oyununu oynayabilir. Ödül keyif vermediği gibi, çocuğu ödevden de soğutur. Çünkü ödevi bir araç ve eğlenceye bir engel olarak görür.

Peki, eğitimdeki ödül sistemi gerçekten keyif verir hale dönüştürülebilir mi?

Özgür Bolat: Sınıfta yarışma yaparsak veya çocuğumuzu diğer çocuklarla karşılaştırıp yapay rekabet yaratırsak, evet. Yarışma ve rekabet sonucunda verilen ödül keyif verecektir. Ama bunun da büyük bedeli vardır. Çünkü 30 kişilik sınıfta sadece kazanan üç kişi mutlu olacaktır. Bir öğretmenin amacı tüm çocuklara ulaşmaktır. Aile de yapay rekabet yaratarak, yani çocuğunu başkasıyla karşılaştırarak, çocuğun yaptığı işten keyif almasını sağlayabilir ama bu durumda çocuk hedefine ulaşsa da diğer insanları geçmedikçe keyif alamaz. Bazıları da yaptığı işi tamamen bırakır. Kim çocuğunun gelişiminin ve mutluluğunun başkasına bağımlı olmasını ister ki? O zaman ne yapalım ki her çocuk her zaman keyif alabilsin? Çocuğumuza hediye olarak bir tablet verirsek, bundan 10 birim zevk alır. Ona tableti bir başarı sonucunda koşul olarak verirsek, yine 10 birim zevk alır ama koşul (ödev vb.) olan işten soğur. Dışa bağımlı olur. Ama o tableti para biriktirip veya çalışarak kendi çabasıyla alırsa, ona sahip olmaktan 200 birim zevk alır. O zaman ödüle veya rekabete bağlı bir eğitim sistemi geliştirmektense, çabaya dayalı bir keşfetme süreci geliştirerek öğrenmenin verdiği keyfi arttırabiliriz. Bu sayede her çocuk her zaman mutlu olmayı başarır ve sürekli gelişim gösterir.

Anne babaların çocuğun başarısından anladığı şey karne notları... Peki, çocuk bu konuda başarılıysa ödüllendirilmeli mi?

Arzu Yükselen: Okul, dersler, ödevler çocuğun sorumluluklarının olduğu alanlardandır. Ders çalışmak, okula gidip gelmek, sınavlara girmek, okulda verilen görevleri yerine getirmek, bunların hepsi çocuğun sorumlulukları arasındadır. Sorumluluklarımız zaten yapmamız gereken şeyler değil midir? Peki, sorumluluğu olan bir konuda neden onu ödüllendirelim ki? Belki şunları söyleyebiliriz: "Sorumluluklarını yerine getirmen çok güzel bir şey. Bu beni çok mutlu ediyor, bu bizi çok mutlu ediyor. Biz çok şanslıyız senin gibi sorumluluk bilinci olan, kendisine verilen görev ve sorumluluklarını yerine getiren bir çocuğa sahip olduğumuz için. Seninle gurur duyuyoruz." Bu sözler dışında ona maddesel bir şey almak, onu hediyelere boğmak doğru bir yaklaşım değildir.

63 Yemeği sevdirmek için alışverişe beraber çıkın

Yemek yemeyi sevdirmek için ne yapılmalı?

Taylan Kümeli: Mutfak alışverişine çocukla birlikte çıkmak çok önemli. Menüyü çocukla birlikte hazırlamak da öyle... Alışveriş esnasında seçtiğimiz her besin için çocuğu bilgilendirmek gerekiyor. Örneğin, "Yarın akşam dolma yapalım, ne dersin? Bunun için kepekli pirinç alalım" demek, yemek konusunda çocuğu bilgilendirecektir ve pirinç seçerken de hangisinden seçilmesi gerektiğini de ona gösterecektir. "Organik yumurta alalım, laktozsuz süt ve organik yoğurt alalım..." gibi cümlelerle çocukların besinleri seçerken nelere dikkat etmeleri gerektiğini de onlara küçük küçük aktarmak gerekir. Bunu yaparken çocuğun yaşayarak öğrenmesini sağlarız. Sonra çocukla birlikte mutfağa girmek, sofrayı birlikte hazırlamak, mutfakta ona küçük küçük görevler vermek çok önemli. Örneğin, çorbayı onun karıştırmasını sağlamak... Sadece karıştırması bile o çorbayı kendisinin yaptığını düşündürüyor ona, hevesleniyor. Böyle yaptığı zaman içselleştiriyor, kendini ailenin bütünü olarak görüyor ve çok da mutlu oluyor. Dolayısıyla çocuğa yemek yemeyi sevdirmek için işe alışverişten başlamak gerekiyor. Beslenmede rastlantılar yerine bilinirlilik insanı çok daha huzurlu ve mutlu eder. Bir haftalık menüyü çocukla birlikte hazırlamak bile yemeğin önemini anlamak için çok büyük bir etkiye sahip. Mesela, pazartesi kuru bakla, salı dolma günü, çarşamba köfte günü gibi günleri ve yemekleri belirten bir liste bile çocuklara yemeği sevdirmek için çok etkilidir.

64 'Nizam intizam hastalığı'ndan vazgeçin, ona alan açın

Ev ortamında çocuğun özgür hareket ederek, üretkenliğini geliştirebilmesi için neler gerekir?

Selçuk Şirin: Ev ortamına odaklandığımızda ise Türkiye'deki bazı ciddi sorunları gözlemliyoruz. Örneğin evlerde "Her şey düzgün olsun, orayı bozma, burayı dağıtma!" diye uyarılıyor çocuklar. Ben buna "Nizam, intizam hastalığı" diyorum. Aman ev düzgün olsun, dağılmasın isteniyor. Oysaki çocuğun olduğu evde karmaşa olması lazım. Çünkü çocuk, özellikle de okul öncesi yaşlarda hayatı dağıtarak, kurcalayarak öğrenir. İnsan gelişiminin önünü açmak için yapmamız gereken en önemli şey, onlara oynayabilecekleri bir alan sunmaktır. Çocuğun kurcalayabileceği alanlar yok olduğunda, bozacağı, kıracağı hiçbir şeyi kalmadığında üretkenliği gelişmez. Ondan sonra anne-babalar "Bu çocuk neden öbür çocuklar gibi değil? Bu neden üretmiyor?" diye yakınıyorlar. Çünkü o çocuk hiçbir şeyle ilgilenememiş, merakını gidermek istediğinde engellenmiş. Oysaki eline radyoyu verin, bozsun; eski bir bilgisayarı açsın, çözsün. Gerekirse de kırsın. Ama kısıtlanmasın. Mutfakta hamurla oynamak mı istiyor? Bırakın dağıtsın.

65 Göz göze iletişim kurun

Çocuğun sağlıklı gelişimi için ebeveynler onunla nasıl iletişim kurmalı?

Doğan Cüceloğlu: Annenin babanın ve hatta öğretmenin çocuğu eleştirmesi, anlamaya çalışmak yerine yönlendirmeye çalışması, kalıplamaya çalışması eğitimsel olarak çıkmaz yol. Çocuk sadece bastırır ama sağlıklı olarak gelişemez. Anne babanın çocuğuyla göz göze sohbet içerisinde olması lazım ve bu sohbeti de ancak gelişim odaklı değerler kültürü verir. Denetim odaklı korku kültürü mümkün değil veremez, çünkü sürekli denetleme çabası içerisinde, çocuğu uyurken bile korkuyor. Kendisini ifade edemeyen gelişemez. Yani değerli bulunmayan değeri keşfedemez. İletişim çoğu kez farkında olunmadan, duygusal düzeyde başlar ve devam eder. Bazı mesajlar olumludur bazıları da olumsuz... Güler bir yüz, neşeli bir ses tonu, sıcak bir dokunuş hemen algılanır ve etkisini de gösterir. Aynı şekilde sert bir ses, asık bir yüz, sabırsız bir tavır gergin bir ifade de anında hissedilir. Bu nedenle, çocukla iletişimimizi güler yüzlü biri olarak mı asık suratlı biri olarak mı kuracağız? Bu, çok ama çok önemlidir. Eğer çocuğa karşı sinirli, öfkeli, sert bir yaklaşımda bulunursak çocuğumuz siner ve gelişemez. Onunla kurulması gereken iletişim sıcak, güler yüzlü ve neşeli bir ses tonuyla kurulması gereken iletişimdir.

66 Onu sanat ve sporla tanıştırın

Çocuklar kaç yaşından itibaren sanat ve sporla tanıştırılmalı?

Arzu Yükselen: Olabildiğince erken... Toplum olarak genelde çocuklarımızı sanat ve sporla geç tanıştırıyoruz. Ailece yapılabilecek sporların yanında bir de çocukların bireysel sporlarla tanıştırılması meselesi var. Özellikle 5-7 yaş itibariyle çocuklar mümkün olduğunca bireysel sporlarla tanıştırılmalı ve mümkünse bu sporlardan birini düzenli olarak yapmaya başlaması sağlanmalıdır. Bir de bu yaşlarda çocukların piyano, gitar gibi müzik aletleriyle tanıştırılmasında yarar vardır. Piyano, çocukların akademik becerileri kazanmasında önemli bir enstrüman. Problem çözme becerisi, kavramsal becerileri kazanma, dikkat, sebep sonuç ilişkisi kurma ve bellek gelişimi gibi konularda yararları var. 8 yaşından sonra çocuklarda kas gelişimi de farklılaşıyor, sosyal bilinç de farklılaşıyor. Eğer bu dönemlerde çocuklar müzik aleti çalmaya başlar, bireysel veya takım sporu ile ilgilenirlerse bunlar çocuğun yaşamında yer almaya başlıyor, öz güvenleri bir şeyi başarma duyguları gelişiyor ve bu durum onların ergenlik dönemini daha uyumlu geçirmelerini sağlayabiliyor.

Sportif ve sanatsal ilgiler nasıl belirlenir?

Norma Razon: Bir çocuğun ilgi ve yeteneklerini belirlemenin en iyi yolu çocuğu izlemektir. Çok küçük yaşlardan itibaren boş zamanlarında nelerle oynuyor, neler yapmaktan hoşlanıyor, ne yaparak mutlu oluyor, hangi etkinliklerde daha becerikli diye çocuğu gözlemlemek lazım. Yalnız ilgi ve yetenekleri doğru belirlemek lazım ki, çocuğun orada sürekliliğini sağlamak mümkün olsun. Onun için hep vurgulamaya çalıştığım, anne babanın en önemli görevi çocuğu iyi tanımaktır. Onun özelliklerini, yeteneklerini ve yetersizliklerini belirlemektir. Ancak o zaman çocuğu doğru yönlendirebiliriz. Bütün anne babalar çocukları spor yapsın istiyor; ama her çocuk spora yetenekli değildir. Spora yeteneği olmayan bir çocuğa sanatsal bir faaliyet de iyi gelebilir. Resim olur, karikatür olur, müzik olur, başka herhangi bir şey olur. Burada ilgi ve yeteneklerinin olduğu alanda çocuğu yönlendirip bir hobi sahibi yapmak çok önemli. Tabii bu hobiyi sürdürmek de çok önemli. Çocuğun hobisini sürdürebilmesi için anne babasının desteğine çok ihtiyacı var. Doğru seçilmiş, keyifle sürdürülen bir hobi, bir genci pek çok kötü alışkanlıktan korur.

67 Sosyalleşmesine katkı sağlayın

Çocukların sosyalleşmesi için neler gerekir?

Norma Razon: Sosyalleşme konusu çok küçük yaşlarda başlaması gereken bir konu. Maalesef ki, çocuğu hastalanmasın diye evden çıkarmayan anne babalar var. Bu, çocuklar için yararlı bir yaklaşım değildir. Çocuğun dışarıyla, sosyal hayatla ilişkiler kurabilmesi için parka gitmesi, oyun alanlarına gitmesi, arkadaş ortamında iletişim kurması çok önemli. Meselâ ilkokul çağında çocuklar genellikle hemcinsleriyle iletişim kurmayı severler. Mümkün olduğunda onları sıra arkadaşlarıyla, servis arkadaşlarıyla, oyun arkadaşlarıyla okul dışında bir araya getirmek önemli. Çocukların sosyalleşmesi için birbirlerinin evlerine gidip gelmeleri çok yararlı, ancak bu durumlarda evine gidilen veya eve davet edilen çocuğun ailesini, yaşam koşullarını bilmek şart. Tabii taciz olaylarından dolayı anne-babalarda müthiş bir panik var. Oysaki tacizi, istismarı azaltmanın yolu çocuğu bilinçlendirmekten geçiyor. Bilinçli çocuk, kendini korumayı, yardım istemeyi bilecektir.

Günümüzde sosyalleşmek adına AVM'lere gidiliyor...

Norma Razon: Elbette ki çocuk AVM'nin de ne olduğunu bilmeli, oradaki oyun grubuna da girebilmeli ama bunun yanı sıra park, bahçe, jimnastik, binicilik gibi başka şeyler de var. Çocuğun bunu da yaşaması lazım. Mutlu olacağı, keyif alacağı şeyleri yapması, zaman zaman yaşıtlarıyla, zaman zaman hayvanlarla ve doğayla buluşması, sosyalleşmesi açısından çok önemli. Ayrıca ailece yapılan aktiviteler de çocuğun sosyalleşmesine büyük katkı sağlar. Bir hafta sonu gezintisi, birlikte yapılan bir spor aktivitesi, bir kutu oyunu, birlikte denize girmek gibi aileyi bir araya getiren aktiviteler de çocuğu daha dışa dönük hale getirecektir.

68 Çocuk yetiştirirken anne ve baba birlikte sorumluluk almalı

Bizim toplumumuzda çocuk yetiştirirken bütün sorumluluk genellikle anneye yükleniyor? Bu doğru mu?

Arzu Yükselen: Elbette ki değil. Çocuk yetiştirirken anne ve baba mutlaka birlikte sorumluluk almalıdır. Ne yazık ki bazı ailelerde zaman zaman çocuklar "Eğer ödevini yapmazsan seni babana söyleyeceğim" vb. cümlelerle baba ile korkutuluyor. Oysaki baba bir "korku mekanizması" değildir. Burada anne o anki sorunu sakince çözmek yerine babayı bir "korku unsuru" gibi konumluyor ve böylece eşit bir sorumluluk yerine getirilmemiş oluyor. Bir başka konu, çocukla ilgili sorunları sadece annenin ya da sadece babanın çözmesi konusu... Örneğin, okulda veli toplantısı oluyor, ama o toplantılara genelde sadece anne katılıyor. Oysaki anne ve baba birlikte gitmelidir ya da biri gidemediğinde diğeri gitmelidir ancak hep aynı ebeveynin sorumluluk alması adil olmuyor. Çocuk bir şey istediğinde veya evde bir sorun olduğunda da "Annene sor!" veya "Babana sor!" şeklinde anne-babanın birbirinin üstüne atması doğru bir yaklaşım değil. Ortak karar alınarak hareket edilmesi daha uygun olacaktır. Her konuda anne ve baba birlikte etkin olmaya çalışmalı, çocuğun sorumluluğunu paylaşmalıdır. Sorumluluğu birbirlerinin üstüne atmaktan kaçınmak önemlidir. Bu, çocuğun kendini güvende hissetmesi için de yararlı olacaktır.

69 Çocuklarınızı "Yakışıklı oğlum, güzel kızım" diye sevmeyin

Çocukları hangi sözcüklerle sevmeliyiz?

Özgür Bolat: Öğretmenlerin ve velilerin çocukları "Yakışıklı oğlum, güzel kızım, akıllı çocuğum..." diyerek sevdiğini görüyorum. Bu konularda ilginç bir araştırma yayımlandı. Prof. Dr. Carol Dweck iki grup oluşturuyor, birine "Sen zeki olmalısın" diğerine de "Sen çok çalışmış olmalısın" diyor. Sonra her iki gruba da zor problemler verip, çözmek isteyip istemediklerini soruyor. 'Zekisin' övgüsünü alan grup, zor soruları çözmek istemezken; 'çalışkan' övgüsünü alan grup çözmek istiyor. Acaba zekâsı övülen çocuklar neden zor soruları çözmek istemiyor? Çocuğa "Sen zekisin!" dediğiniz an, çocuk zeki olarak etiketleniyor. Çocuğun başarısı, kabulü ve zamanla da kimliği zeki olmak üzerine kurulu oluyor. Kimliği zeki olmak üzerine kurulduğu zaman da, çocuk birey olarak var olmak için, bu imajını sürekli korumak istiyor. Bunu nasıl yapıyor? Kendisini zeki gösterecek işleri seçerek veya zeki göstermeyecek zor işlerden kaçarak. Çocuk şöyle düşünüyor: "Zor işi denersem ve başarısız olursam, insanlar beni aptal zanneder. Bu durumda da dayanak noktam yıkılır. Kabulüm tehlikeye girer." Zeki imajını sürdürmek için başka yöntemler de kullanıyor. Örneğin, çalışmıyor. Çalışmazsa ve başarısız olursa, diyor ki: "Tamam. Ben başarısız oldum ama bunun sebebi zeki olmamam değil, çalışmamam. Siz zekâmdan şüphe etmeyin!" Bundan dolayı bazı insanlar için "Zeki ama çalışmıyor." sözünü çok kullanırız. Her ne kadar bu araştırma zekâ üzerine olsa da altında güçlü bir felsefe yatıyor. Bir insan kabulünü ve dolayısıyla kimliğini kontrolü dışındaki özelliklere bağladığı zaman, hassas ve kırılgan bir benlik anlayışı geliştirir. Çünkü bir insan her zaman ve sürekli zekâsını gösteren davranışlar sergileyemez. Sürekli endişe ve reddedilme korkusuyla yaşar. Dışa bağımlı bir kişilik oluşturur. Kendi içinde bir 'bütünlük' duygusu yaşayamaz.

Peki, ya güzelliğine veya yakışıklılığına vurgu yapılan çocuklar?

Özgür Bolat: Aynı mantık insanın kontrolü dışında olan 'güzellik' ve 'yakışıklılık' için de geçerlidir. Bir kız sürekli ve her zaman güzel olamaz. Bir erkek sürekli ve her zaman yakışıklı olamaz. Yaş ilerledikçe güzelliğini kaybetmeye başladığını düşünür ve depresyon belirtileri başlar. Peki, kızınız güzel ve zekiyse, ne olacak? Çocuğun güzelliği ve zekâsı, saç rengi gibi doğal bir özelliği olmalıdır ki kimliği ve kabulü güzelliği üzerine kurulu olmasın. Kimliği güzelliği üzerine kurulu olan güzel bir kızla, olmayan güzel bir kızı hemen ayırt edersiniz zaten. Birincisi, güzelliğiyle ilgi bekler, güçlü bir benlik geliştirememiş ve düşünsel derinliği yoktur. Dış görünüşüne yönelik en küçük eleştiriye tahammül edemez. İkincisinin güçlü bir benliği ve yaşama dair bir duruşu ve anlayışı vardır. Çünkü ailesi onun güzelliğine değil, karakterine vurgu yapmıştır. Kendi değerleri ışığında seçimlerini yapar.

Çocuklar nasıl sevilmeli?

Özgür Bolat: Aslında insanları bir şey yaparak değil, yanında olarak severiz. "Çalışkan çocuğum." denilebilir. Çünkü bir çocuk her zaman çalışkan olabilir ve bu seçim onun kontrolündedir. "Dürüst, düşünceli, duyarlı vs." denilebilir. Çünkü bir çocuk her zaman dürüst, düşünceli ve duyarlı olabilir. Bu durumlar da onun kontrolündedir. "Canım oğlum" denilebilir. Çocuğun kimliği zekâ ve güzellik gibi kendi kontrolü dışındaki özellikleri üzerine kurulu olursa, tek boyutlu bir kişiliğe sahip olur, kırılgan bir kimlik geliştirir ve dışa bağımlı olur. Bu sebeple karakterli, güçlü ve benlik duygusu gelişmiş çocuklar yetiştirmek için, çocuğun kontrolünde olan ve her zaman sürdürebileceği özelliklerine vurgu yapılmalıdır.

70 Çocuklarınızla kavgalı olmayın

Anne babalar çocuklarıyla kavgalı olmayı nasıl bırakacak?

Sunay Akın: Çocuğa bakışımızı değiştirmemiz gerekiyor. Toplumun çocuğa ve çocukluğa bakışı çok yanlış. Biz çocukluğu kazasız belasız, geçip gitmesi gereken; iyi eğitim alınması gereken bir 'dönem' olarak görüyoruz. Hayır, bu çok yanlış. Özgürlüğü elinden alınan çocuğa 'büyük' derler. Çocuk, olimpiyat kürsüsünde altın madalya alan 'bir numaralı' yerdedir. Sonra ergenlikle gümüş madalyaya iner, sonra da bronz alır. Biz hayatın evrelerinde çocukluğa bakışımızı değiştirmeliyiz. Zaten bir ülkede çocuklar okulları kazanmayı düşünüyor, ama okullar çocukları kazanmayı düşünmüyorsa ortada büyük bir sorun var demektir. Böyle düşünen bir ülkede aydınlanmadan da ilerlemeden de söz edilemez. Öncelikle toplumda çocukla, çocuklukla barışmamız gerekiyor. Çocukların birer birey olduğunu kabul etmemiz gerekiyor. Kendi isteklerimizi onlara dayatmak yerine onların ne hissettiğiyle de ilgilenmemiz gerekiyor. Çocuklarla kavga etmeyi, onları bir çekişme alanı olarak görmeyi bırakalım.

71 Veli toplantılarını ihmal etmeyin

Çocukların okul durumu çok önemli... Veli toplantılarına katılmak neden önemli?

Arzu Yükselen: Çocuğun durumunu anlamak, okulun sorunlarını tartışmak, derslerle ilgili bilgi sahibi olmak ve öğretmenleri tanımak açısından veli toplantıları çok önemlidir. Ancak çocukla ilgili konulara ne yazık ki babalar daha mesafeliler. Oysaki anne kadar babanın da çocukla ilgili sorumluluğu olması gerekiyor. Çocukların 'annenin çocuğu' olmaktan çıkması lazım. Biz bu konuyu en yoğun olarak veli toplantılarında görüyoruz. Anneler veli toplantılarına daha çok katılım gösteriyor. Baba da anne ile birlikte o toplantılara katılmalıdır. Ebeveynlerin birlikte sorumluluk alması çocuğun sağlıklı gelişimi için büyük önem taşıyor.

Peki, ya veli toplantılarına katılmayan ebeveynler?

Arzu Yükselen: Anne babası toplantıya katılmayan çocuk kendini değersiz ve yalnız hissedebiliyor. Bazen okulda öğretmen çocuğa "Senin ebeveynin toplantıya katılmadı." şeklinde konuştuğunda, çocuk kendini kötü hissedebiliyor. "Ya arkadaşlarım duyduysa..." endişesine kapılabiliyor. Okul ortamı çocuğun sosyal çevresidir ve o çevreye ailenin dâhil olduğu durumlar da söz konusudur. Bu nedenle anne-baba çocuğu okulda yalnız bırakmamalı, ihtiyaç duyduğunda ona destek olmalıdır. Bu destek de anne-baba tarafından eşit bir şekilde paylaşılmalıdır. Bir taraf ağır bastığında diğer tarafın eksikliği yine hissedilecektir. Bu konudaki tek hoşgörü ebeveynlerden birinin veya ikisinin kaybı durumunda söz konusu olabilir. Böyle bir durumda da çocuğun ebeveyni konumundaki bir yakını sorumluluk alabilir.

72 Ders çalışma alışkanlığı kazandırın

Dersler konusunda çok tartışma olsa da bu konu bizim gerçeğimiz. Çocuklar etkili ders çalışma alışkanlığını nasıl kazanacaklar?

Norma Razon: Ders çalışma alışkanlığının temelleri aslında okul öncesinde atılıyor. Eğer çocuğa ufak tefek sorumluluklar verilirse ve bu sorumlulukları yerine getirip getirmediği takip edilirse, çocuk sorumluluklarını yerine getirmeyi öğreniyor. Anasınıfında da öğretmenler çocukları ilkokula hazırlamak için ufak tefek ödevler verebiliyorlar. "Bu hafta sonu bir resim yap, bu resmi boya..." gibi oldukça kolay ve eğlenceli ödevler... Eğer çocuk anasınıfında verilen görevleri zamanında yapıyorsa sorumluluk bilinci kazanıyor, ödev alışkanlığı edinirse okul döneminde de sorumluluklarını yapmaya devam ediyor. Elbette ki çocukların çoğunda zorlandığı zaman ödevi bitirmeme, yarım bırakma veya vazgeçme gibi durumlar söz konusu olabiliyor. İşte anne baba bu noktada dikkatli olmalı. Çocuğunu takip eden anne babalar "Evet zor, ama denersen başarabilirsin" veya "Bugün zorlandın, yarın tekrar denersin, başarırsın" gibi cümlelerle yaklaşırsa çocuk verilen ödevi yapmayı öğreniyor. İlkokul çağında da yine okulda yapılanları pekiştirmek üzere çocuğa çeşitli görevler, ödevler verilirse ve aileler de ödeve önem verirse çocuk o zaman ders çalışma alışkanlığı kazanıyor, görev bilinci yerleşiyor.

Peki, ya bu bilinci kazandırmak için geç kalındıysa?

Norma Razon: Hayatta hiçbir şeyi yapmak için geç değildir. Zamanında kazandırılmamış bir alışkanlığın gecikmiş olarak kazandırılması daha çok zaman ve emek gerektiriyor. Görev bilinci olmayan bir çocuğa okul sonrası için bir çalışma programı yapmak uygun olur, bu program bir çizelge haline getirilmeli, çocuğun göreceği bir yere asılmalı, çocuk görevini tamamladıkça çizelgeyi işaretlemeli, çizelgenin sorumluluğu çocuğa verilmeli, aile çocuğun görev anlayışını izlemelidir. Ancak programı anne veya baba tek başına yapmamalı, çocukla birlikte yapmalı. Mesela programa "Okuldan gelince el yüz yıkama, giysi değiştirme, yeme, dinlenme, ödev yapma veya ders tekrarı, dinlenme" gibi maddeler konulabilir. Anne-baba çocuğun ödevini, öğretmenin verdiği bir sorumluluğu önemsiyorsa, gerekliliğine inansın ya da inanmasın o ödevi takip ediyorsa, "Öğretmenin hangi ödevi vermiş, bunlardan neleri yapmış, neleri yapmakta zorlanmış" diye onu izliyorsa, çocukta yavaş yavaş ders çalışma alışkanlığı oturuyor.

Çocuğun düzenli olması için neler gereklidir?

Norma Razon: Çocuğun yapılmış olan günlük programa uyması, hayatını düzene koymasına yardım eder ancak düzenli olması sadece ödev yapma ve ders çalışma saatlerini programlamakla sınırlı değildir. Bu konu günlük yaşamda kendisine düşen görevleri zamanında tamamlamak olarak da ele alınmalı. Çocuğun çıkardığı çamaşırları kirli sepetine atması, ödevini yaptıktan sonra çantasının içine koyup ertesi gün için hazırlaması, oyuncaklarını ve kitaplarını toplaması, sofraya peçete koyması, yemek bitince çatalını, kaşığını mutfak tezgâhına koyması vb. şeyler düzenli olmasını sağlar. Bu küçük görevler çocuğun hem düzen anlayışını hem sorumluluk bilincini geliştirir hem de çalışma alışkanlığını destekler. İnsanda bu sorumluluk bilinci arttıkça güven de artıyor. Kendi işini kendi yapan, kendi sorununa çözüm üreten ve sorunların üstesinden gelmeyi bilen kişi, kendine daha çok güveniyor ve daha kolaylıkla başka işlere atılabiliyor.

73 Planlı olmayı, alışkanlıklarla öğretin

Yapılan araştırmalar planlı çalışmanın başarı getirdiğini gösteriyor. Çocuklara planlı olmak nasıl öğretilir?

Özgür Bolat: Plan iyidir, ama aynı zamanda bir kaygı sebebidir de... "Esnek planlama" desek daha iyi olabilir. Plan aslında bir önceliklendirmedir. Çocuk, o gün içinde neler yapacak, öncelikleri neler? Bunları belirleyip o plana uyduğunda elbette ki sonuç daha iyi olacaktır. Bunun sorumluluk bilinciyle doğrudan bağlantısı var. Sorumluluk bilinci için de özel bir çabaya gerek olduğunu düşünmüyorum. Çocukla beraber bir şeyler yapmak, ona bu alışkanlığı kazandırmak için ipuçları verecektir. Bunun için de belli rutinlere ihtiyaç var. Örneğin beraber çiçek sulamak, kedi besleme günleri, birlikte ortalığı toplamak gibi rutinler... Bu düzen içinde çocuk zaten o değerleri kapacaktır. Zaten değerler de bu şekilde öğrenilir. Modelleyerek ve ilişkiyle öğrenilir. Bu nedenle ayrıca bir çabaya gerek yoktur. Sorumluluk kazandırmak için de sınırların ilk önce belli olması lazım. Örneğin ödev kuralı var ama ödevini yapmıyorsa, demek ki seviyesi yetmiyor veya üstünde, ilgisini çekmiyor, ondan sonra yine yapmıyorsa bunun doğal sonucunu yaşaması lazım. Ceza değil bedel. Sınırı olmayan, kuralı olmayan bir şeyin sorumluluğu kazandırılamaz. Mesela çocuk dişlerini fırçalamıyor, anne baba da onunla fırçalamıyor, demek ki kazandırılamamış. Rutin ve kuralın, yani esnek planların çocuğa hem sorumluluk duygusu kazandıracağını hem de başarı için bir itici güç olacağını bilmemiz gerekiyor.

74 Çocuklar yaz tatilinde öğrenme kaybı yaşamasın

Pek çok çocuk yaz tatilinde, okulda öğrendiklerini unutuyor. Yaz tatili nasıl değerlendirilmeli?

Selçuk Şirin: Tatilde öğrenme kaybı, öğrencilerin özellikle uzun yaz tatillerinde bildiklerini unutmaları, öğrendikleri bilgileri tatil sürecinde kullanmadıkları için kaybetmeleri demek. Ancak bu öğrenme kaybı her öğrenci için eşit seviyede olmuyor. Bazı öğrenciler yaz aylarını iyi değerlendirerek bir sonraki sınıfa bir adım önde başlıyor. Öte yandan, bir diğer grup var ki bu çocuklar sene içinde okulda öğrendiklerinin önemli bir kısmını yaz tatilinde kaybederek bir sonraki sınıfa geçiyor. Öyle ki birinci sınıfta okumayı söküp, yaz tatilinde hiç pratik yapmadığı için okumayı unutarak ikinci sınıfa başlayan çocuklar var. Yapılan uzun soluklu araştırmalar gösteriyor ki öğrenciler "ortalama olarak" matematik ve okuma yazma gibi temel derslerde öğrendiklerinin neredeyse 10'da birini yani ortalama 1 aylık müfredata denk gelen bilgi ve beceriyi her yaz tatilinde kaybediyor. Bu kayıp en fazla ilkokul çağında ve ilk 4 yılda gözlemleniyor ama bu sonraki yıllarda kayıp olmadığı anlamına gelmiyor. Öyle olduğu için de öğrenci, üniversite sınavına geldiğinde tatilde öğrenme kaybı yaşayan çocukla tatilde öğrenme kaybı yaşamayan çocuk arasındaki makas iyice açılıyor. Maalesef yoksul ailelerden gelen çocuklarla varlıklı ailelerden gelen çocuklar arasında okulda başarı bakımından büyük bir fark var. Bu fark, daha çocuklar okula adım attığında başlıyor. Ancak okullar bu farkı bir noktaya kadar azaltıyor ki bu da okulun 'sosyal mobilite aracı' olması işlevine denk düşüyor. Zira ideal olan, okulun, kapısını açan her çocuğa eşit öğrenme fırsatı sunmasıdır. Bu bağlamda okullar işlevini bir noktaya kadar gerçekleştiriyor. Her senenin başında var olan fark okulun açık olduğu dönem boyunca azalıyor. Yani yoksul ve varlıklı ailelerden gelen çocuklar arasındaki makas eylül ayından haziran ayına kadar geçen dönemde bir nebze kapanıyor. Ancak bu makas okulun tatile girdiği yaz aylarında yeniden açılıyor. Bir başka ifadeyle tatilde öğrenme kaybı devreye giriyor. Çünkü varlıklı aileler çocuklarına yaz ayları boyunca yeni öğrenme fırsatları sunarken yoksul aileler bu fırsatı sunmakta güçlük çekiyor.

Çözümü için ne yapılmalı peki?

Selçuk Şirin: Uzun tatil dönemleri kitapların rafa kaldırıldığı, çocukların yazmaktan çizmekten araştırmaktan uzak tutulduğu dönemler değildir, olmamalıdır. Yaz tatili, çocukların zorunlu okul müfredatı yerine kendi istek ve tercihleri doğrultusunda öğrenmeyi yeniden keşfedeceği eğlenceli bir dönem olabilir. Bu nedenle çocukların yaz aylarında öykü, roman, şiir tarzı edebiyat kitaplarından oluşan bir seçki ile dağarcıklarını zenginleştirmesi önemli. Yaz kampları da çocukların öğrenme kaybını engellemek için zengin bir öğrenme ortamı sunuyor. Sportif ve sanatsal etkinlikler, gezi ve ziyaretler de çocukların öğrenme kaybını engeller. Ayrıca yaz ayları anne babaların çocuklarıyla daha kaliteli vakit geçirdiği dönemler olduğundan, bu dönemde kaliteli zaman paylaşımı belki de çocuklarımıza yapacağımız en önemli yatırımdır. Kaliteli zamandan kastım, tek odağımızın çocuklarımız olduğu zamanlar. Bu zamanlarda çocuklarımızla yaptığımız sohbetler, özellikle erken yaşlarda, son derece kalıcı etki bırakır. Aynı şekilde çocuklarımızla oynadığımız, yapbozdan sudokuya, strateji oyunlarından kelime oyunlarına her tür etkinlik onların öğrenmesine yapılmış bir katkı olarak da görülebilir.

75 Teknolojiyi doğru kullanmayı öğretin

Çocuklara teknolojiyi doğru kullanmayı nasıl öğreteceğiz?

Arzu Yükselen: Teknolojiyi doğru kullanmaktan kastımız teknolojinin içeriğinden ziyade işleviyle ilgiliyse doğru yer ve zamanda teknoloji kullanmayı öğretmemiz gerekiyor. Örneğin çocuğuna yemek yedirirken eline tablet veya telefon veren anne-babalar görüyoruz. Bu durum okul öncesinde ne yazık ki zaten yaygın. Hatta bazı anne babalar buna daha bebeklik döneminde başlıyorlar ki bu doğru bir yaklaşım değildir. Her çocuk, her birey, bir şeyi yaparken o eylemi başka bir şey ile gölgelememelidir. Yemek yeniyorsa, yemeğe odaklanılmalı. Telefonu bir iletişim aracı olarak kullanmayı öğretmek, çocuğun yaşına ve gelişim düzeyine uygun şekilde teknolojik aletleri özellikle de cep telefonu ve tableti yaşamına sokma görevi anne babalara aittir. Eğer amaca uygun kullanılırsa teknolojik cihazlar çocuğun gelişimine katkı sağlayabilir. Ancak amacının dışına çıkıyorsa, çocuğu esir alıyorsa, dikkat eksikliğinden bağımlılığa kadar pek çok sorunu beraberinde getirebiliyor.

76 Teknoloji kullanım sürelerini denetleyin

Çocuklar için ideal teknoloji kullanım süreleri var mı?

Norma Razon: Günümüzde çocuğun teknolojiden, dijital araç gereçlerden uzak kalması çok zor, ancak ekran karşısında kalınan sürenin sınırlandırılması mümkün. Bu sınırlamanın yapılması için anne babanın bu araç gereçlerin zararlarını kavraması ve kendi telefon ve tablet bağımlılığını azaltması gerek. Gece gündüz, yemekte yatakta, çocuğu ile oynarken telefonunu elinden düşürmeyen bir anne baba, çocuğunu bu araç gereçlerden nasıl uzak tutulabilir ki? Doğumdan 2-3 yaşına kadar çocuğun dijital araç gereçlere ihtiyacı yok, oyuncak, oyun, kitap, onu seven yetişkinler ve akranları onu mutlu etmeye ve geliştirmeye yeterlidir. Ayrıca günlük bakım ihtiyaçlarının giderilmesi epey vakit alıyor. 3-6 yaşlarında: ekran başında 20-30 dakika veya 2 kez 15 dakika geçirmek yeterli. Bu ekranın TV olması ve bir yetişkinin refakatinde olması tercih edilebilir, izlenenler hakkında konuşmak yararlı olabilir. 6 yaşından büyük olanlar için günde azami 50-60 dakika. Ergenler bilgi edinmek, bir konuyu araştırmak için kullandıklarında bu süre uzayabilir. Ekran süresini kısıtlayamayan öğrenciler için hafta içi bu araç gereçleri kullanmamak, sadece hafta sonu kullanmak yararlı olabilir. Özellikle cep telefonu ve tablet yemeklerde ve uykudan önceki saatlerde çocuğun hayatında olmamalı, yemek ve uykuyu kolaylaştırmak için kullanılmamalı, ödül ve ceza aracı olmamalıdır. Dijital oyun ve uygulamaların, teknolojik araç gereçlerin içerdikleri hız, güç, heyecan, serüven içeren görsel ve uyaranlarından ötürü çok cazip oldukları, bu nedenle de bağımlılık yarattıkları unutulmamalıdır. Bu bağımlılığın ileriki yıllarda bireyin okul hayatını, iş hayatını aksattığını, aile düzenini bozduğunu, sosyalleşmesini engellediğini hatırdan çıkarmamak lazım. Bunların kullanımında ölçülü olmak, zamanı iyi kullanmak, içerik seçimlerinde ve süre kısıtlamasında kontrollü olmak çok önemlidir. Aile bir yandan bu kontrolü elinde tutarken, bir yandan da çocuğunu yaşına, ilgilerine ve becerilerine uygun etkinliklere yönlendirmelidir.

Teknolojik cihazları yasaklamak doğru mu?

Arzu Yükselen: Çocuklara teknolojik cihazları yasaklamak yerinde bilinçli kullanmayı öğretmek bu bağlamda doğru rol model olmak, bilinçlendirmek çok daha uygun olacaktır. 6 yaşındaki çocukla, 10 yaşındaki bir çocuğun kullanım süresi aynı olmayabilir. Teknoloji kullanım süreleri de yaşla birlikte uzamalıdır. Çünkü çocukların dikkat süreleri yaşla birlikte artar. Bir de çocukların teknolojiyi ne için kullandığı nasıl kullandığı önemlidir. Çocuklar özellikle 0-3 yaş döneminde teknolojik cihazlarla bir araya getirmemelidir. Bu dönem beyin gelişimi açısından son derece önemlidir ve bu cihazlardan alacağı uyarılarla gelişimi olumsuz yönde etkilenebilir. 3-5 yaş arasındaki çocuklar günde bir saatten fazla teknolojik cihazlarla bir arada olmamalılar, bunun yerine koşma, yürüme, atlama, top ve balon oyunları gibi daha çok harekete dayalı oyunlarla zaman geçirmeleri sağlanabilir. 5-12 yaş arasında ise günde iki saatten fazla teknolojik cihazlarla vakit geçirmemelerinde yarar var. Bunun yanında bu dönemde günde en az bir saat olmak üzere bisiklete binme, koşma, tırmanma gibi fiziksel aktivitede bulunmaları sağlanabilir. Her yaş grubundaki çocuğun her gün oyun alanları, parklar, plaj ya da göl gibi açık alanlarda bulunmasını sağlayarak onların gelişimlerini olumlu yönde destekleyebiliriz. 3-6 yaş döneminde özellikle teknolojik cihazlarla çocuklar baş başa bırakılmamalı, anne baba rehberliğinde karşılıklı olarak etkileşimde bulunarak kullanmaları tercih edilmelidir.

77 Çocuğunuzun hayallerine güvenin

Bazı anne-babalar çocukken yapamadıkları şeyleri şimdi kendi çocuklarının yapmasını istiyor. Oysaki anne veya babasının hayali aslında çocuğun hayali olmayabiliyor. Bu duruma nasıl yaklaşılmalı?

Özgür Bolat: Anne babaların unutmaması gereken bir şey var. Her çocuk bir bireydir ve kendi hayallerini yaşar. 1997 yılında Kanadalı araştırmacı Prof. Gary McPherson iyi müzisyenleri kötü müzisyenlerden ayıran özellikleri keşfetmek için uzun soluklu bir araştırma başlatıyor. Enstrüman çalmaya başlayacak olan, yaşları 7 ile 8 arasında değişen 157 tane müzisyen adayı buluyor. Onlara detaylı bir anket veriyor. Sonra da bu çocukları lise mezuniyetine kadar takip ediyor. Mezuniyetten sonra bu çocukların müzik becerilerini ölçüyor. Becerilerine göre de çocukları üç gruba ayırıyor: En iyiler, orta seviyede olanlar ve kötüler. Bu üç grubu; IQ, kulak hassasiyeti, matematik becerisi, ritim duygusu, motor becerileri, sosyo-ekonomik durumları açısından karşılaştırıyor. Hiçbir fark çıkmıyor. Üç grup sadece iki açından farklılık gösteriyor. Birincisi pratik süresi. Kötü grup haftada ortalama 20 dakika, orta grup 45 dakika, iyi grup 90 dakika pratik yapmış. Araştırmanın burası çok ilginç değil. Çünkü pratiğin etkisini zaten biliyoruz. Çocuklar, ankette bir soruya verdikleri yanıt açısından da farklılık gösteriyor. O soru da şu: Ne kadar süre müzik enstrümanı çalacaksınız? Bazıları sadece ilkokul sonuna kadar (kısa vade bağlılık), bazıları lise sonu (orta vade bağlılık), bazıları da hayat boyu (uzun vade bağlılık) diyor. Hayat boyu diyenler (uzun vade bağlılık) en iyi enstrüman çalan grup çıkıyor. Yani müzisyen olacağına inanlar en fazla pratiği yapmış ve en iyi grup olmuş. Prof. McPherson bir soru daha soruyor: "Acaba pratik mi daha önemli inanç mı?" Bu soruyu yanıtlamak için her üç bağlılık grubundan da aynı derecede pratik yapmış kişileri buluyor. Bu kişilerin pratik süreleri eşit ama inançları farklı. Görüyor ki uzun vadede bağlılık grubunda olan kişiler, aynı süre pratik yapmış olmalarına rağmen kısa vadede bağlılık grubundan tam 4 kat daha iyi. Daha derse başlamadan önce bile "Ben müzisyen olacağım" ya da "Ben bir müzisyenim" düşüncesine inanmak, tam 4 kat daha fazla başarı getiriyor.

78 AVM'lere gitmek yerine sosyal alanlara gidin

Çocukların sosyal öğrenmesini desteklemek için neler yapılmalı?

Arzu Yükselen: Bir defa eğlence alışkanlıklarımızı gözden geçirmemiz gerekiyor. Özellikle büyük şehirlerin tek sosyal alanları AVM'lermiş gibi bir algı oluşmaya başladı. Bu hiç doğru değil. Eğlenmek, gezmek için yalnızca alışveriş merkezlerine giden aileler var. Oysaki AVM'ler sosyalleşme alanları değildir. Evet, her ne kadar tiyatrolar sinemalar hatta parklar bile AVM'lerin içine hapsedilmiş olsa da bir "tüketim alanı" olarak AVM'ler içlerinde yoğun bir olumsuz enerji barındırıyorlar. Gürültüden insanların birbirini duyamadığı, üretime değil tüketime yönlendirildiği bu alanlar insanların sosyal yönlerini geliştirmek için yeterli olmadığı gibi bu istekler için doğru yerler de değillerdir. Bunun yerine anne babalar çocukları için keşif yapabilecekleri, yeni şeyler öğrenebilecekleri, yüz yüze, göz göze iletişimde bulunabilecekleri alanları tercih etmelilerdir. Kimi zaman ormanda yürüyüş yapmak, sahile inmek; kimi zaman müzeye gitmek, spor yapmak; kimi zaman bir konsere katılmak, birlikte oyun oynamak aile içi iletişimi ve paylaşımı çok daha ileri taşıyacak tercihler olabilir. Üstelik bu birliktelikler çocuklara sosyal yönden bilinç kazandırmak açısından da çok çok yararlı olabilir. Unutmamalıyız ki çocuk, içinde enerji olan ve o enerjiyi harcamak isteyen bir varlıktır. Çocuğun enerjisini olumlu yönde harcayabilmesi için de sakin ama mutluluk verici ortamlara ihtiyaç vardır. Bu sebeple olabildiğince açık havaya çıkmayı ve sık sık doğa ile buluşmayı tercih etmeliyiz.

79 Harçlık biriktirme alışkanlığı kazandırın

Çocuklara ne kadar harçlık verilmeli? Harçlığın verilme sıklığı ne olmalı?

Özgür Bolat: Harçlık meselesi önemli bir konu. Çocuğun bilişsel seviyesine göre, aşağı yukarı ilkokul üçüncü sınıftan itibaren çocuklara harçlık verilmeli. Burada harçlığın anlamı büyük önem kazanıyor. Çünkü çocuk harçlıkla parasını yönetmeyi öğrenir. Aldığı harçlığa göre ihtiyaçlarını karşılar. Eğer çocuk günlük olarak harçlık alırsa parasını yönetmekte zorlanabilir. En ideali ilk ve ortaokul çocuklarına haftalık olarak harçlık vermektir. Sözgelimi çocuk haftalık olarak 20 TL mi harçlık alıyor? İster o paranın tamamını ilk gün harcasın, isterse bir haftaya bölerek harcasın, karar onun. Çocuk harçlığının dışında herhangi bir şey mi istiyor? O zaman para biriktirip, kendi parasıyla almayı öğrenecek. Evde bu konuda bir rutin oluşturulmalı. Tabii rutin dışındaki şeyler bunun kapsamı dışında tutulabilir. Örneğin bir okul gezisi yapılacaktır ve o gezi için gerekli olan parayı aile ayrıca verebilir; ancak harçlık yönetimini çocuk kendi başına kurabilmelidir. Düşünün ki çocuk bir oyuncak almak istiyor, oyuncağın fiyatı 100 TL. O zaman anne-baba "Tamam, bu oyuncak güzelmiş. Alalım. 20 TL'sini sen biriktir, 80 TL'sini de biz verelim," denildiğinde o oyuncak kaybolur mu? Asla kaybolmaz. Bu küçücük yöntemle bile çocuğa aslında kendi parasını yönetmeyi, emek vermeyi, biriktirmeyi öğretmiş oluyoruz. Çocuklarımıza harçlık vermemizin gayesi de bu aslında... Bu süreci yönetebilmesi için. Bu nedenle harçlığın ilk ve ortaokulda haftalık, lisede de aylık verilmesi doğru.

Norma Razon: Çocukların ilkokul döneminde parasını yönetmeyi öğrenmesi lazım. Bu paranın küçük bir miktar olması gerekiyor. Her aile bu miktarı kendi anlayışına göre ayarlamalı. Çocuk, günlük parasını kullanmayı öğrendikten sonra haftalık bir harçlık vermek iyi olabiliyor. Çünkü o zaman çocuk gerçekten parasını yönetmeyi, yerinde harcamayı öğreniyor.

Peki, ya para biriktirme konusu?

Norma Razon: Eskiden kumbara kültürü vardı, şimdilerde bu kültür azaldı. Ancak bir çocuğun para biriktirmeyi öğrenmesi iyidir ve önemlidir. Örneğin çocuk bir oyuncak beğendi. Anne-baba o oyuncağı hemen almak yerine çocuğa "Bak, sana haftalık harçlık veriyoruz. O harçlıkları biriktirerek istediğin o oyuncağı alabilirsin" diyebilir, çocuk belli bir miktar biriktirdikten sonra anne-babası ona destek olabilir. Bu, çocuk için yararlı oluyor. Çocuğa sadece parasını biriktirmeyi, biriken parasını kendi isteği için harcamayı öğretmek yeterli değil. Örneğin annesinin doğum gününde ona bir çiçek almak için birikmiş parasından harcayabilmeyi de öğretmek gerek. Çocuk bu bilinci kazanırsa parasını nereye nasıl harcayacağını öğreniyor. Anne babaların şunu asla unutmaması gerekiyor: Çocukların özellikle ergenlik çağında gerçekten paraya ihtiyacı vardır. Dolayısıyla çocukla bütçe yapmak, neye ihtiyacı olduğunu öğrenmek ve ona destek olmak önemli.

80 Çocuğun gözünde öğretmeni değersizleştirmeyin

Anne babaların, çocukların yanında, öğretmenlerinin bazı tutum ve davranışlarını eleştirdiğini gözlemliyoruz zaman zaman... Bu nelere sebep olur?

Doğan Cüceloğlu: Çok yanlış bir tutum elbette... Öğretmenin gücü çok önemlidir ve onun çocuğun hayatında olması gerekir. Anne baba, eğer o gücü budamaya başlarsa, orada oluşan boşluğu neyin dolduracağını bilemeyiz. Bu nedenle anne baba olarak ebeveynin öğretmenle ilgili bir sorunu varsa gidip doğrudan onunla konuşmalı, çocuğu araya alıp, onu konunun bir muhatabı haline getirmemeli. Eğer çocuğun öğretmenden bir şikâyeti varsa da o konuyu "iyi veya kötü" olarak değil de "Ne oldu?" şeklinde algılamalıdır anne-baba... Sebebe odaklandığımızda konu çok daha kolay çözülebilir.

Norma Razon: Hiç kuşkusuz sınıfın otoritesi öğretmendir. Anne baba ve çocuk o otoriteye saygı göstermek zorundadır. Özellikle çocuğun yanında öğretmenin kötülenmemesi çok önemli! Anne babalar zaman zaman çocuklarında beğenmedikleri bir davranış gözlemlediklerinde suçu öğretmene atıp "Senin ne biçim öğretmenin var?" veya "Öğretmen olmuş ama dünyadan haberi yok!" gibi küçültücü, öğretmenin otoritesini sarsıcı cümleler kurabiliyorlar. Bunu duyan bir çocuk ona nasıl saygı duyabilir ki? Bunun için çok dikkatli konuşmak lazım.

Özgür Bolat: Öğretmen, anne-baba ve çocuk arasındaki iletişim çok güçlü olmak zorunda. Öğretmenle aileyi bir araya getiren kim? Çocuk... Dolayısıyla buradaki herkes aslında çocuğun mutluluğu için bir arada bulunuyor. Eğer anne-baba, çocuğunun okulda iyi zaman geçirmesini istiyorsa öğretmenle iyi ilişkiler kurmalı, öğretmenle açıkça konuşabilmeli. Elbette ki öğretmenini çocuğa şikâyet etmemeli. Çocuk, ailesinin söylemlerinden dolayı öğretmeninden soğuyabilir. Bu durumda ilişkileri zayıflar. Bu da çocuk için kaygı kaynağıdır. Doğrudan öğretmenle konuşabilmeli. Ancak aşağılama kesinlikle olmamalı... Sorunlar çocuk üzerinden değil, doğrudan yüz yüze iletişimle çözülebilir.

81 Kıyafet seçimini ona bırakın

Çocuklar okulda veya dışarıda giyeceği kıyafeti seçerken anne babaları çileden çıkartabiliyorlar. Böyle durumlarda ne yapmak gerekir?

Arzu Yükselen: Artık pek çok okul serbest giysi uygulamasına geçti. Dolayısıyla çocuklar okula giderken ne giyecekleri konusunda anne babalarına zorluk çıkartabiliyorlar. Bu durumda yapılabilecek en doğru şey anne baba olarak olumlu iletişim kurmak, çocuğun tercihlerine saygı göstermeye çalışmaktır. Küçük yaştaki çocuklar için mevsime uygun giyinme konusunda gelişim düzeylerine uygun açıklama yapmak yerinde olacaktır. "Bugün hava yağmurlu olacakmış, bir yağmurluk, pantolon ve bluz giymen iyi olabilir" diye çocuğu hava durumu ile ilgili bilgilendirmek, onun o güne uygun giyinmesine yardımcı olur. Ayrıca dolapta sadece mevsime uygun giysileri bırakmak da anne babaların işlerini oldukça kolaylaştırabilir.

Peki, ya çocukların marka takıntısı? Serbest giysi uygulaması onları bu konuda da bir yarışa itti...

Arzu Yükselen: Bu çocuğun içinde bulunduğu ortamda diğer çocuklarla etkileşimi sırasında ortaya çıkan bir durum olarak karşımıza çıkıyor. Burada yine anne babalara sorumluluk düşüyor. Önemli olanın marka değil, kendisine yakışanı, sağlıklı olanı, iyi ve güzel olanı giymesi, kullanması gerektiği çocuğa öğretilmelidir. Tabii çocuğun bu bilinci kazanması için öncelikle anne babanın bu bilinçle hareket etmesi gerekiyor. Anne baba bu doğrultuda hareket ederse çocuk da model aldığı anne babasının yaklaşımını benimseyebilecektir.

82 Ana dilini iyi öğretin, kendini ifade etmesini sağlayın

Çocukların kendilerini iyi ifade edebilmeleri için neler gerekir?

Arzu Yükselen: Bir çocuk ilk olarak ana dilini öğrenmelidir. Bir insanın kendini ifade edebilmesi için sözcüklere ihtiyacı vardır. Bildiği ve kullandığı sözcük dağarcığı ne kadar genişse kişi kendini o kadar geniş, açık ve iyi ifade edebilir. Bu nedenle çocuklarla sık sık sohbet etmek, kitap okumak, çeşitli kültürel etkinliklere katılmak, onların merak ettiği şeyler hakkında bilgiler vermek, sözcükleri açıklamak çocuğun sözcük evrenini genişletir. Bu evren genişledikçe de çocuk daha derin düşünmeye başlayacaktır. Kuşkusuz bir insanın bildiği sözcük sayısı ne kadar fazlaysa, düşüncesinin evreni de o kadar geniş olacaktır.

Çocuklara ikinci dil öğretmenin ideal yaşı kaçtır peki?

Arzu Yükselen: Erken yaşlarda başlanabilir. Çocuklar daha bebeklik döneminden itibaren aynı anda iki dili kolaylıkla öğrenebilirler. Burada önemli olan öğretilecek dille çocuğun sık karşılaşması iletişimin bu dillerle yapılması, çocuğa yeterince sözel girdinin sağlanmasıdır.

Özellikle dördüncü sınıftan itibaren çocuklar değişik öğretmenlerle karşılaşmaya başlıyorlar. Birden fazla öğretmen farklı derslerle sınıfa giriyor. Bu, çocukları nasıl etkiliyor?

Arzu Yükselen: Bu aslında son derece olumlu bir durum. Çünkü bu yolla çocuklar farklı insanların öğretim yöntemlerini ve farklı insanlarla iletişim kurmayı da öğreniyorlar. Alıştıkları bir öğretmenin dışında başka bir öğretmenle ilişkiler kurmayı ve sürdürmeyi de kavrayabiliyorlar. Bu aslında toplumsal yapının da özünde vardır. Çünkü sokağa çıktığımızda birden fazla insanla iletişim kurabiliyoruz. Okulda da bunu başlatıp sürdürmeleri açısından bu durum önemli bir süreç olarak karşımıza çıkıyor.

83 Kardeş kıskançlığı ailenin eseri olabilir

Çocuklar her ne kadar okula başlayıp yepyeni bir sosyal çevreye girseler de evde kardeşlerini kıskanabiliyorlar. Böyle bir durumda ne yapmak gerekiyor?

Arzu Yükselen: Genellikle okul öncesi dönemde olduğunu düşündüğümüz bu durumu ilkokul, ortaokul hatta lise döneminde dahi görebiliyoruz. Çocuğun okul öncesi eğitim veya birinci sınıfta kardeşi dünyaya geldiyse ona karşı gösterdiği tepkileri daha net görebiliyoruz. Çocuk, kardeşi dünyaya geldiğinde okula başladığında durumu farklı algılayabiliyor. Eğer kardeşi dünyaya geldiğinde onu okula başlatırsak "Benden sıkıldılar, okula gönderiyorlar. Yenisi geldi nasılsa..." diye bir algı oluşabiliyor çocukta. Bu, özellikle ilkokul döneminde çok baskındır. Ortaokul ve lise döneminde tepkiler daha farklı olabiliyor. Anne babanın yapması gereken şey, çocuğu bu sürece en uygun şekilde hazırlamaktır. Gebelik planlı da olsa, plansız da olsa dokuz aylık bir süreçtir. Bu süreç iyi yönetilir ve çocukla doğru zamanda doğru şekilde iletişim kurulursa, çocuğun kardeşine karşı göstereceği tepkileri daha yumuşak olabilecektir.

Kardeş kıskançlığı çocukta nasıl bir psikoloji yaratıyor? Öğretmen anne ve baba bu noktada ne yapmalı?

Özgür Bolat: Kardeş kıskançlığını büyük oranda anne ve babanın kendisi yaratır. Çocuk kıskanmayı bilmez. Çocuk sevginin kısıtlı olduğunu düşünürse, çocuk en fazla kendisini almak ister. Evde sınırsız olduğunu düşünürse, sevgisi kardeşime de bana da yeter diyorsa o zaman çocukta kıskanma olmaz. Kıskanan çocukların anne ve babalarında "Çocuklar acaba kıskanır mı?" diye bir endişe gözlemliyorum. Onların endişelerinin de çocuklara yansıdığını... Örnek vermek gerekirse bir annenin çocuklardan birine "Sen abisin, o küçük!" dediğini varsayalım... Bu bile çocukların arasında bir kıskançlık oluşmasına sebep olacaktır. Çünkü iki çocuk arasında bir karşılaştırma yapılıyor. Karşılaştırma olmasa kıskançlık olmaz, ikisi arasında ilişki gelişir, sevgi gelişir, arkadaşlık, dostluk gelişir. Anneye "Dostluğa inanıyor musun?" diye soruyorum, "Evet inanıyorum" diyor. "O zaman dostlukla ilgili bir şey söyleyin" diyorum, "Düşenin dostu olmaz!" diyor. "Aslında dostluğa inanmıyorsunuz" diyorum... Dostluğa inanmayan biri çocuklarını dost olarak yetiştirebilir mi? Yetiştiremez. O zaman rekabetçi yetiştirmeye başlıyor. Bu da kıskançlığa sebep oluyor. Anne ve babanın düşünce yapısında olan davranışlar çocuğa yansır. Bu sorunu ortadan kaldırmak için anne ve babanın kendi düşünce yapısını değiştirmesi lazım.

Peki, sınıfta öğrencilerin birbirini kıskanması durumunda ne yapılmalı?

Özgür Bolat: Öğretmen kendi performansını çocuğun başarısına dayalı olarak görüyorsa ve öğrencileri 'başarılı' veya 'başarısız' diye ayırt ediyorsa, o zaman kıskançlık oluşur. Örneğin, "Sınavdan 100 alanları sinemaya götüreceğim" diyorsa, kıskançlık oluşur. Oysaki öğretmen çocuğun başarısı ne olursa olsun onu potansiyelinin üstüne çıkartacağım, diye düşünüyorsa; o zaman bu kıskançlık ve karşılaştırma doğrudan ortadan kalkacaktır.

84 Okulun bir zorunluluk değil, gereklilik olduğunu anlatın

Okul, çocukların hayatının en önemli bir bölümünü kaplıyor ve çocuklar zaman zaman 'okula gitmek zorunda olmaktan' şikâyet edebiliyor. Ne söylemek lazım onlara?

Arzu Yükselen: Doğru iletişimi kurmak çok önemlidir. Çocukla açık konuşmak, yüz yüze iletişim kurmak, ona açıklayıcı davranmak gerekiyor. Okula gitmenin çok doğal bir şey olduğunu, bunun onun için yararlarını, okulun eğlenceli ve keyifli bir yer olduğunu, yeni arkadaşlar edinebileceğini, yeni oyunlar ve bilgiler öğreneceğini çocuğun yaşına ve gelişim düzeyine uygun bir dille anlatmak şikâyetlerin azalmasında yararlı olacaktır.

85 Ona 'çok zekisin' demeyin

Bazı anne babalar çocuklarını, zekâsına vurgu yaparak seviyor. Bu doğru mu?

Norma Razon: Çocuğa erkenden sen çok zekisin, parlaksın, başarılısın şeklinde bir takım pohpohlamalar yapılıyor bu yüzden çocuk başaramayacağını düşünmüyor. Bir başkası ondan daha iyi okuyup daha güzel yazdığında, daha güzel resim yaptığında çocuk yıkılıyor, mücadeleden vazgeçiyor ve başarılı olmak için hiçbir çaba harcamıyor. Aynı şekilde bir çocuğa, "Sen beceriksizsin, bir gol bile atamıyorsun" veya "Bir toplama bile yapamıyorsun, geri zekalı mısın nesin?" demek de çok zararlı, çünkü bu ifade çocuğun öz güvenini ve öğrenme isteğini sarsıyor, uğraşmasını ve çaba harcamasını engelliyor. Çocuğu başkası ile kıyaslamak da en az bu iki yaklaşım kadar olumsuz etkiliyor.

Peki, öyle durumlarda çocuklar nasıl yüreklendirilir?

Norma Razon: Biz çocukları hep kendi yaptıklarıyla değerlendiriyoruz. "Dün bunu yapamıyordun bak bugün yapıyorsun, "Futbola başladığında topa vuramıyordun bugün gol atabiliyorsun", "Denize ilk girdiğinde kulaç atamıyordun bugün yüzüyorsun", veya "Bugün yaptığın resim dünkünden daha iyi, dün yaptığın insan resminde göz yoktu, el yoktu, bak bugün var" veya "Bak uğraştın, çaba harcadın zorlukların üstesinden geldin" diyerek çocuk cesaretlendirilebilir, yüreklendirilebilir.

86 Arkadaşlık ilişkilerine müdahaleci yaklaşmayın

Çocuk, ilkokul döneminde belki de hayatındaki en yoğun arkadaş ortamıyla karşılaşıyor. Başka sorumlulukların da devreye girdiği bir süreç bu...

Arzu Yükselen: Çocuklar okul öncesi dönemde, özellikle 5-6 yaş döneminde daha çok grup etkileşimini tercih ederler. Okul çağına geldiğimiz zaman ise yakın arkadaşlık ilişkileri oluşmaya başlar. Çocuklar bunu genellikle hem cinsleriyle yaparlar. Yani kızlar kızlarla, erkekler de erkeklerle arkadaş olmak ister. Bu durum ergenlikte değişmektedir. Çünkü hormonlar karşı cinse olan duyguları harekete geçirdiği için bu defa karşı cinsle de arkadaş olabileceğini, yan yana oturabileceğini algılayabilir ama okul çağı döneminde bu tarz yaklaşımlar, yani karşı cinsi reddetmek çok normal bir tepkidir.

Anne baba bu duruma nasıl yaklaşmalı?

Arzu Yükselen: Anne babaların "Hep kızlarla oynuyorsun, biraz da erkeklerle oyna" gibi cümleler kurarak yönlendirme yapmalarına gerek yok. Okul çağında çocuk yakın arkadaşlar seçer ki bu tercihi daha çok hemcinsleriyle yapar. Bu durum gelişime özgüdür. Çünkü ilkokul çocukları birbirlerinin ortak dilini anlayabiliyorlar. Zevkleri ortak, ilgileri ortaktır. Erkek çocuklarına kızsal şeyler çok komik ve tuhaf gelebiliyor. Aynı şekilde kızlar da erkeklerin ilgilerini ve meraklarını komik ve tuhaf bulabiliyorlar. Dolayısıyla birbirleriyle birlikte olmaktan hoşnut olmayabiliyorlar. Bu süreçte anne babaların söylemlerinde yasaklayıcı ve eleştirici olmamasında yarar vardır. Ergenlik döneminde durum farklılaşacaktır.

87 Çocuğa özel bölgelerini öğretin

Çocukların birbirlerinin evinde kalmasına gelişimleri açısından çok sıcak bakılıyor, ancak anne babalar bu durumdan oldukça çekiniyor...

Arzu Yükselen: Çocukların sosyal gelişimleri için birbirlerinin evinde yatıya gitmesi iyi bir şeydir. Ancak son yıllarda istismar ve taciz haberleri gündemden düşmüyor. Aileler tedirgin ve haklı olarak da kaygılılar. Çocuklara küçük yaşlardan itibaren mahremiyet eğitimi ya da özel bölgelerini tanımalarına yönelik bilgi vermek yararlı olacaktır. "200 Adımda Çocuk Yetiştirme Rehberi" kitabında da açıklandığı haliyle, çocuğa iyi ve kötü dokunuşları öğretmek gerekiyor. Okul öncesi dönemde özel bölgelerini öğrenen çocuk "Hayır" demeyi öğrenebilir, hoş olmayan bir durumla karşılaştığında yakınlarıyla paylaşabilir. Bu süreçte anne baba ve çocuk arasındaki iletişimin çok güç olması gerekiyor. İletişim güçlü olduğunda ve kayıtsız şartsız sevgi ve güven ortamı olduğunda çocuk her şeyi ailesiyle rahatlıkla paylaşabilmektedir. Çocuklar rahat bir şekilde anne babalarına soru sorabilmeli, onlarla güvenli bir iletişim kurabilmelidir.

88 Çocuğunuzla arkadaş değil, anne-baba olun

"Çocukla arkadaş olmak" kavramı doğru mu?

Arzu Yükselen: Hayır, değil. Pek çok anne baba bunu söylüyor, "Ben çocuğumla arkadaş oldum" diyor. Ancak arkadaşlıkta eşitlik vardır. Peki, anne baba ve çocuklar eşit midir? Ebeveynler çocuklarla arkadaş olamazlar, olmamalıdırlar. Annenin annelikle ilgili görev ve sorumlulukların vardır, babanın da babalıkla ilgili... Biz bu sorumlulukları unutmadan, çocuğumuzla doğru, güven verici, sağlıklı iletişim ve etkileşim kurmalıyız. Çocuğumuz bizimle her şeyi paylaşabilmelidir. Arkadaş olmadan da anne babanın çocuğuyla bu etkileşimi sağlaması mümkündür.

89 Çocuklara özgürlük alanı bırakın

Biz hep yetişkinlerin gözünden bakıyoruz ama çocuk olmak da pek kolay bir şey değil. Dünyayı anlama ve anlamlandırma süreci... Nasıl yaklaşmak gerekiyor bu sürece?

Arzu Yükselen: Onlara bir özgürlük alanı bırakmamız lazım. Bu özgürlük alanını onlara spor ve sanat verir. Arkadaşlarıyla zaman geçirmeleri de onlara özgürlük alanı açar. Unutmayalım ki çocukların müthiş bir enerjisi vardır. Spor, sanat, dışarı çıkmak, arkadaşlarıyla zaman geçirmek bu enerjiyi boşaltmaları için çok güzel fırsatlar... Çocukların kendilerine olan öz saygıları bu tür faaliyetlerle daha da artar. Bir şeyleri başardıkça, yapabildikçe hevesleri de artar. Farklı kişilerle, farklı ortamlarda etkileşim içinde olmaları onları olumlu yönde etkiler. Örneğin hafta sonu arkadaşlarıyla buluşup, oyun oynayıp, beraber yemek yiyip eğlenen çocuklarda gerginlik ve sinir pek görülmüyor. Çünkü çocuklar bu faaliyetlerle içlerindeki enerjiyi atıyorlar, deyim yerindeyse doyuyorlar, hazzı hissediyorlar. Benlik saygıları gelişmiş, öz güvenleri gelişmiş oluyor ve rahatlıyorlar. Çünkü okul çağı, akran etkileşiminin zirvede olması gereken bir dönemdir.

Peki, anne babalar "Bu ödev bitmeden masadan kalkmak yok!" diye sert bir şekilde yaklaşırsa?

Arzu Yükselen: Hiçbir işe yaramaz. Eğer anne baba, çocuğu dar bir çevrede tutarsa ve sürekli kontrol ederse gerginlikler olabilir, çocukla ardı arkası kesilmeyen sorunlar yaşayabilirler.

90 Onu 'hiperaktif' veya 'içine kapanık' diye yaftalamayın

Anne babalar çocukları için ya "Bu çocuk çok hiperaktif" ya da "Bu çocuk çok içine kapanık" diyor. Doğru mu bu tip yargılar?

Özgür Bolat: Bazı anne babalar "İçine kapanık" dedikleri çocuğunu sosyalleştirmek için ona sürekli arkadaşlar bulmaya çalışıyor, "Hiperaktif" dedikleri çocuğu ise kısıtlamaya çalışıyor. "İçine kapanık" denilen çocuk neden böyle? Annesi ve babası çok müdahale ettiği için... Neden utangaç peki? Annesi ve babası farkında olmadan onu yok saydığı için, utandırdığı için, ona sorumluluk vermediği ve alan açmadığı için utangaç. Yani, çocuk korktuğu için kendini saklıyor. Anne baba, utangaçlığından şikâyet ettikleri çocuğun bu sorununu çözmek için onu zorla birileriyle arkadaşlık ettirmeye, zorla konuşturarak çözmeye çalışıyor. Yani verdiği bir gram zehri iki katına çıkarıyor, ama bu sorunları böyle çözmek zordur. Çocukların sınırlarına çok fazla müdahale ediliyor. Bu sorunların çözülmesinin tek yolu vardır o da çocukla ilişki kurmaktır. Anne baba çocuğu anlamalı, ona istemediği şeyi yaptırmamalı, onun kararlarına saygı duymalı... Aynı şey "hiperaktif" diye yargılanan çocuk için de geçerli. Anne baba öyle söylese de çoğu zaman çocuklar hiperaktif değil, hareketlidir. Hareketli, iletişim kuran çocuk ise sağlıklı çocuktur. Eğer çocuk diğer insanların alanına giriyorsa, iletişim kurmuyorsa, asi davranıyorsa kendi sınırlarını bilmiyorsa orada sorun var demektir. Bu sorunun çözümü de ilişkiyle sağlanır.

Peki, çocukların çok hareketli olması neden kaynaklanıyor?

Özgür Bolat: Bunun sebebi hiperaktif olmaları da olabilir, huzursuz olmaları da. Maalesef ikisi karıştırılıyor. Huzursuz çocuk hareketlidir. Çünkü durursa, kendisiyle yüzleşmekten korkar. Hiperaktivite ile ilgili olarak ABD'de yapılan çeşitli araştırmalar var. Hiperaktif olma durumuna "Edison geni" de deniliyor. Bu genin insanda görülme oranı %4 ile %6 arasında. Yani her yaramaz çocuğun hiperaktif olarak nitelendirilmesi doğru değil. Bizim ülkemizde hiperaktif dediğimiz davranışlarla huzursuzluktan kaynaklanan hareketler birbirine karıştırılıyor. Bu nedenle anne babalar hareketli çocuğu "sorunlu çocuk" olarak görmemelidir. Eğer çocuk hiperaktif olsa bile burada mantıklı olan çocuğu mu yoksa ortamı mı değiştirmektir? Elbette ki ortamı değiştirmektir. Çocuğun ihtiyacı olan sevgidir, ilgidir, kendi sınırları içinde özgürce hareket edebileceği alanlardır. Anne babalar da bu alanları çocuklarına açmakla yükümlüdür.

91 Empati duygusu (halden anlama) kazandırın

Çocukların empati duygusunu geliştirmek için ne yapmak gerekir?

Doğan Cüceoğlu: Aslında çocuklarda empati duygusu doğuştan vardır. İnsan beyninin evrimleşmesinde zaten o yerine gelmiştir. Sadece onun gelişmesine izin vermek gerekir. Empati, yani halden anlama. Bu da "Sen ne isen osun, ben seni olduğun gibi kabul ediyorum" anlamına gelir. İnsanların, diğer yaratıkların üstüne çıkıp hayatını devam ettirebilmesi, kolaylıkla ekip kurabilme becerisine bağlanıyor. Ekip kurma becerisinin altında da halden anlama var. Yani "Senin yardımına ihtiyacım var" denilince "Hemen kolları sıvıyorum" diye yanıt veren ve ekip olabilen bir topluluktan söz ediyorum. Komşu komşunun külüne muhtaçtır, durumu söz konusu oluyor. Halden anlamayı o toplumda bir değer olarak yaşattığın zaman, toplumsal hayat birçok yönünde daha güçlü ve sağlıklı oluyor.

Peki, çocukta halden anlama becerisini nasıl geliştirebiliriz?

Doğan Cüceoğlu: Çok basit, çocuğun halinden anlayarak. Mesela; çocuk sıkıldı ve "Ders çalışmak istemiyorum" diyorsa, anne baba da "Otur dersini çalış!" derse olmaz. Hemen onunla sohbet kurmalı, "Günün nasıl geçti? Şimdi gözlerini kapat bakalım, bir düşün... Ders çalışmak yerine aklına ne geliyor? Bir düşün..." diye gelişen bir sohbet bambaşka mesajlar verir. Halinden anlanan çocuk, halden anlayan insan haline gelir.

92 Pahalı hediyelerden uzak durun

Çocuklara pahalı armağanlar almak doğru mu?

Selçuk Şirin: Hayır değil. Öncelikle şunu sormamız lazım: İnsanların mutluluğu için hangisi daha önemli? Deneyim mi, materyal mi? Bu soruya yanıt vermek için Amit Kumar ve arkadaşları ilginç bir deney yapmış. Bir deneyim içeren alışveriş ile bir materyal satın almayı içeren alışveriş arasındaki farkın insanda bıraktığı etkiyi ölçerek işe başlamış. Deneyim derken bir şeyi 'yapmak', yani tatile gitmek, tiyatro ya da konsere gitmekten söz ediyoruz. Materyal derken kastedilen ise bir ürünü 'satın almak', yani yeni bir araba ya da yeni bir bilgisayar sahibi olmak. Araştırmacılar bir dizi deneyle bu iki tarz alışveriş arasında mutluluk, heyecan ve keyif bakımlarından nasıl bir fark olduğunu ölçmüş. Uluslararası bir örneklem üzerinde yapılan bu deneyde bir deneyime yatırım yapanlar bir ürün satın alanlara göre hem kendilerini daha mutlu hissediyor hem daha çok heyecan duyuyor hem de bu alışverişten daha çok keyif alıyor. Ben bu araştırmayı okuyunca işin bir de çocuk yetiştirme boyutunu düşündüm. Çocuk gelişimi üzerine yapılan pek çok araştırma aslında hep aynı şeyi söylüyor: Ebeveynle çocuk arasındaki kaliteli zaman paylaşımının yerini alan başka hiçbir şey yok. O nedenle sözünü ettiğim çalışmanın ortaya koyduğu temel prensip belki de en çok çocuklar için geçerli. Onlar da sahip olmaktan ziyade yapmakla mutlu oluyorlar. Temel ihtiyaçların ötesinde çocukların en çok ihtiyaç duyduğu şey ebeveynleriyle geçirdikleri kaliteli zaman paylaşımı, yani deneyim paylaşımı. Sadece ebeveynlerle değil elbette. Akranlarıyla, öğretmenleriyle ve diğer yetişkinlerle geçirilen zaman için de aynı kural geçerli.

Peki, ne yapılmalı?

Selçuk Şirin: Özellikle ebeveynlere naçizane önerim materyal yerine tecrübeye yatırım yapmaları. Çocuklar büyüyünce kendilerine alınan pahalı oyuncakları değil onlarla geçirdiğiniz kıymetli zamanları hatırlıyor. Para biriktirip yeni bir araba almaktansa o parayla iyi bir tatile gitmek uzun vadede hem aile için hem de çocuklar için daha kıymetli bir yatırım. Bir şey 'yapmak' bir şeye 'sahip olmaktan' daha çok mutlu ediyor aileleri. Çocuğunuzla konuşun, oynayın, gezin!

93 Yakınını kaybeden çocuğa doğruyu söyleyin

İlkokul döneminde annesini, babasını ya da bir yakınını kaybeden çocukla nasıl konuşulmalı?

Arzu Yükselen: Ölüm kavramı her yaş grubu için zordur. Çocuklarla bu konuyu onların gelişimsel düzeylerine uygun bir şekilde konuşmak, anlatmak doğrudur. Ergenlik dönemindeki çocuk yetişkine yakın şekilde bir algıyla durumu kavrayabilir. Çocuklar sandığımızdan çok daha güçlüdürler. Çevrelerindeki kişilerin ki bu kişiler özellikle anne babalardır, onların tepkilerini, algılarını doğrudan etkileyecektir. 9-10 yaş civarında çocuklar cenazeye götürülebilir. Okul öncesi ya da okul çağı fark etmeksizin çocuklar ölen kişinin mezarını ziyaret edebilirler. Burada önemli olan onların yaşına ve gelişim düzeyine uygun iletişim kurmak, açıklama yapmaktır.

Norma Razon: Çocuk, yakınını kaybettiğinde, o an ne yaşanıyorsa çocukla onu konuşmak gerekiyor. Konuşulacaklar okul öncesi dönemde farklı, İlkokul döneminde farklı, ergenlikte farklıdır. Küçüklerle oldukça somut bir şekilde konuşulmalı. Bir aile büyüğü ölmüşse, onun çok yaşlı olduğu, öldüğü, onu bir daha göremeyeceğimiz, onun da bizi göremeyeceği, onu çok özleyeceğimiz söylenmeli. Duygular gizlenmemeli ancak abartılmamalıdır. İlkokul çocuğuna ise kısa, net ve gerçekçi açıklamalar yapılmalı ancak daha çok bilgi verilmelidir. Çünkü 6-7 yaş ölümün, Allah'ın, doğumun, cinselliğin çok sorgulandığı bir dönem. Mesela "Dedem öldü! Peki, dedem nerede?" deyince "Cennete gitti, Allah Baba yanına aldı, yıldız oldu" gibi sözler duyabiliyor çocuk. "Demek ki dedem gökte, Allah da gökte" diyor kendine. Bu kez de "Hep 'Allah Baba' diyorsunuz. Allah Baba erkek, sakallı, beyaz saçlı biri muhtemelen..." diye düşünüyor ve Allah'ı bulutların içinde, gökte arıyor. "O zaman dedem gökte ise, niye onu arabayla götürdüler, neden uçağa koymadınız?" diye sorguluyor. Bu nedenle çocuğa somut örneklerle açıklamak gerekiyor. Bir parka, bir bahçeye gidip şöyle bir açıklama yapılabilir: "Bak burada ağaçlar var, ağaçların üzerinde de yemyeşil yapraklar, ağaçtakiler canlı yapraklar, güneşe ve yağmura ihtiyaçları var. Bak yerde de yapraklar var, bunlar sararmış, kararmış yapraklar. Bunlar ölü yapraklar, ne güneşe ne yağmura ihtiyaçları var, rüzgâr onları savuracak, ufalanacaklar, yok olacaklar, biz artık onları görmeyeceğiz, sadece ağaçlardaki canlı yaprakları göreceğiz" denebilir. Bu örnekten yola çıkarak dedenin öldüğü anlatılmalı, çocuğun soruları cevapsız bırakılmamalı, soyut anlatımlardan kaçınılmalıdır. "Dedeyi kaybettik, dede rahmetli oldu, dede şimdi uzaklarda" gibi çocuğun kavrayamadığı ifadeler kullanılmamalıdır. Bir aile büyüğünün ölümünden sonra, çocukta anne, baba ve diğer sevdiklerini ölüm yoluyla kaybetme endişesi belirebilir, ölüm korkusu ve kâbuslar nedeniyle uykunun bozulduğu görülebilir. Onu anlamak, ona sağlıklı olduğunuzu, beslenmenize-uykunuza ve bedeninize iyi baktığınızı söylemek, daha uzun yıllar beraber yaşayacağınızı vurgulamak onu rahatlatabilir, duygularını kavramak, endişe ve korkularını hafifletebilir. Ergen birey ile ise ölüm kavramı daha açık konuşulabilir. Çünkü ergen birey soyut düşünebilir. Dolayısıyla onunla ölümü, merak ettiği konular kafasını karıştırmadan konuşmak, yaşanan duyguları paylaşmak yerinde olur. Ölenle ilgili bir fotoğraf albümü yapmak, adını yaşatacak bir hayır işi yapmak yakınlarına huzur vereceği için bu tür faaliyetleri yerine getirmek, çocuğun bu süreci kolay atlatmasına yardımcı olabilir.

94 Evcil bir hayvanı olsun

Evcil hayvanlar çocukların gelişimini nasıl etkiler?

Arzu Yükselen: Evcil hayvanların çocuk gelişimine büyük katkıları vardır. Hayvan beslemek, çocuğun sorumluluk bilinci kazanması için çok önemli. Çünkü bir evcil hayvanı olduğunda ona yemini suyunu vermek, gezdirmek, temizlemek, onunla ilgilenmek gibi temel sorumluluk becerilerini yerine getiriyor çocuk. Bu da çocuğun hayatını önemli ölçüde ilgilendiriyor. Çocuk, hayvan besleyerek sadece sorumluluk duygusu kazanmaz; sevmeyi öğrenir, vicdanı öğrenir, merhameti öğrenir. Çocukluğunda hayvanlara sevgi gösteren, onlarla ilgilenen, onları hiçbir karşılık beklemeden seven çocukların yetişkin birer insan olduklarında bu güzel duygularının devam ettiğini gözlemliyoruz. Şunu unutmamak gerekir ki bizler sevgi, şefkat, ilgi, saygı gibi öz değerleri çocuklukta öğreniyoruz. İyi insan olmamızın temelinde bu duygular var. Canlılara saygı duymak var, onları sevmek var. Hayvanlara, ağaçlara, bitkilere saygı duyduğumuzda, onları karşılıksız sevdiğimizde herhangi bir sorun kalmayacaktır ortada. Bu nedenle çocukların evcil hayvanlarının olması ve onların bakımını üstlenmeleri çocuklar için hayati önemde. Bir ağaç sulamak, bir çiçek yetiştirmek, düzenli olarak sokak hayvanlarını beslemek çocuk gelişiminde çok olumlu etkiler yaratan davranışlardır.

95 Evcil hayvanını kaybeden çocuğun yasına ortak olun

Evcil hayvanını kaybeden çocukla nasıl konuşulmalı?

Norma Razon: Çok önemli bir konu bu. Bir aile büyüğünün ölümü çocuğa nasıl anlatılmışsa, evcil hayvanının ölümü de aynı şekilde anlatılmalıdır. Anne-baba ve diğer yakınlar çocuğun yasına ortak olmalı, onunla açık konuşmalı. Ölümün nedeni hastalık, yaşlılık veya kaza ise çocukla dürüstçe paylaşılmalı, ancak suçlayıcı konuşmalardan kaçınılmalıdır. "Hastalandı öldü, mikrop kaptı öldü" gibi açıklamalardan kaçınmalı, günlük hayatta hastalık, mikrop kelimelerini duyduğunda kaygı yaşaması önlenmelidir. Onu kurtarmak için ailenin de, doktorların ellerinden geleni yaptıkları vurgulanmalıdır. Ölümü anlatırken de örneğin yaz aylarında ortaya çıkan solucanlar, böcekler ve karıncaların kışın toprağın altına kış uykusuna yatmak için indiklerini, ancak sonra hepsinin tekrar çıkmadığını anlatabiliriz. Ölüm anlatılırken, duygu paylaşımı da çok önemlidir. Çocuğa, çok üzgün olduğumuzu, onu anladığımızı, aynı duyguları paylaştığımızı söylemek teselli edici olur. Bu kayıpla ilgili bazı anı çalışmaları yapılabilir. Örneğin sevdiği evcil hayvanı için bir pano hazırlanabilir, o panoya o hayvanın fotoğrafları, çeşitli eşyaları asılabilir, bir albüm yapılabilir, sokak hayvanlarının yararına bir hayır işi planlanabilir.

Evcil hayvanı ölen çocuğa yeni bir hayvan almak doğru mu?

Norma Razon: Çok sevdiği köpeği ölen bir çocuğa hemen yenisini almak, yasını yaşamasına fırsat vermemek doğru değil. Ancak aradan kısa bir süre geçtikten sonra "Sen köpekleri çok seviyorsun, bu köpeğin kimsesi yok, bakıma muhtaç, biz bu köpeği sahiplenelim!" demek, önceki köpeğinin yerini tutmayacağını söylemek yeni bir köpekle ilgilenmek iyi olabilir. Bazı hallerde de köpeğin çok hasta olduğunu, ölümünün yaklaştığını gören bir anne baba, daha evdeki köpek ölmeden "Bizim köpeğimiz yaşlanıyor, çok da yalnız, yanına bir arkadaş koysak iyi olacak" diyerek aynı cinsten bir köpek alabilir. Sevilen köpeğin ölümünün üzüntü yaratması kaçınılmazsa da, acısını hafifletecek bir yavru köpek çocuğun hayatına girmiş olur. Çocuğa balık alındığında da benzer önlemler almak mümkün. Çocuğa akvaryum ve balık alıyorlar içine de sadece bir tane balık koyuyorlar. Oysaki üç beş tane balık alınmalı, çocuğa onların ömürlerinin çok kısa olduğu söylenmeli. Çocuk balığa yem vermek için suya elini sokuyor, balığa dokunuyor, balık da bundan etkilenip ölüyor. Çocuk bu kez "Ben o balığı öldürdüm" düşüncesine kapılıp suçluluk duygusu yaşıyor. Çocuğa gerçek söylense, gerekli bilgilendirme yapılsa, çocuk gereksiz yere suçluluk yaşamayacak, sürekli balıkların ölümüne tanık olmayacaktır.

96 Vicdan duygusu kazandırın

Vicdanlı çocuklar yetiştirmek için ne yapmalıyız?

Doğan Cüceloğlu: Bu konuya ailede yaşayan değerler çerçevesinde yaklaşmak gerekir. Ailede yaşayan değerlerde sevgi, saygı, işbirliği, halden anlama, dürüstlük, adil olma gibi şeyler olmalı. Ailedeki disiplin dış kaynaklı bir disiplin mi yoksa iç kaynaklı bir disiplin mi ona bakmak lazım. Yani anne baba çocuğunun kendi kendine tanıklığını önemserse, çocuk "El âlem benim için ne düşünüyor?" diye değil de "Ben kendim için ne düşünüyorum?" diye düşünür. Kendine bakarken de değerler çerçevesinde bakar. Böylelikle çocuk tanıklık boyutlarının farkında olur. Bu tanıklık boyutları:

- **Kâle alınıyor muyum? Varlığım önemseniyor mu?**
- **Yargılanmadan, olduğum gibi kabul görüyor muyum?**
- **Değer görüyor muyum?**
- **Kendi gözümde var mıyım? Kendimi insan yerine koyabiliyor muyum?**
- **Ben kendimi kabul edebiliyor muyum, yoksa ötekileştiriyor muyum?**
- **Ben kendi gözümde değerli miyim? Kendimi seviyor muyum? Kendimi büyük resmin vazgeçilmez bir üyesi olarak görüyor muyum?**
- **Kendi potansiyelime inanıyor muyum? İyi, adil ve doğru olanı yapabilecek potansiyele sahip olduğuma inanıyor muyum?**

Çocuk, bunları gördüğü andan itibaren, kendisine olan saygısını kaybetmemek için uğraşır. Çünkü bunların farkına varan, bu soruları soran insanlar dürüsttür. Bunun yolu da savaşçı olmaktır. Bir insanın kendi özüne hesap vermeye başladığı andan itibaren vicdanı oluşur. Bir anne baba olarak, öğretmen olarak, kendimizle barışık, bunu önemseyen insanlar olmamız lazım ki çocuğumuz da vicdanlı olsun. İç disiplini olsun. Bu nedenle hayatta ilk yapmamız gereken şey çocuklarla değerleri konuşmak, onlara sorumluluk vermek. Siz onun yanında olmasanız dahi, o değerleri kendi kendine yaşayabilsin. Bu uygar topluma ulaşmanın temel koşuludur.

Yüreklendiren anne baba ile yargılayan anne baba arasında da büyük farklar var. Aynı durum öğretmenler için de geçerli...

Doğan Cüceloğlu: Ömrümüzün sonunda bir tarafımız vardır, "Yaşadım mı be?" diye soran bir tarafımız... Yaşlandıkça huysuzlaşanlar vardır, yaşlandıkça güler yüzlü olanlar vardır. Yaşlandıkça huysuzlaşanlar, o soruya "Yaşamadım ki! Bu benim hayatım değildi ki!" diye cevap verenlerdir. Bir hınç vardır, öfke vardır, mutlu insanları görünce kızarlar, çocuklara ve gençlere çok kızarlar. Bir de yaşlandıkça şükür duygusu içerisinde olanlar vardır. İşte yüreklendiren anne baba ile yargılayan anne baba burada ayrılıyor. Anne babalarla konuşurken "Bana söz verin! Eğer bundan sonra çocuğunuza 'Kaç aldın? Neden en yüksek puanı sen almadın? Senden yüksek puanı alan kimdi? Sen neden sınıfın birincisi değil de üçüncüsüsün?' gibi sözler edenlere hakkımı helal etmiyorum" diyorum. Çünkü doğru soru "Oğlum, kızım sana bir şey soracağım. Sen elinden gelenin en iyisini yaptın ve 'Şevkle yaptım!' diyebiliyor musun?" sorusudur. Sınav sonucu 70 olmuş, 80 olmuş, 45 olmuş ne fark eder? Eğer çocuk "Evet, şevkle yaptım" diyebiliyorsa o zaman başarılıdır. Çünkü sınav sonucu ile başarı aynı şey değildir. Bu "Sen benim gözümde başarılısın" demektir. Ben buna 'can başarısı' diyorum. "Sen her gün yeni bir insansın, dünkü aldığınla bugünkü aldığını mukayese edebilirsin, sakın başkasıyla feyz etme! Kendinle feyz et! En iyisini yapmaya devam ettiğin sürece, eninde sonunda sen kendi gözünde başarılı olacaksın." Dolayısıyla çocukla yapacağımız her konuşmada 'yüreklendireni' ve 'yargılayanı' ayırmış oluyoruz. Sınav sonucuna odaklandığımızda yargılayan, kalıplayan bir yaklaşımda oluyoruz; ama "Sen vicdanınla bunu yaptığına inanıyor musun? Şevkle yaptın mı? Tamam. O zaman mesele yok" diyerek yüreklendiren yaklaşımda olmuş oluyoruz.

97 Ergenlik döneminde sorun yaşamamak için onunla iletişim kurun

Ergenlik dönemi bir çocuğun hayatı için çok önemli. Ergenliğe giden yolda hazırlıklı olmak için çocuğa nasıl davranmak gerekir?

Özgür Bolat: Ergenlik sorunu, küçükken çocukla kurulamamış ilişkinin bedelidir. Anne babalar çocuklarıyla ergenlikte sorun yaşamak istemiyorsa, onunla ilişki kuracak. İlişki kurmak meselesi her yaş için geçerli. Çocuğu anlamaya çalışarak başaracak bunu. Örneğin bir anne "Çocuğumla çok çatışıyorum" diyor, "Neden?" diye sorduğumda "Montunu giymiyor!" diye yanıtlıyor. "Giymesin" diyorum, "Ama hava soğuk!" diyor. Konuşuyoruz, konuşuyoruz çözüm yok. Anne o kadar müdahaleci ki çocuk, annesi tarafından şefkat görmediğini düşünüyor. Sadece hastalanınca şefkat görüyor, o zaman da kendisini hasta etmek istiyor. Annelerin bunu anlayıp çocuklarına şefkat göstermeye başlaması gerekiyor. Sürekli "Şunu yap, bunu yap!" diyen annenin olduğu bir ortamda çocukla ilişki kurulamıyor. Çünkü çocuğun her sorunlu davranışının altında psikolojik bir sebep giderilmemiş bir ihtiyaç yatıyor. Anne babanın görevi çocuğu anlayıp, ihtiyacını gidermek. Çocuğun isteklerini bir başkaldırı gibi görmeden onunla iletişim kurmak, ona sevgi vermek.

98 Ön ergenlik döneminde doktora gidin

Ön ergenlik döneminde doktor kontrolü gerekir mi?

Fatma Kırcı: Genetik, çevresel faktörler, bazı kronik hastalıklar, çocukluk çağında görülen bazı tümörler, obezite ya da aşırı zayıflık gibi beslenme bozuklukları erken ya da geç ergenliğe yol açabilir. Bu yüzden en az yılda bir kez çocuk kontrollerinin yapılması çok önemlidir. Özellikle 8 - 9 yaş kontrollerinin atlanmaması gerekir.

99 Okuma alışkanlığı ebeveynlerden öğrenilir

Anne babalar çocuklarının kitap okumadığından yakınıyor. Peki, onları okuryazar yapmak için neler gerekiyor?

Arzu Yükselen: Okuma alışkanlığı ebeveynlerden öğrenilir. Ebeveyn kendi okumuyorsa çocuktan da okumasını bekleyemez. Öncelikle kendisi rol model olacak. Kitabı çocuğa vermeden önce kendi eline alacak, okuyacak. Çocuklar da anne babalarının, büyüklerinin elinde kitap görecekler. Sürenin bir önemi yok. Ama kitap ve ebeveyn iletişimini çocuklar kendileri görmeliler. Ayrıca ailece kitap alışverişine çıkmalılar. Çocuğun sevdiği, ilgilendiği konuları anlayıp, öğrenip o konularda kitaplar almalılar. Gözlemliyorum, çok az aile birlikte kitapçıya gidiyor. Aynı şekilde çocukların bir dergiye abone olması da çok önemli. Bunun için de önce anne-babaların bir dergiye abone olması gerekiyor. Bu da bir rol model olma konusu... Öyle çok ve öyle güzel çocuk dergileri var ki... Gidip raflardan dergi seçmek, birlikte incelemek, kurcalamak, çocukta bir farkındalık yaratmak, sonrasında onun devamını sağlamak çok önemli. Örneğin anne baba "Fotoğrafla ilgili bir dergi alacağım. Senin sevdiğin dergiyi almış mıydık?" diye sormak veya "Bu ayki çocuk dergisini ben de inceledim, çok keyifli görünüyordu" gibi cümlelerle fark ettirmeden çocuğun hayatına basılı eserleri koyabilir. Okudukları kitaplar hakkında sohbet etmek öylesine etkili ki...

Anne babalar çocuk kitaplarındaki, dergilerdeki sakıncalı içeriklerden söz ediyor, denetim istiyor. Doğru mu bu?

Arzu Yükselen: İyi kötü kavramı ailelere, toplumlara göre farklılık gösterebilir. Çocuklar için üretilen eserleri inceleme görevi anne babanın veya öğretmenindir. Çocuklara uygun, onlar için yararlı olacak, çocuk dünyasına uygun eserlerin nasıl olması gerektiğini çocuklarımıza öğretmeliyiz. İyi ve kötü örnekleri çocuğun ayırt etmesi, öğrenmesi gerekiyor. Eğer bir çocuk "Bu kitap bana çok sıkıcı geldi" diyorsa "Neden sıkıcı geldi?" diye sebebini soralım. Ancak o kitabı mutlaka öncesinde okuyalım ki hakkında yorum yapabilelim. Kitapta neyin sıkıcı geldiğini çocuktan öğrenmek önemlidir. Kitaptaki kelimeleri anlamadıysa kelimelerin anlamını bulup ona söyleyebiliriz. Onun sözlük karıştırıp bulmasını sağlayabiliriz. Bir de çocuklara zevkli türler sunmamız gerekiyor. Bu çok önemli! Çocuğun okuduğu kitaplar tek tip olmamalı, çeşitlilik olmalıdır. Örneğin çocukların şiir okumasını teşvik etmek oldukça güzel. Ailelerle konuştuğumda "İlkokul çocuğuna şiir kitabı mı alınır hocam?" diyorlar. Neden alınmasın? Sadece romanlar, biyografiler, bilgi verici kitaplar, çizgi romanlar değil yaş ve gelişim düzeylerine uygun olarak şiir kitapları da çocuklara sunulmalıdır.

100 Ona 'başarısız olma hakkı' verin

Çocuklardan hep başarılı olmalarını istemek doğru mu?

Özgür Bolat: Çok yoğun bir şekilde sınav kaygısı yaşayan bir öğrenci ile konuşmuştum. Kendisine "Sınavı kazanamazsan ne olur?" diye sorduğumda, "İnsanlar arkamdan konuşur" dedi. "Sınava girmezsen ne olur?" diye sordum. "Öyle bir seçeneğim yok ki!" dedi. Acaba çocuklara vazgeçme veya bırakma seçeneği vermemek, onların başarısını olumsuz etkiler mi? Bu öğrenciye "Sınava girmeme hakkın, özgürlüğün veya seçeneğin var" denseydi, ne olurdu? Bir araştırma var: Çoğu zaman zannedilir ki, başka seçeneği olmayan veya tek çaresi başarılı olmak olan insanlar daha başarılı olur. Acaba bu gerçekten böyle mi? Wharton İşletme Fakültesi'nden araştırmacı Rom Schrift ve meslektaşı bir deney tasarlıyor. Denekler iki gruba ayrılıyor. Her gruptan kendilerine verilen karışık harfler arasından anlamlı kelimeler bulması isteniyor. Birinci gruptaki deneklere araştırmadan ayrılma hakkı veriliyor, ikinci gruba verilmiyor. Yani, birinci grubun terk etme veya bırakma özgürlüğü var. İkinci grubun bulmacayı bitirmekten başka şansı yok. Acaba hangi grup bulmacayla daha çok uğraşacak? Sonuçlar şaşırtıcı çıkıyor. Ayrılma hakkı olan denekler, bulmacayla daha çok uğraşıyor ve daha çok kelime buluyor. Acaba neden? Bunun birçok sebebi var. Seçimlerimiz, tercihlerimiz, yaptığımız işler ve işlerin sonuçları bizim kişiliğimizi yansıtır. Yani, bir kişi bir işi yapınca o işe imzasını atmış olur, ama insanlar bir iş için zorlandığı veya onlara seçme özgürlüğü verilmediği zaman insanlar kendini o işten uzaklaştırır çünkü artık o iş büyük oranda, onun imzasını değil, zorlayan kişinin imzasını taşımaya başlayacaktır. İnsanlar da kendi imzasını taşımayan işlere çok emek vermez. Dahası bir kişi zorlandığı veya seçme özgürlüğü verilmediği zaman, kimliği reddedilmiş olur. Çoğu kişi de kimliğini kabul ettirmek için istenilen işin tam tersini yapabilir veya istenilen işi tam istendiği gibi yapmayabilir. Yani, "Benim de tercihlerim var" mesajı verir. Zaten bunu birçok çocukta ve gençte 'pasif şiddet' olarak gözlemleyebilirsiniz.

Peki, bu durumun sorumluluk bilinciyle bir ilgisi var mı?

Özgür Bolat: Elbette... İnsanlara seçme özgürlüğü verildiği an, şöyle bir mesaj da verilir: Sen bunu kendin seçtiğine göre artık bu benim değil senin sorumluluğunda. İnsanlar sorumlu hissettikleri işlere daha çok emek verir. Bunu hiyerarşinin olduğu kurumlarda rahatlıkla gözlemleyebilirsiniz. Çoğu insan işini yarım yamalak yapar, çünkü talimatla veya emirle yaptıkları işin sorumluluğunu almazlar. Kısacası zorlanan veya seçme özgürlüğü verilmeyen insanlar, kimliklerini arka plana atar, bu durumda o işten çok sorumluluk almaz ve dolayısıyla çok emek vermezler. Başka bir deyişle insanlara bir işi verince, bu işle beraber o işi bırakma özgürlüğü de verilirse insanlar o işe daha çok emek verir.

Ama hâlihazırdaki sistemde sınavdan kaçmak gibi bir durum söz konusu değil...

Özgür Bolat: Türkiye'de bir sınav gerçeği var, bu doğru. Birçok veli ve öğrenci bu sınavı olmazsa olmaz olarak görüyor. Çocuklar sınava girmemeyi hayal bile edemiyor. Ama bir ailenin çocuğuna bu özgürlüğü verdiğini düşünsenize... Çocuk ne kadar rahatlar. Sonra kendisine verilen sınava girmeme hakkını etraflıca değerlendirir. Sınava girme kararı alırsa artık tüm sorumluluk onundur. Artık sınav kendi kimliğini yansıtır. Bu durumda da başka engelleyici yoksa sınava isteyerek emek verir. Onun için çocuklara güvenli sınırlar içinde her zaman seçme özgürlüğü vermeliyiz. Buna bırakma özgürlüğü de dâhil. Ancak o zaman çocuk 'kendisi olarak' bir yaşam sürebilir. Mutluluk da bundan başka bir şey değildir zaten!

101 Cinsellikle ilgili merak ettiklerini ona siz öğretin

Cinsellik ilk ve ortaokul döneminde çocukların çok merak ettiği bir konu. Onlarla nasıl konuşmak gerekir?

Arzu Yükselen: Ön ergenlik çağı, 9-12 yaşlarındaki çocukların fizyolojik yapılarının değişmeye başladığı dönem. Hormonlar da bu dönemde harekete geçiyor. Dolayısıyla duygu durumları da değişiyor. İlkokuldaki hemcinslerle iletişim bu kez karşı cinsle iletişime evrilmeye başlıyor. Bu dönemde çocuklardaki fizyolojik değişimler yavaş yavaş ortaya çıkıyor. Hemcins ebeveyn ile çocuğun bu fizyolojik değişiklikleri paylaşması gerekiyor. Çocuk bu bilgileri en doğru ve uygun biçimde anne babasından öğrenebilir. Kızsa anne, erkekse baba ilgilenebilir. Çünkü çocuğun şunu öğrenmesi algısını kolaylaştırabiliyor: "Babam da bunları yaşamış. Annem de bunları yaşamış. Demek ki herkes yaşıyor. Yani bunlar bana özgü değil." Çünkü çocuk bu dönemde kendini kötü hissedebiliyor. Bir şeyler kendi kontrolü dışında değişiyor, ama neden? Bunun gelişimle alakalı olduğunu öğrenmesi gerekir. Aslında bu konuda okula da çok görev düşüyor. Okulda da özellikle fen bilgisi derslerinde bunları öğretebilmemiz çok işe yarıyor. Diğer canlıların değişimiyle insanın değişimi arasındaki farkları anlatmak yararlı olacaktır.

Peki, cinsellik eğitimi ne zaman başlamalı?

Arzu Yükselen: Cinsellik eğitimi okul öncesi dönemde başlar. Çünkü çocuklarda cinsiyet rol kazanımı da 2-6 yaşları arasındadır. Çocuklar bu dönemde "Kız mı, yoksa erkek mi?" olduklarını öğrenirler.

Ergenlik dönemindeki fizyolojik değişimler çocuğa nasıl anlatılmalı?

Arzu Yükselen: Anne-babalar çocuklarıyla sağlıklı iletişim geliştirirlerse, çocuklar da onlara yaşadıklarını kolaylıkla anlatır. Örneğin çocuklar, ebeveynlerine yaşadıkları fizyolojik değişiklikleri anlatabilmelidir. Anne-babalar da çocuklarına uygun şekilde açıklamalar yapmalıdır. Burada annelerin kız çocuklarıyla babaların da erkek çocuklarıyla bilgi paylaşımı yapmaları yararlı olacaktır.

102 Erken ergenliğe karşı dikkatli olun

Erken ergenlik bir rahatsızlık mıdır? Erken ergenlik tedavi edilmeli midir?

Fatma Kırcı: Erken ergenlik kızlarda daha sık karşılaşılan bir durumdur ve çoğunlukla bir neden bulunamaz. Ailevi olabilir, bu yüzden anne, anneanne, kız kardeş gibi aile fertlerinin ilk regl yaşı sorgulanmalıdır. Nadir görülmekle birlikte bazı genetik hastalıklar, beyin tümörleri, hormon salgılayan beyin dışı tümörler, böbrek üstü bezi hastalıkları ve ağır hipotirodi (tiroid bezinin iyi çalışmaması) gerçek ya da yalancı erken ergenliğe yol açabilir. Bu nedenle erken ergenlik bulguları gösteren her çocuğa detaylı fizik muayene, kemik yaşı tayini ve gerekirse kan ve radyolojik testler yapılmalıdır. Eğer herhangi bir hastalık saptanmazsa, bu durumda çocuğun fiziksel ve psiko-sosyal gelişimine göre tedavi gerekip gerekmediğine karar verilir. Özellikle ciddi boy kısalığı bekleniyorsa ergenlik geçici olarak durdurulabilir. Kızlarda 8 yaşından önce memede büyüme, erkek çocuklarda ise 9 yaşından önce testislerde büyüme görülmesi durumunda erken ergenlik açısından tetkik edilmeleri gerekir. Ancak meme büyümesi her zaman gerçek ergenliğe bağlı olmayabilir. Gıdalardaki endokrin bozucu kimyasallar (tarım ilaçları, PCB, fitalatlar gibi endüstriyel kimyasallar) veya bitkisel östrojen (fitoöstrojen) meme dokusunda büyüme, kız ve erkek çocuklarda genital bölgede ve hatta vücudun başka bölgelerinde kıllanma yapabilir. Bu durumda boy uzamasında hızlanma ve kemik yaşında ilerleme (takvim yaşına göre kemik yaşı önde) gibi gerçek ergenliğe ait diğer bulguların olup olmadığına bakılır. Eğer varsa kanda hormon düzeyleri ölçülür, radyolojik yöntemlerle yumurtalık ve rahim iç duvarında cinsiyet hormonlarının etkisiyle bir değişiklik olup olmadığı değerlendirilir. Kızlarda meme büyümesi ve erkek çocuklarda testislerde büyüme olmaksızın sadece genital bölgede kıllanma varsa bu durum yine gıdalarla alınan endokrin bozucu kimyasallara bağlı olabileceği gibi böbrek üstü bezinde aşırı hormon üretimine neden olan hastalıklarından da kaynaklanabilir. Eğer fizik muayene, radyolojik ve laboratuvar bulgularında herhangi bir anormallik saptanmazsa çocuk 3-6 ay ara ile doktoru tarafından takip edilir. Mümkün olduğunca daha doğal ve sağlıklı bir beslenme tavsiye edilir. Son yıllarda yurt dışı yayınlarda özellikle kız çocuklarında ergenliğin daha erken yaşlara kaydığına dair veriler bulunmaktadır. Bu durum daha çok beslenme ve çevresel faktörlerle ilişkilendirilmektedir. Obezite de erken ergenlik nedenlerinden biri olabilir. Obezitede yağ dokusunda aşırı miktarda yapılan 'leptin' adlı bir maddenin, beynin hipotalamus bölgesinden cinsiyet hormonlarının yapımını uyararak erken ergenliğe neden olabileceği gösterilmiştir.

103 Beslenme alışkanlığı ergenlik yaşını etkiliyor

Ergenliğin beslenme ile nasıl bir ilişkisi var?

Taylan Kümeli: Normal şartlarda çocuklar 13-14 yaşlarında ergenliğe girerler. İdeali budur, ancak şimdi 7-8-9 yaşlarında ergenliğe geçen çocuklar var. Bu, çok çok erken bir yaş. Çünkü yedikleri besinlere yüklenen hormonlar var artık! Ancak sadece yiyeceklerde değil, soludukları havadaki norm, içtikleri suyun içindeki norm da etkili. Sadece bazı besinleri yememeleri değil, sağlıklı beslenmek ve hangi gıdadan hangi yararı alacaklarını bilmeleri de çok önemli. Bu nedenle mevsimine göre beslenmek, koruyucu olarak da spor yapmasını sağlamak hayati önemde. Spor yaptığımız zaman sadece formumuzu korumuyoruz, vücudumuzdaki toksik maddeleri terleyerek atıyoruz. Spor ve doğru beslenme sayesinde vücudumuza hormonlarımızı doğru kullandırıyoruz. Bu nedenle abur cuburlardan, ambalajlı gıdalardan, şekerli içeceklerden, kızartmalardan uzak durmak gerekiyor.

104 Ayıp, günah gibi kavramları kullanmayın

Çocuk eğitiminde ayıp, günah gibi kavramları kullanmak doğru mu?

Norma Razon: Disiplin kurallarını oturturken, ayıp ve günah kavramlarını kesinlikle kullanmıyoruz. Bizim toplumumuzda bu sözler genellikle çocuklar cinsel organlarını ellemesinler, çıplak dolaşmasınlar, çıplakken birbirlerine bakmasınlar diye kullanılıyor. Çocuğa "Pipiyle oynamak günahtır, popona dokunmak ayıptır, seni kimse çıplak görmesin ayıptır" deniyor. Kız çocuk "Pipim kaşınıyor", erkek çocuk "Pipim gıdıklanıyor" deyince, "Çok ayıp böyle denir mi ?" tepkisiyle karşılaşıyor, ister kız ister erkek çocuk cinsel organını elleyerek kendini uyarınca "Günah, büyük günah, böyle şeyler yapılmaz" diyen yetişkinin öfkesine maruz kalıyor. Oysa mahremiyet eğitimi vererek, çocuğa cinsel organlarına herkesin içinde dokunmaması gerektiğini, yabancıların kendisini ellememesi gerektiğini, kısaca bedenini korumasını öğretmek, "ayıp", "günah" demekten çok daha yararlı olacaktır. Yine "Anne insanlar neden dudaktan öpüşür?" diye masumca bir soru soran çocuğa "Sus ayıp!" diye aşırı tepki gösterilmesi çocuğun bu merakını gizli gizli gidermeye çalışmasına sebep olur. Oysaki "Birbirini çok seven yetişkin insanlar sarılıp birbirlerini öperler" gibi oldukça basit bir açıklama kâfi olur. Çocuk bu cümleden "Sadece yetişkin insanlar dudaktan öpüşürler" anlamını çıkaracaktır. Merakı da giderilmiş olacaktır.

105 Bedeninin ona ait olduğunu vurgulayın

Biz dokunarak, sarılarak seven bir milletiz. Ancak taciz olayları sebebiyle bir çocuğun başını okşamak bile anne babaların aşırı tepki vermesine sebep oluyor. Çocuklarla bu noktada nasıl konuşmak gerekiyor?

Norma Razon: Şimdi artık değil öpmek, çocuğun burnunu silmek için bile izin istiyoruz. Mesela misafir çocuğun burnu akıyor, bir mendil alıp ona "Sen kendin mi silmek istersin ben mi sileyim?" diye soruyoruz. Bu taciz olayları, toplumun aslında güzel olan yanlarını, alışkanlıklarını da yok ediyor. Bizde çocuğa şefkat göstermek, onu kucağa almak yaygındı, şimdi yanlış anlaşılır diye bunları yapamıyoruz. Mesela Amerika'da bir parkta bir çocuğu "Ay ne şirinsin sen..." diye okşamaya yeltenseniz annesi babası hemen üstünüze çullanır "Çocuğuma dokunamazsın!" der. Biz de son zamanlarda yaşanan taciz olaylarından sonra aynı hassasiyeti göstermeye başladık. Evet, çocuğun bedeni ona aittir, o bunu bilmelidir etrafındaki yetişkinler de bunu bilmelidir, ancak bunun dengesini çok iyi kurmak gerekir. Üstelik bu taciz olaylarıyla bir şey daha ortaya çıktı; çocuk kendi bedeniyle oynadığında, kendi kendini uyardığı ve mastürbasyon yaptığı zaman da anne-baba, "Dokunma! Orası pis mikrop, özel bölgen" der oldu. Bu kez çocuk "Evet, özel bölgem ama ben dokunuyorum, o benim!" diye yanıtlıyor. O konuda da çocuğu pek ürkütmemek lazım. Bu sefer ilerideki cinsel hayatıyla ilgili yanlış bir uyarı verilmiş oluyor. O dengeyi çok iyi kurmak lazım. Çocuk bedenini korumayı bilmeli, "yabancılar bedenime, özel bölgelerime bakamaz ve dokunamaz, ben de başkasının özel bölgelerine bakamam ve dokunamam" demeyi öğrenmeli, karşısındakini tehlikeli algıladığında bağırmaktan, yardım istemekten çekinmemelidir. Belli bir yaştan itibaren de anne babasının ve aile büyüklerinin mahremiyetine saygı duymasını isteyebilmelidir.

106 Ergen çocuğun mahremiyetine saygı gösterin

Çocuğunu mastürbasyon yaparken gören anne-baba ne yapmalı?

Fatma Kırcı: Mastürbasyon çocukluğun ilk yıllarından itibaren hem kız hem de erkek çocuklarda görülen normal bir durumdur. Ergenlik döneminin de normal bir parçasıdır, aşırı seks düşkünlüğüne veya sapkınlığına işaret etmez. Eğer ergen yaştaki çocuğun mahremiyetine saygı gösterilirse, örneğin kapıyı çalmadan odasına girmemek gibi, mastürbasyon yaparken yakalama olasılığınız pek yoktur. Diğer taraftan ergenin aşırı derecede veya görülebilir yerlerde mastürbasyon yapması, mental ya da ruhsal bir rahatsızlıktan kaynaklanabileceği için doktora danışmak gerekir.

Çocuğunu mastürbasyon yaparken gören anne baba ne yapmalı? Onunla nasıl konuşmalı? Veya konuşmalı mı?

Arzu Yükselen: Çocukluk döneminde farklı sebeplerle kendilerini uyararak mastürbasyonu keşfederler. Burada anne babanın tepkileri ve yaklaşımı çok önemlidir. Çok küçük yaşta görülen mastürbasyonda anne baba çocuğunun odağını farklı yöne çekerek değiştirip bu davranışın kısa sürede sönmesini sağlayabilir. Bu davranışı çocuğun neden yaptığını belirlemek de oldukça önemlidir ki burada çocuğu gözlemlemek hangi durumda bu davranışı yaptığını belirlemek gerekir. Çocuğunu mastürbasyon yaparken fark eden anne baba onu örselemekten kaçınarak, suçlayıcı olmadan, azarlayıp kızmadan ve kesinlikle cezalandırmadan konuşmalıdır. Çocuğunun dikkatini farklı bir yöne doğru yöneltmesini, enerjisini boşaltmasını sağlayarak durumu yönetmeye çalışmalıdır. Pozitif yaklaşım, güven temelli iletişim ve çocukla anne baba olarak nitelikli zaman geçirmeye çalışmak, onu başıboş bırakmamak yapılabilecek temel şeyler arasındadır.

107 Ben değil 'biz' bilinci oluşturun

'Biz bilinci' ne demektir?

Doğan Cüceoğlu: İki kültürden söz ediyorum. Biri denetim odaklı korku kültürü, diğeri ise gelişim odaklı değerler kültürü... Denetim odaklı korku kültüründe 'ben' diyen birisi oluşur ve ilişkide hep "Evet efendim siz!" diyen birini arar, ilişkilerini böyle kurmaya çalışır. Yani "Ben babanım, sen çocuğumsun", "Ben öğretmenim, sen öğrencisin" gibi bir yerleşik ilişki içindedir. Sözün özü bir tür 'ben' ve 'sen' ilişkisidir bu durum. Ben-sen ilişkisinde varlık boyutları şöyle oluşur:

- Sen var mısın yok musun, ben bilirim.
- Sende bozukluk yok mu, ben bilirim.
- Değerli misin değersiz mi, ben bilirim.
- Sana güvenilir mi güvenilmez mi, ben bilirim.
- Sen bana aitsin.

Denetim odaklı korku kültürü içindeki ben-sen ilişkisinde böyle bir tavır ortaya çıkar. Dolayısıyla bu tavır ilişkinin gelişmesine izin vermez ve gerçeğe de uymaz. Oysaki gerçek, yani yaşam bir ekip işidir. Yaşam demek ilişki demektir. Bu nedenle 'ben' yaşayabilmek için ekibin bir parçası olmalıyım, ekibinim farkında olmalıyım. Ekibiminin farkında olduğum zaman 'biz' oluşmaya başlıyor. Bu bilinç kademe kademe oluşuyor. Önce annenin babanın farkına varmaya başlıyorsun, aile içerisinde dede, komşu oluyorsun. Arkadaşların dostların oluyor, takımın oluyor. Kuşa bakıyorsun, "Aç mı yoksa tok mu?" diye umursamaya başlıyorsun, dolayısıyla 'biz'in içine girmeye başlıyorsun, kediye bir kap su koymak, köpeği biraz gezdirmek onu rahatlatmak istiyorsun. Örneğin bir çocuk okuyor, baba kızını okula göndermek istemiyor, kız ise okul birincisi. Öğretmen kolları sıvıyor dinliyor babayı, "Nasıl göndermezsin?" diyor, baba "Yok" diyor, "Kız kısmının okumasına gerek yok." Ancak öğretmen durmuyor, araya birilerini koyuyor, kızın okuması için yol arıyor, buluyor da... İşte 'biz' bilinci...

Yani aslında "O çocuk senin çocuğun değil, vatanın çocuğudur, okutacaksın!" diyor öğretmen...

Doğan Cüceoğlu: Aynen öyle. Bu o kadar güzel ki... İşte 'biz' bilinci... Böyle bir olay karşısında "Bana ne?" diyemezsiniz. Yaratan öyle yaratmış ki, sen normal bir insansın hiçbir menfaatin yok, adamı da tanımazsın; ama insan olarak bunun ne demek olduğunu anlayan bir tarafın var. Bundan dolayı büyük bir gücün farkına vardıkça insan fedakârlık yapıyor. İşte bu öğretmenin niyetinin saflığına ulaşmasıdır. Yani 'hepimiz' kavramına ulaşmaktır bu...

108 Akran zorbalığının güçsüzlüğün göstergesi olduğunu unutmayın

Akran zorbalığı nedir? Nasıl çözümlenir?

Arzu Yükselen: Çocuğun istemediği ve hak etmediği halde kendi akranından sözel ya da fiziksel şiddet görmesidir. Hatta akran zorbalığı konusunda sözel şiddet çok daha fazladır. Mesela bir çocuğun arkadaşına "Şişko!" demesi, "Dört göz!" demesi doğrudan sözel şiddettir. Bunun gibi örnekleri çoğaltmak mümkündür. Kızın boyu uzunsa "Sırık" diyor, sesi kalınsa "Erkek gibi" diyor, öteki çocuğun sesi inceyse "Kız gibi" diyor. "Ayakların çok büyük dev ayaklısın sen" diyor mesela. Biraz çalışkansa "İnek" deniyor, derslerinde biraz başarısızsa "Tembel teneke" deniliyor. Bunlar yine de çok masum örnekler... Ne yazık ki çok daha ağır şeyleri birbirlerine söyleyebiliyorlar çocuklar. Zaman zaman sahip oldukları imkânlar yönünden de birbirlerini istismar edebiliyorlar. Burada da anne babanın çocuklarıyla kuracağı sağlıklı ve güven verici iletişim önem taşımaktadır. Okul ortamında öğretmenin ve rehberlik servisinin devreye girmesi, aralarına çocuğun ailesini de almaları sorunların çözümünün çok daha hızlı olmasını sağlayacaktır.

Kaynağı nedir akran zorbalığının?

Arzu Yükselen: Çocuğun içinde yaşadığı çevre ve etkileşimde bulunduğu insanlar bu durumun kaynağı olarak karşımıza çıkıyor.. Örneğin bir çocuk bir yerde sıkıştırıldı ve bir grup çocuk tarafından dövüldü ya da sözlü hakarete uğradı ve eve ağlayarak geldi. Çocuğunu bu halde gören anne baba ne yapacak? Anne baba olarak okula gidip olay çıkarmak elbette doğru yaklaşım değil. Yapılması gereken okul yönetiminin, öğretmenlerin bu durumdan haberdar edilmesidir. "Onlar sana vururken senin elin armut mu topluyordu?" yaklaşımı yanlış bir yaklaşım. Yani o sana hakaret etti, sen de ona hakaret et, yaklaşımı doğru değil. Bunların yerine "Onu uyar, öğretmenine söyle ve mutlaka benimle paylaş" dememiz gerekiyor her zaman. Diyelim ki çocuk sorununu öğretmene söyledi, ama diğer çocuklar ona hâlâ zorbalık yapıyor; o zaman velinin okula gidip öğretmeni ve diğer veliyi devreye sokarak olaya müdahale etme hakkı olabilir. Ancak "O sana vurdu, sen de ona vur" yaklaşımı sağlıklı değildir. "Ona izin verme, engel ol. Ondan uzak dur, öğretmeninle konuş" yaklaşımı daha uygun olacaktır.

Bir çocuğun yolunu değiştirmek zorunda kalması bile aslında bir baskı değil midir?

Arzu Yükselen: Tabii ki baskıdır ama çocuğun kendini korumayı öğrenmesi lazım. Buradaki önemli nokta tartışmanın neden çıktığına odaklanmaktır, çünkü çözümün kaynağı aslında buradadır. Çocuk sorunun kaynağını açıkladığında da buna eğilmek gerekiyor.

Özgür Bolat: Akran zorbalığı bir şiddet biçimidir. Bizim toplumumuzda bazı sözler şiddeti körüklüyor. Örneğin zorbalığa uğrayan çocuğa "Senin elin armut mu topluyor?" demek çocuğun güçsüzlüğünü daha da arttırıyor. Çocuğun kendini korumaya cesareti yok. Cesareti olmadığı için de daha çok utandırılıyor. En büyük yanlışlardan biri de ebeveynlerin "O çocuğa gününü göstereceğim, sen kendi başının çaresine bakamazsın, ben bakacağım senin için" demesidir. Akran zorbalığı sorununun çözülmesi için ailenin kendi çocuğuyla ilişkiye girmesi lazım. Hem 'zorba' çocuğun ailesinin hem de 'kurban' çocuğunun ailesinin kendi çocuğuyla ilişkide olması gerekiyor. Bu ilişki için ve anne-babanın çocuğuna doğru mesajlar verebilmesi için de önce kendisini değiştirmesi gerekiyor. En çok akran zorbalığını hangi çocuk yaptı, diye düşündüğünüz zaman sınırlarına çok girilen ve engellenen çocukların zorbalık yaptığını veya zorbalığa uğradığını görürüz. O zaman çocuğun sınırlarından çıkıp, kendi sınırlarını örmesi için ona birey olarak yardımcı olmamız lazım.

Bunu nasıl yapacağız?

Özgür Bolat: Mesela anne veya baba çocuk adına karar veriyorsa, artık bunu bırakıp çocuğun kendi kararlarını kendisinin vermesini sağlamak gerekiyor. Ona bu konuda yardımcı olmak, yani onu birey yerine koymak gerekiyor. Çocuğun düşüncelerini önemsediğinizde, birey olduğunu hisseder, koşulsuz kabul gördüğünü ve yeterli olduğunu anlar, dolayısıyla kendi kararlarını vererek gelişir. Elbette ki bunları kısa vadede söylememizin bir anlamı yok. Bunları uzun vadede yapmamız gerekiyor. Aynı şeyler öğretmen için de söz konusu... Çocuğa temel olarak öğretmemiz gereken şey, bir sorun yaşadığımızda açık iletişimle çözebileceğimizdir. Vurarak kırarak bir şeyin çözülemeyeceğini çocuk okul öncesi dönemden itibaren öğrenmelidir.

Peki, baskıya uğrayan, yani 'kurban' olan çocuk?

Özgür Bolat: Kurban çocuk eğer evde açık iletişimle büyümediyse, anne ve baba onun sınırlarına girdiyse, ona baskı yaptıysa 'kurban' rolünden vazgeçemez. Hatta bir zorba onun sınırına girdiğinde, kendisi değerli bile hissedebilir çünkü birisi onla uğraşacak kadar ona değer göstermiştir. Burada bilinçaltı meselesi devreye girer ve 'kurban' rolündeki çocuk kendine baskı yapacak birini arayabilir.

109 Onu kurslara boğmayın

Modern çağın anne babaları çocuklarını kurslara göndermeye bayılıyor. Çocukların hayatı çok yoğun! Okul, sınavlar, kurslar... Çocukları birden fazla kursa göndermek doğru mu?

Arzu Yükselen: Çocukları kurslara boğmak doğru değil. Günümüz çocukları hafta içi okula gidiyor, akşam eve gelip ders yapıyor; hafta sonu piyano, resim kursu, yüzme, futbol, basketbol derken gün bitiyor. Bu kursları çocukların isteyip istemediğine pek bakılmıyor. Çocukları birden fazla kursa gönderip enerjisini tüketmek yerine, sevdiği ilgi duyduğu bir alanda desteklemek daha yararlı olabilir. Bu nedenle 5-6 yaşlarında onu bazı enstrümanlarla, bazı spor alanlarıyla tanıştırıp ilgisi olanla devam etmesini sağlamakta yarar vardır.

110 Ona aşkın normal bir şey olduğunu söyleyin

Her ne kadar anne babalar üstünde durmasa da çocuklar da âşık olur. Anne babalar bu konuya nasıl yaklaşmalı?

Arzu Yükselen: Bir defa kesinlikle çocukları kısıtlayıcı bir yaklaşımda olmamamız gerekiyor. Örneğin "Hayır, onunla dışarı çıkamazsın! Evde otur..." vb. baskılayıcı yaklaşımlar doğru değil. Biraz anlayış göstermek gerekiyor. Çocuğun âşık olduğu arkadaşı ile birlikte sinemaya gitmesi, birlikte bir kafede oturup bir şeyler içmesi, ya da sosyal ortamlarda bulunması onun sağlıklı gelişimi için önemlidir.

Ama bunların yapılması maalesef ki aileler tarafından istenmeyebiliyor...

Arzu Yükselen: İşte böyle bakılıyorsa yanlış yapılıyor. Anne babalar çocuklarıyla onlara güven veren örseleyici ve yasaklayıcı olmayan bir iletişim kurarak bu konuda uygun davranışlarda bulunmalarını sağlayabilirler.

Herkes çocukluk aşkı yaşar. Bu konu çocuklarla nasıl konuşulmalı?

Arzu Yükselen: Hiçbir insan duygusuz dünyaya gelmez, dolayısıyla yaşamını da duygusuz sürdüremez. Evet, çocuklar da âşık olur. Buradaki aşk, çocuğun kişiye ve hislerine yüklediği anlam ile örtülüdür. Çocuk, tavrından hoşlandığı, akran grubunda kendini kanıtlayan kişiye âşık olduğunu ifade edebilir. Bu durum çoğu kez ebeveynlerde tedirginlik, kaygı ve korku gibi duygular yaratabilir, ama aşk güzel bir şeydir, korkmaya gerek yoktur. Durumu anlamak ve çocuğun duygularını hissederek konuşmak ona yapılacak en büyük iyilik olur. Çocukluk aşkı konusunda "Ayıp, yasak, senin yaşını aşıyor, utanmıyor musun?" gibi ifadeler çocukların öz güvenlerini ve benlik gelişimini olumsuz yönde etkileyebilir. Bu nedenle bu tür ifadelerden kaçınmak gerekir. Çocukların aşk itirafı üzerine aşırı tepkilerden uzak durulmalı, sakin ve hoşgörülü olunmalı, ayrıca onlara eğer isterlerse duygu ve düşüncelerini paylaşabilmeleri için uygun ortam yaratılmalıdır.

111 Onu hayata hazırlama çabasından vazgeçin

Çocuklar nasıl hayata hazırlanır?

Özgür Bolat: Bizim anne babalarımızda, çocuğum için ne kadar çok şey yaparsam, ne kadar disiplinli olursam çocuğumu o kadar çok hayata hazırlarım, gibi bir düşünce var ancak yanlış bu. Çünkü hayata hazırlamanın yolu anda kalmaktır. Yani, yaptığım işi o kadar seveceğim, o kadar keyif alacağım ki, yapacağım ve sonuç olarak bana başarı gelecektir. Burada önemli olan o anda aldığımız keyiftir. Biz hayata hazırlarken stres yükleniyoruz.

Oysaki odaklanmamız gereken şey, anda kalmak, o anı yaşamak, o ana odaklanmak ve o anda gelişim sağlamaktır. Bu durumda çocuk zaten geleceğe hazır olur. Özel bir çabaya gerek yok. Tam tersi özel çaba gösterirsek, kaygılı bir çocuk yetiştirmiş oluruz. Öğrenciyse öğrenciliğinden keyif alarak, şevkle yapmasını sağlayarak; gitar çalıyorsa ondan keyif almasını, futbol oynuyorsa onun hazzını yaşamasını sağlayarak geleceğe hazırlayabiliriz.

Ancak bizler çocuğun gittiği okula, kursa bakarak geleceğe hazırladığımızı düşünüyoruz...

Özgür Bolat: Hayır, bu doğru değil. Çocuk özel bir okula gidiyor, özel dersler alıyor, kurslar alıyor ama hepsini zorunlu bir program içinde yapmak zorunda olursa ondan nasıl bir verim alabilir? Kendini geleceğe nasıl hazırlayabilir? Bu mümkün değil. Bu "Eğer şu okula gidersen geleceğin iyi olacak, şu kurstan geçersen geleceğin iyi olacak" dürtüsüyle aslında çocuğun 18 yıllık okul hayatını berbat etmektir. Oysaki çocuk o 18 yılı keyifle geçirirse ister istemez becerileri gelişir ve hayata hazırlanır. Bu çok önemlidir. Anne babaların "Çocuğum diğerlerinden geri kalmasın, geleceğe hazırlansın" kaygısı maalesef çocuğun anı yaşamasını, anda kalmasını engelliyor. Anı yaşayamayan insan kaygılı olur, 'hayat kaçıyor' korkusu yaşar. Bu çok tehlikelidir. Çocuğun acelesi yoktur, anne babaların vardır. Bu nedenle yapılması gereken çocuğun anda kalmasını, anı yaşamasını, andan keyif almasını sağlamaktır. Bu da güvenli ilişkiyle kurulur.

112 Beslenme, çocuğun okul başarısını etkiler; ihmal etmeyin

Beslenmenin okul başarısına nasıl bir etkisi var?

Taylan Kümeli: Beslenme, çocukların okul başarısını yüzde yüz etkiler. Sağlıklı beslenen, doğru gıdaları alan çocuğun gelişimiyle, dikkat oranıyla; sağlıksız beslenen, öğünlerine dikkat etmeyen çocuğun gelişimi aynı düzeyde değildir. Bir öğrenci düşünün... Sabah kahvaltısını etmiyor, okula geliyor orada kahvaltıya dokunmuyor, öğlen yemeğinde sadece makarna yiyor, öğleden sonra okuldan çıktığında kantine uğruyor iki tane çikolata alıyor; eve geldiğinde açıyor telefonu yakınındaki hazır gıda dükkânından bir hamburger istiyor, ondan sonra uyuyakalıyor, akşam uyandığında akşam yemeği bitmiş oluyor, bu kez annesinden patates kızartması istiyor. Bu çocuğun başarılı olması imkânsızdır. Bu çocuk hem ciddi anlamda kilo alır, hem dikkati dağılır, hem sağlığı bozulur. Bir başka çocuk düşünün her sabah düzenli olarak kahvaltısını yapıyor, okulda doğru yemekleri doğru zamanda yiyor, akşam eve gelince ailesiyle beraber yemeğe oturuyor, temel gıdaları öğününe göre alıyor. Dolayısıyla bu çocuk çok daha başarılı olacaktır.

113 Beslenme saatini değil, beslenmenin niteliğini önemseyin

Beslenme saati önemli midir?

Taylan Kümeli: Önemlidir, ama asıl önemli olan beslenmenin niteliğidir. Sabah kahvaltısı olmazsa olmazdır. Kahvaltıdan kastımız geleneksel Türk kahvaltısıdır. Kahvaltı yapmış, öğle yemeğini ve akşam yemeğini yemiş biri için güzel bir beslenme günü tamamlanmıştır. Burada önemli olan özellikle akşam yemeğinden sonra yatış saatidir. Bir çocuk da tıpkı yetişkinler gibi akşam yemeğini yedikten en az iki saat sonra yatmalıdır. Yemeğini yiyip hemen yatağa girmesi doğru değil. Çünkü yemek sonrasındaki hareketlerimiz yemeği sindirmemizi kolaylaştırır.

Peki, hızlı yemek yemek doğru mu? Özellikle çocuklarda ayakta ve hızlı hızlı yemek yeme eğilimini son zamanlarda çok gözlemliyoruz...

Taylan Kümeli: Yemek yemek aslında bizim için kendimize ayırdığımız bir zaman dilimidir. Uyumak da kendimize ayırdığımız bir zaman dilimidir. Ben yemek yerken, yürürken, hatta deniz kıyısında uzanmışken bile elinde cep telefonu olan insanlar görüyorum. Bu ne demektir? Siz bir şey yaparken kendinizi rahatlatmak, sakinleştirmek, huzura erdirmek dışında gerginleştirmek için ortam arıyorsunuz demektir. Yemek yemek bizim en güzel ve en özel anlarımızdan biridir. Beş duyu organımızın da harekete geçtiği bir andır yemek anı... Yemeği 20 dakikada yediğimizde beynimize tokluk sinyali ulaşır. Bunun için yemeden önce yemeğe bakmak gerekir. Biz ne yiyoruz, nasıl yiyeceğiz? Baktıktan sonra ona çatalla ya da bıçakla dokunmak gerekir. Sonra koklarız, fark etmeden de olsa koklarız, çünkü tat duyumuz öyle gelişir. Daha sonra ağzımıza atıp çiğneriz. Çiğnerken duyma duyumuzu kullanırız ve o çiğnemeyi duyarız. Yutarken de dokunma duyumuzu kullanırız. Böylece beş duyumuzu kullanarak yeriz yemeğimizi sağlıklı beslenmede. Eğer yemek yerken elimizde cep telefonu varsa veya televizyon karşısındaysak yemek yeme eylemimizi başka bir şey ile gölgeliyoruz demektir. Çünkü başka bir şey devreye girdiğinde duyularımızın hepsi birbirine karışır. Bu durumda yediğimiz yemekten de bir şey anlamayız, sindirim sistemimizi kullanmadan yemek doğrudan mideye indiği için de midemizde şişlik oluşur. Dolayısıyla hızlı yemek yemeyi de yemeği başka bir şey ile gölgelemeyi de asla tavsiye etmiyorum. Yemeğin bir felsefesi vardır ve çocuklar, anne ve babalar bu felsefeye uygun hareket etmelidir, o zaman yararını görebilirler çünkü... İnsan için çok önemli bir zaman dilimidir yemek saati.

Çocuklar çok yoğun bir hayat sürüyor. Dolayısıyla ders çalışırken yemek yiyen çocuklar da bir hayli fazla...

Taylan Kümeli: Burada da anne babalara büyük görev düşüyor. Çocuk için yemek saati bir mola zamanı olarak konumlandırılmalı, ama asla kaçış noktası olmamalı.

114 Sınav stresini azaltmak için ona yardım edin

Sınav stresi özellikle ortaokul ve lise dönemindeki çocukların kâbusu... Anne babalar, çocukların sınav stresini azaltmak için ne yapmalılar?

Arzu Yükselen: Anne babaların beklentileri, çocuklarının yüksek puanı alması, ortaokul veya lise giriş sınavlarında kendilerinin uygun bulduğu bir okulun kazanılması. Anne babaların başarı ölçütü biraz da bu aslında... Bu beklenti çocukların stres yaşamasının temel noktalarından birini oluşturuyor. Çünkü çocuklar o kapasitede veya o beklentide değillerse fikir çatışması yaşanmaya başlıyor. Bir başka sorun da çocukları gönderdiğimiz okulların çok fazla 'başarı odaklı' olmaları... Tabii burada kast ettiğimiz çocuğun bireysel başarısı değil, nota dayalı bir başarı sistemi... Tüm bunlar çocuğun üzerinde büyük bir baskı oluşturuyor. Okul ortalamaları da çocukların notlarına göre ölçüldüğü için okullar neredeyse yedi gün boyunca çocukları sürekli okula çağırıyor, testler çözdürüyor, sürekli çocuklara yükleniyorlar. Bu da çocuğu hayattan kopartıyor bir anlamda... Özellikle sınavlara hazırlık dönemleri çocukların sosyal ilişkilerinin bittiği dönem... Neredeyse hiçbir aile çocuklarının bu dönemde arkadaşlarıyla buluşmasına, sinemaya gitmesine hatta spor yapmasına bile izin vermiyor. Çocuk test çözsün, çünkü onun görevi bu diye yaklaşıyorlar. Bu çocuğa "Bütün hayatını bırakacaksın, ders çalışacaksın!" demektir. Çünkü odaklanılan şey, çocuğun mutluluğu değil, nota dayalı bir başarı, yani yarış düşüncesidir. Çocuklara "Şu liseyi kazanmalısın, Anadolu lisesine girmen lazım" gibi pek çok hedef konuluyor. Oysaki çocuk, ailenin hedef koyduğu liseyi kazandı diye başarılı sayılmaz. Evet, yüksek puan almayı başarabilir ama mutlu olmayabilir. Çocuğun kendi isteğiyle o rotayı çizip çalışması ayrı şey, aile ve okul baskısı altında çalışması başka şey...

Peki, bu durum nelere sebep olur?

Arzu Yükselen: Çocukları sınav stresine sokan iki şey var: Bazı durumlarda okul, bazı durumlarda ise aile... Müthiş bir baskı ve stres oluşturuyoruz çocukların üzerinde. Çünkü bu baskı ile çocuk bütün sosyal ortamından kopuyor. Bu defa psikolojisi bozuluyor. Yeme bozukluğu, davranış bozukluğu ortaya çıkıyor, depresyona giriyor, müthiş bir kaygı duyuyor. Zaten bazı bozukluklar ergenlikte ortaya çıkıyor. Özellikle duygu durum bozuklukları, dikkat eksiklikleri. Bunda ergenlik döneminin hormonal değişikliklerinin etkisi olduğu kadar çevresel faktörlerin de etkisi oluyor. Yani sınavların vermiş olduğu baskı, ailenin veya okulun çocuk üzerinde kurmuş olduğu baskı buna neden olabiliyor. Oysaki anne babalar şunu asla unutmamalı: Önemli olan çocuğun mutluluğudur ve çocuk, ergenlik döneminde müthiş duygu devinimleri yaşar, ona her söylenenin tersini yapmak ister. "Bunu giy!" dersiniz "Hayır, giymeyeceğim!" der; "Bunu yapma!" dersiniz "Hayır, yapacağım!" der. Bu nedenle çocukları anlamamız ve onlarla olumlu iletişim kurmaya çalışmamız gerekiyor.

115 Karnesini sosyal medyada paylaşmayın

Çocuğun karnesini sosyal medyada paylaşmak doğru mu?

Arzu Yükselen: Karne, çocuğun okuldaki başarı durumunu içeren bir belgedir ve çocuğa aittir. Çocuk eğer isterse diğer insanlara bu belgenin içeriğini paylaşabilir istemezse paylaşmaz. Bu belgede sadece akademik başarı puanları değil çocuğun okulu, sınıfı gibi bilgiler de mevcuttur. Çocuk bir bireydir ve kendine ait bilgileri saklama ve paylaşmama hakkı vardır. Çocuğun rızası olmadan karnesini sosyal medyada paylaşmak onun sınırlarını ihlal etme anlamına gelir. Diğer taraftan, sosyal medyada karne paylaşmak diğer çocuklarla kıyaslama yapmaktır. Çocuğun başarısı kesinlikle kıyaslanmamalıdır. Çocuğun başarısı tek başına karne notu ile ölçülemez. Notları düşük olan çocuk da aslında birçok konuda oldukça başarılı olabilir. Karneyi sosyal medyada paylaşmak, çocuğa 'her zaman başarılı olması' sorumluluğunu yükleyebilir. Aşırı beklentide olmak da çocuğu strese sokabilir.

Özgür Bolat: Çocuğun karnesini sosyal medyada göstermek, bir anlamda velilerin çocukları üzerinden bir yarışa girmesidir. Bu da çocuk da performans kaygısı yaratır. Üstelik karnelerin üzerinde çocukların kimlik numaralarından özel bilgilerine kadar her şey yazıyor. Hem çocukların güvenliği açısından doğru değil. Zaten çocuk notlarla değerlendirmek de doğru değil. Ama diyelim ki çocuk bir değerlendirme bekliyor, o zaman onun ne düşündüğünü sormak veya mutlu olup olmadığını sormak, sarılmak ve güzel bir gün geçirmek kâfi... Karneyi sosyal medyada paylaşmak mutluluğu paylaşmak değildir.

116 Onu sosyal medyada deşifre etmeyin

Çocukların fotoğraflarını sosyal medyada paylaşmak doğru mu?

Selçuk Şirin: Bu konuda kesin hüküm yürütmek zor! Meselenin pek çok boyutu var. Herkes bu boyutlara bakarak kendisi için en doğru formülü bulacaktır. Bu temel prensipleri ifade ettikten sonra gelin meseleyi birkaç boyutta ele alalım. Çocukların sosyal medya macerası artık doğumda başlıyor. İlk 6 ayın sonunda her çocuğa dair temel bilgiye sosyal medya üzerinden ulaşmak mümkün! Çünkü bu çağda sosyal medya olmadan yaşamak artık neredeyse imkânsız. Sabahtan akşama kadar çocuklarla haşır neşir olan anne-babalar elbette sosyal medyada da çocuklarıyla ilgili paylaşımlarda bulunacak. Ayrıca özellikle coğrafi olarak farklı yerlerde yaşayan aileler için sosyal medya bir nevi aile albümü işlevi görüyor. Nitekim İngiltere'de 2 bin ebeveynle yapılan bir araştırmaya göre sosyal medya kullanan anne-baba tarafından yetiştirilen bir çocuk 5 yaşına geldiğinde 1000 dolayında sosyal medya fotoğrafına konu oluyor. Bunda ne sorun olabilir ki?

Mahremiyeti ihlâl edilmiş oluyor örneğin...

Selçuk Şirin: Evet. Sosyal medyada çocuklar üzerine yapılan paylaşımların en temel sorunu çocukların onayı olmadan onların hayatını kayda geçiriyor olması. Paylaşılan her fotoğraf bir anlamda dijital parmak izi işlevi görüyor. Bir paylaşılan bir daha geri alınamıyor. Ve her bir paylaşımdan yola çıkarak çocuğunuzun adını, doğum gününü, kültürel kimliğini çıkarmak artık mümkün. O nedenle bizim bir yetişkin olarak kendi adımıza paylaşım yapmamızda bir sıkıntı yok ama söz konusu çocuklar olunca etik sınırlar devreye giriyor. Ebeveyn olarak çocuklarımızın mahremiyetini ihlal etme hakkımız var mı? Bir de meselenin karanlık boyutu var elbette. Bir araştırmaya göre pedofil sitelerindeki fotoğrafların yarıdan fazlası sosyal medya hesaplarından çalınan görüntülerden oluşuyor.

Ne yapılmalı peki?

Selçuk Şirin: Kullandığınız sosyal medyanın mahremiyet kurallarını iyice öğrenin. Kimler paylaşımlarınızı görebiliyor? Bunu kontrol etmeden hiçbir çocuk görseli paylaşmayın. Anlık paylaşımlardan uzak durun. Çocuğunuzun yaşadığı yeri belli etmekten imtina edin. Çocuğunuza veto hakkı verin. İstemediği hiçbir şeyi sosyal medyada paylaşmayın! Her paylaşımda sadece paylaştığınız andaki ruh halinizi değil, geleceği de düşünün.

117 Karne notlarını başkalarınınkiyle kıyaslamayın

Yetişkinlerin, çocukları birbirleriyle çok fazla kıyasladığına şahit oluyoruz. Doğru mu bu yaklaşım?

Doğan Cüceloğlu: Elbette ki değil. Çocukların becerileri kıyaslanıyor, karne notları kıyaslanıyor, her şeyi kıyaslanıyor. Oysaki her varlık kendi içinde değerlidir. İçindeki 'öz' ile değerlidir. Her bir çocuk, her bir öğrenci insan olarak eşit değerdedir. Çocukların karne notları onların gerçek başarıları demek değildir ki çocukları notlarla kıyaslamak doğru olsun? Bir çocuk, o yıl okuluna isteyerek, şevkle, hevesle gittiyse benim gözümde başarılıdır. Karne notu beş gelmiş, dört gelmiş o kadar önemli değil. Bizim odaklanmamız gereken not değil, çocuktur.

Norma Razon: Çocukları, sadece karne notları konusunda değil, hiçbir konuda başkalarıyla kıyaslamamamız gerekiyor. Kıyasladığımız zaman çocukta "Ben başarısızım, ben beceriksizim, ne yaparsam yapayım onu geçemem, ne yaparsam yapayım annem babam beni beğenmez!" duygusu oluşuyor. Anne babanın kıyaslamaları çocukları tahmin etmedikleri kadar çok etkiliyor. Bir çocuğa "Arkadaşın bu yıl takdir belgesi almış, sen neden alamadın?" demekle onu başarıya, çalışmaya, çaba harcamaya teşvik etmiş olmuyorlar. Her çocuğun yetenekleri, becerileri ve başarıları diğerlerinkinden farklı. Çocuğu sadece kendisi ile kıyaslayabilirsiniz. "Sene başında toplama çıkarma yapamıyordun, şimdi problem çözebiliyorsun! Geçen yıl okumada zorlanıyordun, bu yıl sular seller gibi okuyorsun! Fen bilgisinden aldığın notlar diğer derslerden aldığın notlardan daha yüksek, galiba fen dersi en sevdiğin ders! Sosyal bilgilerde zorlanıyordun, her geçen gün ilgin artıyor!" gibi ifadeler çocuğa anlaşıldığını, notu kaç olursa olsun kabul gördüğünü hissettirir, huzur ve güven verir, başkası ile kıyaslanmaktan daha teşvik edici olur.

118 Karne hediyesi almayın

Çocuklara karne hediyesi alınmalı mı?

Özgür Bolat: Karne hediyesi çocuğu motive eder ama ne için? İyi not almak için. Çocuğun da, ailenin de amacı iyi not almak değil, 'öğrenmek' ve 'gelişmek' olmalıdır. Karne hediyesi, çocuğu gerçek amaçtan yani öğrenmeden uzaklaştırır, araca yani notlara odaklanmasını sağlar. Araç, amaç olur. Çocuk öğrenmek için değil, iyi not almak için çalışır. Öğrenmeden de iyi not alınabilir. Burada karne hediyesinin çocuğa hangi mesajı verdiğine bakmamız lazım. Buradaki mesaj "Okulda başarılı olmak kendi içinde değersizdir" mesajıdır. Çünkü çocuk şöyle düşünür: Ailem bana rüşvet (karne hediyesi) teklif ediyor. Öyleyse, öğrenmek kendi içinde değerli değildir. Değerli olsaydı, rüşvet teklif etmezlerdi. Yani öğrenme amaç olmaktan çıkar, araca dönüşür. Asıl amaç, hediyeye ulaşmak olur, öğrenme değersizleşir. Oysaki çocuk sadece öğrenmek için öğrenmelidir. Ancak karne hediyesi bu amacı değiştirir, gerçek öğrenme ikinci plana atılır. Mesela çocuk öğrenmesi zor olan işleri, başarısız olma korkusundan dolayı seçmez, kolay olanları seçer. Dolayısıyla kısa süreli başarıyı, gelişmeye tercih eder.

Karne hediyesi bir sonraki yıl için çocuğun çalışma azmini nasıl etkiler?

Özgür Bolat: Karne hediyesiyle motivasyonu sürdürmek zordur. Çünkü her yıl "hediyenin değerini" arttırmak gerekir. Çocuk her yıl daha fazlasını ister, aynı olanla yetinmez. Her yıl hediyenin değerini arttırmak da mümkün değildir. Karne hediyesi çocuğu motive etse bile hediyeye ulaşamayacağını düşünen çocuklar bir süre sonra çalışmayı bırakır. Üstelik bu duruma üzülmezler bile... Çünkü karne hediyesi çocuğa kötü not alma hakkı verir.

"Yüksek not alırsam, karnem iyi gelirse bana hediye alacağınızı söylediniz. Ben hediye istemiyorum. Öyleyse kötü not alabilirim" der. Yani kötü not almak meşrulaşır. Karne hediyesinin verdiği olumsuz bir mesaj daha vardır. İyi not almak ve sınıfını geçmek çocuğun sorumluluğundadır. İnsanlar sorumluluklarını bir şey kazanmak için değil, değerinden dolayı yapar. Aile hediye vaat ettiği zaman çocuğa "Sınıfını benim için geçmelisin" mesajı verir. Yani çocuğun sorumluluk alması engellenir. Anne veya baba çocuğuna "Evet, sen o son model cep telefonunu çok istiyorsun, ama derslerinin hepsi çok iyi olmazsa almam, önce karne notunu göreyim, sonra o telefonu alabiliriz" derse bir koşul koymuş olur. Dolayısıyla burada sevgi mekanizması da zarar görür. Çocuğunu sevdiği için değil, sırf o notları iyi olunca ona istediği şeyi almak, çocuğun kendisini değersiz hissetmesine sebep olur. Eğer anne-baba, çocuğuna bir hediye alacaksa, bu hediyeyi onu sevdikleri için almalıdırlar, bir dış motivasyona bağlı olarak değil.

119 Sınavda kaç aldığını değil, neler öğrendiğini konuşun

Çocukla sohbet ederken nasıl bir ilişkide olmak gerekiyor?

Özgür Bolat: Bir çocuk anne ve babası için değil, kendisi için eğitim aldığını bilmeli. Anne babalar da notlara değil, öğrenmeye odaklanmalı. "Ödevin var mı?" sorusundan ziyade, "Bu ödevle ne öğreniyorsun?" sorusunu sormak gerekiyor örneğin... Okulların da aynı zamanda gerçek öğrenme ve keşfetme ortamı yaratması gerekir. Okullar çocuklarda iç motivasyon oluşturamıyor. Okullarda keşfetme ve öğrenme olmuyor. Çocuk iç motivasyonla (öğrenme, keşfetme ve gelişme) ders çalışmıyor veya ödev yapmıyor. Okullardan sıkılıyor. Aile de iç motivasyon oluşturmayı bilmediği için, bildiği şeyi yapıyor. Yani, çocuğa dış motivasyon (ödül) sunuyor, sınavından yüksek not alan çocuğa hediye alacağını söylüyor... Oysaki öğrenme aşkıyla çalışan çocuğa, zaten aile ödül vaat etmek zorunda kalmaz. Onun için ödül yerine yapılması gereken, çocukta iç motivasyon oluşturmaktır.

Peki, aile çocuğun sınavda kaç puan aldığına odaklanırsa ne olur?

Özgür Bolat: Çocuk, gelecekte de zor işlerden kaçar ve risk almaz. Çünkü zor işlere kalkışırsa başarısız olma ihtimali doğar ve düşük not alabilir. Bu da ödüle ulaşmasını engeller. Risk almadan ve zoru denemeden öğrenmek ve gelişmek zordur. Notu, gelişime tercih eder. Risk almayı öğrenemez. Dahası çocuk iyi not almak için, etik olmayan yolları seçebilir. Örneğin, kopya çeker veya ödevini başkasına yaptırır. Amacı not değil, öğrenmek olan öğrenciler bu tür yollara başvurmaz.

120 Çocuğun okul başarısına değil, sosyal başarısına odaklanın

Çocuğun okul başarısı anne babalar için çok belirleyici oluyor. Ancak okul başarısıyla ilgili olarak sorgulanmak çocuğu mutsuz ediyor. Ne yapmak gerekir?

Norma Razon: Anne, baba, çocuk ilişkisinde okul, ödev ve not çok önemli yer tutuyor. Anne babalar çocuklarına genellikle "Bugün neler yaptın? Gününü nasıl geçirdin?" demek yerine, "Ne kadar ödevin var? O ödev bitirilecek!" gibi emir cümleleri kullanıyor. Çocuklar zaten okulu anlatmayı sevmiyorlar, evde de bu sorularla karşılaşınca iyice sıkılıyorlar, sorgulanmaktan hoşlanmıyorlar, iletişim kanallarını kapatıyorlar, sorulan soruları cevaplamıyor duymazlıktan geliyorlar. Merak etmemiz gereken şey "Kaç puan aldın? Sınav oldun mu?" sorularının yanıtı olmamalı... Biz çocuğumuza "Arkadaşlarınla neler yaptın? Teneffüslerde eğlendin mi bugün? Peki, ya bugünkü derslerden en çok hangisinden keyif aldın? Öğrendiğin en ilginç şey neydi bugün?" gibi sorular sormalıyız. Anne babalar akademik konular kadar çocuğun okuldaki sosyal yaşamına da odaklanmalıdırlar. Çocuklarının gün boyu okulda yaptıkları ders ve etkinlikleri merak ediyorlarsa, önce kendileri işte, yolda, trafikte neler yaptıklarını anlatmalı, duygularını paylaşmalı, güzel bir sohbet ortamı yaratmalılar. Bu güzel sohbet ortamı, aile bireylerinin gün içinde yaşadıklarını birbirleriyle paylaşmak için iyi bir fırsat olacaktır. Akşam sofrası, akşam yemeğinden önceki veya sonraki süre, anne baba ve çocukların her türlü sevinç, üzüntü, öfke, korku, kaygı gibi duygularını, etkinliklerini ve arkadaşlıklarını konuşabileceği en uygun yer ve zamandır. Anne baba bu fırsatı iyi değerlendirmeli, çocuklarını can kulağı ile dinlemeli, eleştiri ve nasihatlerden kaçınmalı, daima yardıma ve iletişime hazır olduklarını belirtmelilerdir.

Doğan Cüceloğlu: Ben anne babaların önce kendi tanıklıklarının farkında olmasını çok istiyorum. Çocukla ilişkide gözleyecek ve tanıklık edecek iki şey var: Gayret ve şevk! Sonuca bakmayacaksın, "Gayretin var mıydı yok muydu? Eğer yoksa neden yoktu?" buna bakmak gerekiyor. Denetim odaklı korku kültüründen söz etmiştim. Asırlardır gelen bir kültür bu... Bir anlam verme sistemi. Korku kültüründe en temel değer, güçlü olmak. Mesela bizim kültürümüzde damada "İlk gece gözünü korkut, kadın kısmına yüz verilmez. Çocuğu uyurken öp, ne karını şımart ne çocuğunu" derler. Geline ise "Güzel olmuşsun ne yazar bahtın güzel olsun. Erkekler kadir kıymet bilmez. Nikâhta ayağına sen bas ki senin dediğin olsun. Kadının fendi, erkeği yendi" derler. Yani herkes güçlü olma peşinde. Peki, biz aile mi oluşturuyoruz yoksa savaş mı başlatıyoruz? Nedir bu güç savaşı? Bu bakış açısı var olduğu sürece, müthiş bir potansiyel olan çocuk gelişemez. Çünkü onun gelişebilmesi için beslenmesi lazım. İşte o besin sevgi, saygı, güven ve ilgidir.

Peki, çocukların sınavlarına değil de sosyal başarısına odaklanmak için neler yapmak gerekir?

Doğan Cüceloğlu: Bir defa her çocuğu, potansiyel sahibi küçük bir insan olarak görmek gerekir. Anne-babanın, bu küçük insanın gelecekte kendisi ile ilgili kararları kendisinin verebileceğini peşinen kabul etmesi gerekir. Ona destek olmakla, onun, anne-babanın istediği kişi olması dayatmasının arasında çok büyük bir fark bulunuyor. Çocuğa saygı göstermek gerekir. Geliştiren insan modeli, bunu gerektirir. Kalıplayan insan modeli ise, çocuğu her anlamda kalıba sokar, anne-baba kendi kafasındakileri çocuğa dayatır. Akıllı anne-baba, çocuğun davranışına yönelmez, çocuğa yönelir. Çocuğun davranışını çocuk yönetir, anne baba yönetmeye kalkışmasın. Bence, bir anne babanın hedefi şu olmalıdır: Çocuğum öyle biri olsun ki, her koşulda kendi ayakları üzerinde durabilsin, iyi olanı doğru davranışla hayata uygulayabilsin. Bu nedenle çocuğa sevgi verilmeli, saygı gösterilmeli, önemsenmeli çocuk. Anne-baba ilgili olmalı ve en önemlisi de tanıklık etmeli ve örnek olmalı.

121 Ergenlik bir geçiş sürecidir

Ergenlik süreci nasıl bir geçiş sürecidir?

Norma Razon: Ergenlik, çocukluk ile yetişkinlik arasında bir geçiş sürecidir, Her geçiş dönemi gibi, bu dönem de ergen için de, aile için de zorlayıcı bir dönemdir. Bu nedenle anne babaların ergenlik sürecini çok iyi anlaması ve anlatması lazım. Her şeyden önce ergenlikte çocukların bedeninde bir takım değişiklikler oluyor. Eğer aile kızını veya oğlunu çocukluk döneminde ergenlikte yaşayacağı değişiklikler hakkında bilgilendirmemişse, ergen bedeninde oluşan değişikliklerden tedirgin oluyor. Erkek çocuklarda ses kalınlaşıyor, kıllanma oluyor, bıyık sakal beliriyor; bunun yanında cinsel gelişimler gerçekleşiyor. Eğer bu dönemde ve öncesinde babasıyla konuşacak cesareti bulamadıysa arkadaşına gidiyor, arkadaş ortamında duyduklarıyla yetiniyor. Bu bilgilerin bazıları yanlış, bazıları eksik, bazıları da hatalı bilgiler olabiliyor. Bu nedenle erkek çocuğun babasıyla konuşabilmesi çok önemli. Babasıyla konuşamıyorsa annesi ile konuşabilmesi de önemli... Kız çocukları da kendi bedenlerinde değişiklikler hissediyorlar. Hormonların müthiş derecede harekete geçtiği bir dönem ergenlik. Kız çocukları regl oluyor, tüyleniyor, aşırı derecede terlemeye başlıyorlar. Bu tür bedensel değişimler konusunda aileleri tarafından bilgilendirilmemiş olan ergenler, "Eyvah, annem kızar, babam duyarsa çok ayıp olur" korkusuyla konuyu yakınlarına açamıyorlar. Dolayısıyla dördüncü ve beşinci sınıflardan itibaren öğrencilere biyoloji ve fen derslerinde ergenlik ve bedensel değişim hakkında bilgi vermek şart.

Elbette ki ergenlik çocukların sadece bedensel olarak değişip geliştiği bir dönem değil, ilgi alanlarında da çok ciddi değişiklikler oluyor. Çocuksu konulara duyulan ilgi yerini gençlik olaylarına, yetişkin filmlerine, aşk ve macera romanlarına, politikaya, memleket ve dünya meselelerine bırakıyor. Sonra kendi bedenine, fiziksel görünümüne ilgi başlıyor. Aynanın karşısında daha uzun süreler geçirmek çok önem kazanıyor. Karşı cinse ilgi artıyor. Cinselliğe ilgi artıyor. Ergenin enerjisinin büyük bir kısmı bedensel, duygusal ve sosyal gelişmeye harcanıyor. Ergenin okula, ders çalışmaya, ödev yapmaya enerjisi kalmayabiliyor. Bu arada ergen ödevlerini aksatabiliyor, ders çalışmayabiliyor. Gündelik yaşam, odasını veya masasını toplamak gibi konulara da ilgisi ve enerjisi azalıyor. Bu dönemde ergenin kafasını kurcalayan konular o kadar farklı ve o kadar çok ki daha önce ilgi duyduğu konular bir anda önemini yitiriyor. Ergenlikle birlikte şarkıcılar, futbolcular, film yıldızları, giyim kuşam, para, meşhur olmak, popüler olmak, arkadaş edinmek, bir arkadaş grubunun üyesi olmak, toplumda sesini duyurmak vb. konular değer kazanıyor.

Peki, ergenlik dönemine geçiş kız çocuklarında ve erkek çocuklarında hangi yaşlarda gerçekleşiyor?

Norma Razon: Çocukluk dönemi kızlarda 11, erkeklerde 13 yaşında bitiyor. Kızlarda 11-13, erkeklerde 13-15 yaş buluğ dönemi, kızlarda 13-18/20, erkeklerde 15-18/20 ergenlik (gençlik) dönemidir. Çocukluk dönemi ergenliğe kıyasla; bireyin daha el bebek gül bebek büyütüldüğü, daha çok hizmet gördüğü, zorlamaların daha az olduğu, ödevler dâhil her konuda çevreden daha çok yardım gördüğü, ailenin ve öğretmenlerin daha hoşgörülü olduğu bir dönem. Ergenlik ise çocukluğa kıyasla; bireyden çevre beklentilerinin daha çok olduğu, yetişkin davranışlarının daha çok beklendiği, olgun olmayan tutumların daha az hoşgörü ile karşılandığı, sorumluluklarını aksatmaması istenen bir dönem. Çocukluktan ergenliğe geçiş olan buluğ zor bir dönem. Çocukluk ile yetişkinlik arasındaki ergenlik de zor ve uzun bir dönemdir. Bu nedenle özellikle anne babadan ve öğretmenlerden beklenen şey bu geçiş döneminde çocuğun zorlanma olasılığının yüksek olduğunu anlamaları, ona saygı göstermeleri ve doğru rehberlik etmeleridir.

122 Ergenlik belirtileri konusunda onu uyarın

Kız çocuklarının ergenlik belirtileri nelerdir?

Fatma Kırcı: Ergenlik fiziksel büyüme, cinsel gelişme ve psiko-sosyal olgunlaşmayı kapsar. Kızlarda ergenlik 10-11 yaş civarında memede tomurcuklanma ile başlar (8 yaşından önce memede büyüme görülmesi normal değildir). Ardından koltuk altı ve genital bölgede kıllanma başlar. Meme büyümesi ile genital kıllanma aynı zamanda da başlayabilir. Ter kokusu artar, beyaz renkte vajinal akıntı görülebilir, kas kütlesi artar, vücutta yağ dokusu dağılımı değişir (Özellikle göğüs, kolların üst kısmı, bel ve kalça bölgesinde toplanır). Deride yağlanma olur ve akneler çıkar. Boy uzaması hızlanır. Kızlarda boy uzaması erkek çocuklardan 2 yıl önce başlar ve 2-3 yıl sürer, ilk regelden yaklaşık 6 ay önce en yüksek seviyeye ulaşır ve ilk regl ile birlikte çok yavaşlar. Kemik yoğunluğu da artar; erişkin kemik yoğunluğunun yüzde 50 den fazlası bu dönemde oluşur. Memede büyüme başladıktan ortalama 2-2,5 yıl sonra da ilk regl (menarş) görülür. Ülkemizde ilk regl yaşı ortalama 12-13 yaş civarı olmakla birlikte 10 yaşından sonra olması normal kabul edilir. Genellikle ilk bir yıl regl düzensizdir, kanama fazla olabilir ve uzun sürebilir. Bunun nedeni ilk yıl içinde 'overler'de yumurtlama olmamasıdır.

Erkek çocuklarının ergenlik belirtileri nelerdir peki?

Fatma Kırcı: Erkek çocuklarda ergenlik kızlardan 1-2 yıl daha geç başlar. İlk bulgu testislerde büyüme şeklindedir. Koltuk altı ve genital bölgede kıllanma, ter kokusunda artış, seste kalınlaşma ve çatlama, istemsiz boşalmalar, vücut kas kitlesinde artış ve boy uzamasında hızlanma olur. En son olarak da bıyık ve sakallar çıkar. Erkek çocuklarda da meme dokusunda şişlik, ağrı ve hassasiyet olabilir, kalıcı değildir, birkaç ay içinde kendiliğinden kaybolur. Erkek çocuklarda boy uzamasında hızlanma kızlardan yaklaşık 2 yıl sonra başlar ve 14 yaş civarında çok yükselir. Erkek çocuklarda yağ dokusunda artış olmakla birlikte kızlara göre daha azdır, vücut kas kitlesinde artış ise daha ön plandadır. Ergenlik dönemine ait çok sayıdaki fiziksel değişikliklerle birlikte birtakım duygusal değişikliklerin olması da kaçınılmazdır; mizaç değişiklikleri, aşırı duygusallık, stres, kafa karışıklığı olabilir. Aynı zamanda ilgi alanlarını keşfetme, ne olacağına karar verme gibi olumlu düşünceler de oluşmaya başlar.

123 Ergen bireylerin iletişim kuracağı alanlar açın

Ergenlik zor bir süreç... Ergen bireylerin topumdaki yerini pekiştirmek için neler yapılmalı?

Sunay Akın: Öncelikle çocuklara birbirleriyle iletişim kuracakları alanlar açmak zorundayız. Bugün büyük şehirlerimize bakın... Ağaçsız, parksız, spor tesislerinin olmadığı bu ortamda, yani şehrin içinde açık havaya hasretiz. Çocuk olsun, ergen olsun, gençlerimizin bir araya gelip tanışacakları, birbirleriyle iletişim kuracakları, konuşacakları alanlara ihtiyacımız var. Biz çocukluğumuzda arkadaşlarımızla top oynamak, sohbet etmek için alanlara sahiptik. Çok güzel fırsatlardı bunlar, ama şimdi kalmadılar. Bizim kentlere oyun sahaları yapmamız lazım, çocukların bisiklet sürebilecekleri alanlar yapmamız lazım. Açık havada etkileşime geçebilecekleri alanlara ihtiyacımız öyle çok ki... Örneğin 1970'li yılların İstanbul'u bizi, yani o yılların çocuklarını sağlıklı büyütüyordu. Bugünün çocuklarına bakıyorum, 13-14 yaşındaki çocuklara... Ben onları hiçbir zaman bir duvarın üstünde, bir boş alanda konuşurken, arkadaşlık ederken, spor yaparken hiç göremiyorum. Nerede bu çocuklar? Hepsi sabah ve akşam saatlerinde servislerde ya da alışveriş merkezlerinin kapalı ve baskıcı ortamında birbirlerini tanımadan, birbirlerinden bihaber geziniyorlar.

124 Ergen birey 'yalnızlık' ister

Ergen bireylerin en temel özelliklerinden biri tahammülsüzlük... Anne babalar ne yapmalı?

Arzu Yükselen: Bu sürecin doğası bu! Anlayacağız. Ergen birey yalnızlık ister. Zaman zaman kendi odasına kapanmak, kendi kendine müzik dinlemek, sosyal medyada olmak ister. Eve gelen gidenlerden rahatsız olabilir. İçe kapanabilir, duyguları sıkça değişiklik gösterebilir, biraz sinirli ve bazen öfkeli olabilir. Sesinin yükseldiği anları gözlemleyebiliriz. Etrafındaki kimseyi, hatta kendini bile beğenmemeye başlar. Her şeyi eleştirir, her şeye itiraz eder. Ergenliğin doğasında bunlar olabilir. Ancak bu bir süreç. Birkaç yıl bu devinimler çocuğun kendi ruhunda, bedeninde yaşanıyor; ancak zamanla aşılıyor. Bu süreçte anne babanın, evdeki diğer yakınların çok anlayışlı olması gerekiyor. Ergenliğin hormonal değişiminden etkilenen çocuk bir de etrafındakilerden sert tepkiler görünce çatışmaya girebiliyor. Çatışmadan, onu anlayarak, zaman zaman yalnız bırakarak, zorlamadan ve örselemeden, yargılamadan iletişim kurmak en doğru yaklaşımdır. Odasına girip yüksek sesle müzik dinleyebilir, hoşuna giden türde filmler, diziler izleyebilir, telefonunda sosyal medyada paylaşımda bulunabilir, arkadaşlarıyla sohbet edebilir. Anne baba olarak ergenliğin geçici bir dönem olduğunu bilmemizde yarar vardır. Böylece çok daha sağlıklı ve olumlu bir şekilde bu süreç atlatılabilir.

Peki, izlediği şeyler zararlıysa?

Arzu Yükselen: Eğer ona okul öncesi dönemden başlamak itibariyle çeşitli sorumluluklar verdiysek, onunla saygı sevgi ve güvene dayalı bir ilişki içinde olduysak, onu medyanın zararlı etkileri konusunda öncesinde bilinçlendirdiysek çocuk o tuzağa çok daha düşük olasılıkla düşecektir. Yine de anne baba çok endişeliyse, çocuğun izlediği şeyler konusunda, onun sınırına girmeden, onunla olumlu bir biçimde yargılayıcı ve suçlayıcı tutumdan kaçınarak iletişim kurabilir. Bu sırada anne baba izlediği şeylerin onun için neden zararlı olabileceğini, sakıncalarını anlatabilir, yaşına ve gelişim düzeyine uygun alternatif neler izleyebileceği hakkında konuşabilir hatta bunları bir arada izleyebilirler.

125 Ergenlik sivilceleri en büyük sorunu olabilir

Ergenlik döneminde çocuklar hep başkalarına özeniyor. Her şekilde kendini eksik hissediyor çocuklar. Kendilerini beğenmiyorlar. Özellikle de sivilceler en büyük dertleri olabiliyor...

Arzu Yükselen: Çocuklar sivilceleri çok büyük bir sorun yapıyor. Hatta en büyük dertleri bu olabiliyor. Burada çocuğu anlamak lazım. "Daha birkaç ay öncesine kadar yüzümde hiçbir şey yoktu, her şey normaldi. Şimdi ne oldu da birden yüzümü sivilceler bastı?" diye düşünebilir. Bir kere bunun doğal bir süreç olduğunu söylememiz lazım. Hatta mümkünse anne ve baba kendi ergenlik dönemi fotoğraflarını bulup çocuğuna gösterebilir "Bak, senin yaşında benim de sivilcelerim vardı, benim de yüzüm böyle görünüyordu" diyebilir. Sadece bu davranış bile çocuğa bu sürecin tamamen ergenlikle ilgili olduğunu, geçeceğini söylemek demektir. Ancak bir dermatologdan da yardım almak çok iyi olacaktır. Çünkü bu durum bazen çocukları çok olumsuz etkileyebiliyor. Teknoloji de öylesine gelişti ki, artık sivilce karşıtı yüz yıkama jelleri var, kremler var, solüsyonlar var. Her yaşa uygun tedavi yöntemleri var. Anne ve babalara düşen ise bu konuda ergeni anlamaya çalışıp sorunun çözümü için gerektiğinde destek olmaktır. Bir ergen için böyle bir problemli durumda onunla ilgilenildiğini görmek bile çok motive edici olabilir.

Sivilce oluşumunu azaltmak için neler yapılmalı peki?

Fatma Kırcı: Ergenlik döneminde artan testosteron hormonun etkisiyle her iki cinste de az ya da çok akne olarak adlandırılan sivilceler oluşur. En çok yüzde görülmekle birlikte boyun, sırt, göğüs, saçlı deri ve kolların üst kısımlarında da olabilir. Aşırı derecede olduklarında ergen için psikolojik ve sosyal sıkıntılara neden olur. Akneler sıkıldığı takdirde derinleşir ve yaygınlaşır, iz bırakma olasılığı artar. Aşırı derecede yüz yıkama ve temizleme, derinin doğal koruyucu bariyerini bozarak cilde zarar verebilir. Yine kapatıcı kozmetikler ve fazla makyaj da aknenin kötüleşmesine neden olur. Aşırı titiz olmadan derinin PH'ına uygun temizleyiciler kullanılmalıdır. Güneş banyosu da iyi gelir. Aknelerin zamanla kendiliğinden düzeleceği, sıkmaması ve oynamaması gerektiği özellikle vurgulanmalıdır. Eğer sivilceler çok fazla ise ve ailede kalıcı sivilce izleri olanlar varsa, erken dönemde dermatolog tarafından tedavi ve takip önerilir.

126 Kızlarda 13, erkeklerde 14 yaşına kadar ergenlik belirtileri yoksa dikkat!

Ergenlikle ilgili erkeklerde hangi gelişmeler yoksa bir sorun var demektir?

Fatma Kırcı: Erkek çocuklarda 14 yaşına kadar ergenliğe ait fiziksel bulgular ortaya çıkmamışsa araştırılması gerekir. Ergenlik gecikmesi erkek çocuklarda genellikle ailevidir, yapısal büyüme gecikmesi olarak tanımlanır. Baba ve varsa erkek kardeşlerin büyüme öyküsü sorgulanmalıdır. Nadir olmakla birlikte ciddi bir genetik hastalık, büyüme hormonu ve tiroid hormon eksikliği, cinsiyet hormonlarının yapımında veya etkisinde bozukuluk, bazı merkez sinir sistemi hastalıkları, beyin tümörleri, diyabet ve 'kistik fibroz' gibi metabolik hastalıklar ergenlikte gecikmeye yol açabilir. Ayrıca ağır sporlar, aşırı zayıflık, kemoterapi ve radyoterapi uygulamaları da ergenlik gecikmesine neden olabilir.

Peki, ya kızlarda?

Fatma Kırcı: Kız çocuklarında 13 yaşına kadar ergenliğe ait hiçbir fiziksel bulgu başlamazsa normal değildir. Meme büyümesi başladıktan sonra üç yıl içinde regl olması beklenir. Aksi durumda araştırılması gerekir. Kızlarda gecikmiş ergenlik ailevi olabileceği gibi hormonal bozukluklara, 'Turner sendromu' gibi kromozom hastalıklarına, diyabet ve 'kistik fibroz' gibi metabolik hastalıklara, aşırı egzersize, anoreksiya veya blumia gibi ciddi yeme bozukluklarına da bağlı olabilir.

127 Ergenlik dönemi, anne baba ve çocuk arasındaki sağlıklı iletişimle iyi geçebilir

Ergenlik en çok aile içi iletişimi etkiliyor. Neler oluyor ve ne yapmak lazım?

Norma Razon: Ergenlik döneminde anne baba çocuk iletişimi ne kadar güçlü ve sağlıklı ise, ergenlik o kadar kolay geçer. Ergenlikte aile içi iletişimin iyi olması için, anne babanın çocuk doğduğu andan itibaren, onunla iletişim kurmuş olması gerekir. Ergenlik öncesinde iyi bir iletişim kurulamamışsa, ergenlikte iletişim kurmak çok zordur. Mesela ergenlik döneminde çocuğu ile yakınlaşmak isteyen bir anne ve baba, ters tepkiyle karşılaşabiliyor, ergen hiç çekinmeden "Sen daha önce benimle hiç ilgilenmemiştin, benimle hiç sohbet etmemiştin nereden çıktı şimdi bu?" diye kafa tutabiliyor. Etkileşim sadece soru sormak, sohbet etmeye ve konuşmaya çalışmakla olmuyor; ergeni anlamaya çalışmak, onu dinlemeyi bilmek de gerekiyor. Dinlemeyi bilmek; söz kesmeden, azarlamadan, uyarmadan, kızmadan dinlemektir. Yeri geldiğinde olumlu eleştiriler yapmak, ihtiyaç halinde doğru yönlendirmektir. Sorunlarını ilgi ile izlemektir, sorunlarını onun adına çözmek değil, kendi başına çözmesi için destek olmaktır, yaptığı ne olursa olsun yanında olunduğunu, her haliyle kabul edildiğini ve sevildiğini hissettirmektir. İletişim kurabilmek için, anne baba baskı yapmadan, abartmadan ergeninin her şeyi ile ilgilenmeli; giyimi kuşamı, merakları, ilgileri, boş zaman etkinlikleri, arkadaşlıkları, hobileri, okul durumu... Ergen de ailesinin kendisi ile ilgilendiğini bilmeli, başı sıkıştığında anne babasına danışabilmeli, yaşadığı deneyimleri onlarla paylaşabilmelidir. Anne baba ergene daima yanında olduğunu hissettirmeli, baskıcı ve kısıtlayıcı davranmamalı, ancak başıboş ve denetimsiz de bırakmamalıdır.

128 Çocukerkil bir aile olmayın

Eskiden ataerkil ve anaerkil aileler vardı, şimdi ise çocukerkil aileler var. Bu yaklaşım doğru mu?

Norma Razon: Hayır, hayır değil. Çocukerkil aile, yaşamın çocuğa göre düzenlendiği bir aile demek, çocuktan başka hiçbir aile bireyinin haklarının ve ihtiyaçlarının dikkate alınmadığı, çocuğun yönettiği bir aile demektir ki bu asla kabul edilemez. Çocuğun söylediği her şeyin yapıldığı, çocuğun istediği her şeyin alındığı, anne babanın çocuğun etrafında pervane olduğu, anne babanın kuralları koymadığı ve sınırları belirlemediği ailede kaos, kargaşa, mutsuzluk ve güvensizlik egemen olur. Çocuk da ergen de güveneceği, sırtını dayayacağı bir ebeveyne ihtiyaç duyar, kendi yönettiği bir ebeveyne değil. Çocuk bağımsız olmak, anne babadan ayrışmak gereksinimi duyar, anne babaya bağımlı olmak değil. Çocuk kendine ve ailesine güvenmek ister, anne babasının güçlü olduğunu görmek ister, ancak o koşullarda onlara güvenebilir, kendine güvenebilir. Aileyi bir gemiye benzetirsek, anne babanın kaptan olmadığı, dümeni çocuğa kaptırdığı ailede, gemi karaya oturur. Kavga ve bağrışmanın en aza indirgendiği, disiplin kurallarının ve eğitim ilkelerinin anne baba tarafından belirlendiği, çocukerkil olmayan ailede, karşılıklı anlayış, ilgi, sevgi, saygı ve güvenin var olduğu ortamda çocuklar muhakkak ki daha iyi yetişeceklerdir.

129 Ergenlik dönemi stresli geçmek zorunda değil

Ergenlik dönemi çocuklarında küfür, kötü alışkanlıklar gözlemliyoruz. Sebebi nedir, ne yapılmalıdır?

Özgür Bolat: Duygularını ifade edemeyen insanlar bir şiddet biçimi olarak sürekli küfür eder. Bunu anlamak çok önemli! Çocukların kendi duygularını ifade etmesine anne babaları izin vermezse çocuk küfür etmeye başlar. Dolayısıyla çocuklara yapabileceğimiz en büyük iyilik onları dinlemek, duygularını ifade edebilmelerini sağlamaktır. Bu durumda çocuk ergenlik döneminin kaçınılmaz duygu devinimi kolay yönetebilir ve bu dönemi çok daha az stresli geçirebilir.

Norma Razon: Ergenlik öncesi dönemde çocuklar hayvan sevgisine, ağaçlara, doğaya daha düşkünken ergenlikle daha hoyrat olabiliyorlar. Küfürlü de konuşabiliyorlar. Bu hem kendini ifade edememekten kaynaklanıyor hem de 'büyükler gibi olma' arzusundan. "Büyüdüm, ben de yetişkinler gibi küfür edebilirim" diyorlar. Sigaraya da bu dönemde başlayabiliyorlar. Kaba ve saygısız davranabiliyorlar. Ergenler küfürlü konuşmayı, sigara içmeyi, saygısız davranmayı, bir güç ve büyüme simgesi gibi görebiliyorlar. Kafa tutmak, tartışmak, sinirlenmek, öfkelenmek, hak aramak, kavgada yer almak gibi tutumlar hayatının merkezine oturuveriyor çocuğun ergenlik döneminde.

Peki, nasıl çözülür bu durum?

Norma Razon: Fark ettirerek. Anne baba küfürlü konuşmalardan hoşlanmadığını vurgulamalı, aşırı tepki vermemeli, küfür etmeyerek örnek olmalı, çocuğuna saygılı davranmalıdır. "Aaa ne kadar ayıp. Çok çirkin!" diyerek değil de neden küfür etmeye ihtiyaç duyduğunu araştırarak. Çocuğu ile sevgi ve saygıya dayalı bir iletişim içinde olmak, iyi ilişkiler kurmak, karşılıklı duygu paylaşmak, ona verilen değeri hissettirmek, ara sıra doğrudan sapmalar olsa da ergenin doğru yolu bulmasını sağlayacaktır

130 Dayakla disiplin olmaz

Modern ebeveynlikte dayağın ailede yeri yok ama geleneksel ebeveynlikte hâlâ evde şiddet gören çocuklar var...

Selçuk Şirin: Dayak bir disiplin yöntemi olamaz. Bu cümlenin altına ekleyecek başka bir şey yok. Dayak atmayın! Attığınız her dayak fiziksel şiddet olarak ya size ya sevdiklerinize geri gelecek. Ayrıca dayak yiyen çocukların beyin bölgelerinde ciddi tahribatlar oluştuğunu ve bu tahribatın da o çocukların zihinsel ve duygusal gelişimine ciddi anlamda ket vurduğunu unutmayın. Burada şu soruları sormak gerekiyor: Çocuğunuzun davranışlarını ne kadar disiplin altında tutuyorsunuz? Çocuğunuza ne kadar destek oluyorsunuz? Bu iki soruya verdiğiniz yanıt sizin ebeveynlik tarzınızı belirliyor. Kimi disiplini aşırı tutup desteği önemsemiyor. Kimi ise sevgi ve desteği aşırı gösterip disiplini az tutuyor. İdeal olan disiplini de desteği de duruma göre, çocuğun mizacına göre belirlemek. Yani esnek ebeveynlik.

Nedir esnek ebeveynlik?

Selçuk Şirin: Eskiden çocukları disiplin altına almak denince akla ilk gelen yöntem dayak yani fiziksel şiddet idi. Son yıllarda dayağın hayatımızdan çıkmasıyla birlikte fiziksel şiddetin yerini mola tekniği almaya başladı. Davranışçı psikolog Skinner tarafından ortaya atılan bu teknikte amaç çocuğun yaptığı hoş olmayan bir davranışın bir daha olmasını engellemek. Bunun için de çocuk olumsuz bir davranış sergilediğinde bulunduğu ortamdan uzaklaştırılıp kendisi için pek de hoş olmayan bir ortamda bulunmaya zorlanıyor. Zorunluluk burada anahtar kelime; zira eğer mola çocuğun zaten arzu ettiği bir ortamda geçiyorsa o vakit öğretici olmaktan çıkıyor. Mola çocuk yetiştirmede çok yaygın kullanılıyor ama bu tartışmalı bir kavram olduğu gerçeğini değiştirmiyor. Ancak doğru ve yerinde kullanıldığında çocuk yetiştirmede pozitif bir yeri olabilir. O halde mola iyidir ya da kötüdür demek yerine molanın doğru ve yanlış kullanımı vardır diyebiliriz.

Mola tekniğinde neler önemli?

Selçuk Şirin: Amaç çok önemli! Mola salt bir ceza taktiği olarak kullanıldığında çocuk için sonuçları iyi olmayan bir teknik oluyor. Ancak mola eğer bir öğretme, yol gösterme, problem çözme tekniği olarak kullanılıyorsa o vakit faydalı olabiliyor. Aynı şekilde eğer ebeveyn olarak biz kendi stresimizi azaltmak için mola veriyorsak bu durumda yanlış bir şey yapıyoruz demektir. Çünkü amacı dışında ve sıklıkla kullanılan mola tekniği bir süre sonra çocukta kalıcı hasara neden olup onları hem daha öfkeli yapıyor hem de onlara yalnız olduğu ve sevilmediğini hissettiriyor. Özellikle çok erken yaşlarda, çocuğun idrakinin tam yerleşmediği zamanlarda verilen mola faydadan çok zarara, ebeveyn çocuk ilişkisinde tamiri imkânsız hasara yol açabiliyor. Unutmamak gerekiyor ki, çocukların cezaya değil açıklamaya ihtiyacı var! Neden molaya gönderildiği, çocuğa anladığı bir şekilde açıklanmalı. Eğer çocuk niçin molaya gönderildiğini bilmiyorsa yanlış bir şey yapıyorsunuz demektir. Çocuk nerede ve hangi süreyle molada olacağını bilmeli. Aklımızdan çıkarmamakta yarar var, amaç çocuğa yaptığı şeyin yanlış olduğunu düşünecek kadar süre vermek.

131 Hedefiniz anlamlı, coşkulu bir yaşam olmalıdır

Bir insan neden dünyaya gelir? Neden yaşar? Çocuklar ve anne babalar bu soruların yanıtlarını arıyor mu?

Doğan Cüceloğlu: Değerler çok önemlidir. Değerler, sağlıklı ve barışçıl bir yaşamın emelidir. Birey, aile, şirket ya da bir toplum olarak sağlıklı kalmanın, güçlü ve anlamlı bir yaşamı sürdürebilmenin temelinde değerler yatar; bireyin, ailenin, toplumun yaşadığı ve yaşattığı değerler. Bu durum hayatın her alanında böyledir. Örneğin bilim ve teknolojide üretken olmanın altında da bilimsel düşüncenin temelindeki değerler vardır. Bilimsel düşüncenin temelindeki değerleri, anne babalar ailede ve öğretmenler sınıfta yaşatıyor olmalıdır. Bir insanın hedefi anlamlı, coşkulu bir yaşam olmalı. Anlamlı, coşkulu bir yaşam için de şu değerlerin oluşmuş olması gerekiyor:

- **Bir'in değeri:** Yani her bir çocuğun insan olarak eşit değerinin olması... Yaşı, cinsiyeti, görünüşü ne olursa olsun...
- **Empati kurma yani halden anlama becerisi:** Anne baba çocuğun halinden anlayacak, çocuk da onların... Sonrasında bu tüm insanlara yayılacak.
- **Merak etmek, soru sormak, konuşmak özgürlüğü:** Merak etmek, doğuştan gelen bir içgüdümüz ve bilgilerin de tohumu. Bu isteği söndürmemek, aksine yeşertmek gerekiyor ki, ilerleme oluşsun.
- **Sınırlar ve sorumluluklar:** Biz bir ekibin parçayız, yani ben değil 'biz'iz ve biz 'hepimiz'i oluşturur. Yani kişinin büyük resmi geliştikçe hayatının tüm yönleri birbiriyle ilişki içine girer.
- **Değer olarak temizlik ve sağlık:** Sağlık ve temizlik sorunlarına baktığımızda şikâyetler görüyoruz. Obezite artıyor, sigara içenlerin sayısı artıyor, mikroplar artıyor. Demek ki toplumun sağlığı bir değer olarak yaşamasında yetersizlikler var.
- **Bir değer olarak 'şimdi ve burada' geçmiş ve gelecek dengesi:** Çocuklara bu değeri fark ettirmek çok önemli. 'Şimdi ve burada'nın içinde geçmiş ve gelecek gizil olarak vardır. Yaşları ilerlemiş insanlara baktığımızda sık sık hatıralarından söz ettiklerini görürüz. Dolayısıyla değişik öykü ve olaylardan yararlanarak sohbet ilişkisi kurmak çocukların geçmiş ve gelecek farkındalıklarını geliştirmek gerekiyor.
- **Bir değer olarak güven:** Şunu unutmamak gerekiyor ki, insan ilişkilerinde güven, ilişkinin temelini oluşturur.
- **Sevgi, saygı, dostluk ve işbirliği:** Sevgi olmayan ailelerde ilişkiler zedelenip yok olmaya mahkûmdur. Sevgi, saygı, dostluk ve işbirliği çocukların potansiyelini tümüyle geliştirmelerini sağlar.

- **Sabır, sebat etmek ve azim göstermek:** Bu kavramlar bir değer olarak ele alındığında ilişkilerin geliştirilmesine kaynaklık ederler.
- **Bir değer olarak özdenetim:** Yani, yaşamında kendin olarak var olmak.
- **Bir değer olarak vatanseverlik:** Yani, içinde yaşadığın vatanı bir değer olarak kabul etmek, vatana karşı sorumluluk hissetmek ve şükür duygusu içinde olmak.

132 Ergen çocuklar sinirli değil, gergin olur

Ergen çocuklar sinirli midir?

Arzu Yükselen: Sinirlilik doğru bir tanımlama olmaz. Zaman zaman gergin ama genellikle de 'atarlı' olurlar. Ergenlik dönemindeki bir kriz anında çatışmaya izin vermemek gerekiyor. Bu, stresi tırmandırmaktan başka bir işe yaramaz. Yani, çocuk bağırıyor, anne bağırıyor dolayısıyla bu bağırma ortamında kimse birbirini duymaz ve bu durum herkesi çıkmaz yola sokar. Zaten dikkat ederseniz ergen bireyler de bu konuda ipuçları veriyorlar. "Sen bana bağırıp çağırdın ama ben bundan hiç hoşlanmıyorum, zaten hiçbir işe de yaramıyor ama sen sakinken benimle konuştuğunda ben daha iyi anlıyorum seni" diyor annesine babasına... Burada da anne babanın çocuğunu iyi gözlemlemesi gerekiyor. Çocuklar gergin olduğu anlarda her şeye karşı gelebiliyorlar. Örneğin masaya oturup yemek yemiyor, ödevini yapmıyor, odasına kapanıp saatlerce içeriden çıkmak istemiyorlar. Böyle davranışlar sergilediğinde "Şimdi gelmek istemiyor musun? Tamam, ama daha sonra seninle konuşmak istiyorum. Seninle paylaşmak istediğim şeyler var." şeklinde anne baba onunla konuşabilir.

Ancak pek çok anne baba "Çocuğuma söz geçiremiyorum" diyor...

Arzu Yükselen: Anne babanın bunun temelini çok küçük yaşlarda atması gerekiyor. Bu aslında doğumdan itibaren gelişen bir süreçtir. Anne baba çocuğuyla iletişim kurmaya ergenlikte başlamışsa biraz geç kalmış demektir. Ancak yine de anne babanın ortak paydada buluşabileceği konularda çocuğuyla bir araya gelmesi, sağlıklı iletişim kurması önemlidir. Düşünmesi, çocuğun mutlu olduğu anları gözlemlemesi, beraber bir şeyler yapabilmesi gerekiyor. Bir film mi seviyor, beraber izleyebilirler; bir yere gitmekten mi hoşlanıyor, beraber gidebilirler. Her zaman değil, ama zaman zaman bu yaklaşımı sergileyebilirler. Böylece gerginleşen ortam yumuşar, yeniden iletişim kurulur ve olumlu hale gelebilir

133 Ergenlik dönemi aşılarını ihmal etmeyin

Ergenlik döneminde yapılması gereken aşılar var mıdır?

Fatma Kırcı: Ergenlik dönemine rastlayan iki aşı vardır: Biri 10-14 yaş arası yapılan karma aşı (difteri/tetanoz/boğmaca), diğeri ise henüz zorunlu aşı takviminde olmayan, 9 yaşından sonra yapılması önerilen HPV aşısı. Bu ikinci aşı HPV virüsünün yol açtığı rahim ağızı kanserine karşı koruyuculuk sağlar. Bunların dışında eğer çocukluk dönemine ait eksik aşıları varsa bu dönemde tamamlanmalıdır.

134 Sınavlar hayatın sonu değildir

Neden neredeyse bütün anne babalar çocuklarının 'süper zekâ' olduğunu söylüyor? Neden sınavlar için çocuklardan daha çok hevesliler? Bu nelere sebep olur?

Sunay Akın: Bu çok önemli bir konu. Biz çocuklarımızın mutluluğuna, iyiliğine odaklanmak yerine onun notlarına odaklanıyoruz. Bu da gerçek olanı görmemizi engelliyor. Bu durumu hayatımdan bir örnekle açıklamak isterim: Oğlum Ozan'ın okuduğu okul dere yatağındaydı. 1999'da 17 Ağustos depremi oldu. O sırada "İstanbul depremi bekleniyor" haberleri havada uçuşuyor. Elbette ki, İstanbul fay hatlarının geçtiği bir yer. Her an deprem olabilir. Oğlum o yıl ortaokul son sınıftaydı. Mezun olup sınavlara girecekti. Okulda veli toplantısı oldu. Veliler, öğretmenlere sürekli olarak çocuklarının sınavlara nasıl hazırlandığını, kazanma şanslarını soruyorlar. Ben ise bambaşka bir şey sordum.

Dedim ki, "Okulunuz dere yatağında. Bu okulu bu dere yatağından ne zaman kurtaracaksınız?" O velilerin hepsi bana nefretle döndü ve "Bizim çocuklarımız mezun oluyor, buradan gidiyoruz. Bizim için önemli olan sınavlardaki başarılarıdır" dediler. Kendimi bir an da zombilerin kenti bastığı bir filmin sahnesinde gördüm. Ne yani? Bizim çocuklarımız bu yıl okuldan gidiyor, peki ya geri kalanlar ne olacak? Yani biz gidelim de bina yıkılsa da olur yıkılmasa da olur? Korkunç bir düşünce bu! Eğitim sistemi anne babaları ne hale getirmiş görüyor musunuz? O anne babaların kabahati değil bu, onları zombileştiren, duyarsız bir noktaya getiren bu eğitim sistemidir. Anne babalar da burada birinci derece suçlu değil, suçlu olan eğitim sistemidir. Eğitim sadece çocuklara verilmiyor, anne babaları da bu hale getiriyor. Sınavlar değil önemli olan, çocuklar, onların hayalleridir geleceğimizi aydınlatan!

135 Arkadaşlarıyla faaliyet yapmasına izin verin

Çocuklar her zaman ailece vakit geçirmek istemeyebiliyor...

Arzu Yükselen: Çok olağan bir tepki bu. Ergen birey büyüyor ve haklı olarak yeni çevreler arıyor. Kendini anlayabileceği, yanında rahat olabileceği, birbirinden ilginç konuları konuşabileceği bir akran çevresinde olmak istiyor. Kendinden küçüklerle veya kendinden büyüklerle vakit geçirmek istemeyebiliyor. Bu konuda anne baba olarak anlayışlı olmak gerekiyor. Yani çocuk "Koskoca insan oldum hâlâ seninle mi sinemaya gideceğim?" diyor annesine. Bu süreçlerde çocuğa izin vermek, onun arkadaşlarıyla da zaman geçirmesine fırsat tanımak gerekiyor. Öyle önemli bir süreç ki bu. Bu sayede çocuklar içlerindeki enerjiyi atabiliyorlar. Anne ve baba bunu sağladığında, çocuk onlarla vakit geçirdiğinde de keyif alacaktır. Dolayısıyla bu süreçte anne baba bir köprü olmalı. Zaman zaman abisi veya ablası, zaman zaman da kuzenleri çocukla iletişimde köprü vazifesi görebiliyor. Önemli olan her zaman iletişim. İletişimi kurduğumuzda sonrası kendiliğinden gelir.

136 Öğretmenin karşısında 'öğrenci' yoktur, 'potansiyel' vardır

Çocukların hayatının büyük bölümü okulda, öğretmen karşısında geçiyor. Öğretmenler nasıl yaklaşmalı çocuklara?

Doğan Cüceloğlu: Öğretmenlerimiz gizil bir güce sahipler, ama bunun farkında değiller. Öğretmenin gizil bir gücü vardır. O gizil gücün farkına varırsa, öğrenciye de öğrenci olarak bakmaktan çıkar ve onu bir evren, bir potansiyel olarak görür. Gizil güç fırsat verildiği zaman ortaya çıkar, fırsat verilmezse hiç yokmuş gibi farkına varılmadan çeker gider. Gizil güç ipuçları verir, her çocuğun farklı özelliklerini yakalar. Meselâ bir çocuğa bakarsın, üç yaşında ama topu öyle bir ele alışı vardır ki, onda spor kabiliyeti olduğunu görür bir öğretmen. Bir başka çocuğun sesini iyi kullanabildiğini görür, yönlendirir. Çünkü öğretmenlik bir bilgi meselesi değildir. Öğretmenlik bir varoluş meselesidir, bir niyet keşfetme meselesidir. Her insan soru sorma potansiyeline sahip olarak, merakla doğuyor. Bir merakı giderildiğinde merak ettiği yeni bir şeyi araştırmaya başlıyor. Yani yaşamın doğasını keşfetmek için bir yolculuğa çıkıyor. Biz onun doğuştan gelen bu özelliklerini açığa çıkartarak, o potansiyele destek olmalıyız. Her çocuk ayrı bir potansiyeldir. Bu nedenle öğretmen kalıplayan değil, geliştiren bir tutum içinde olmalıdır. Denetim odaklı korku kültüründe, eğer öğretmen geçmişin etkisi altındaysa çocukları notla korkutur, ödevle korkutur, "Eğer derslerini yapmazsan seni ailene şikâyet ederim" der. Bu, tehditle onun davranışını biçimlendirmeye çalışan korku odaklı bir yaklaşımdır. Oysaki gelişim odaklı değerler kültüründe çocuğun gizil gücünü hissetmek, ona yatırım yapmak vardır. Eğer öğrencinin aklı, varoluşu gerçekleşirse çocuk ona uygun davranışı zaten yapar. Böylece başkasının gözünde hesap veren biri olmaktan ziyade, kendi gözünde hesap veren bir insan olur. Yanında hiç kimse olmasa bile, doğru olanı yapmaya başlar, güvenilen insan olur. Güvenilen insanlardan oluşan toplumun müthiş bir sermayesi vardır. Buradaki temel konu hangi temelleri atacağımızdır.

Anne baba ve eğitimcilere önerileriniz neler?

Doğan Cüceloğlu: Anne babalara sesleniyorum: Bugünden sonra çocuğunuza "Kaç aldın, neden yüksek puan almadın, neden ikincisin de birinci olamadın" demeyi bırakın! Ona söylememiz gereken "Elinden gelenin en iyisini şevkle yaptın mı?" sorusudur. Eğer öyle ise o çocuk başarılıdır. Öğretmen ise yargılayan, kalıplayan kişi olmak yerine yüreklendiren, heveslendiren kişi olmalıdır.

137 IQ veya zekâ testlerine değil, çocuğun potansiyeline odaklanın

Zekâ testleri mi önemli çocuğun potansiyeli mi? Hayatta başarılı olmanın sırrı nedir?

Arzu Yükselen: Anne babalar çocuklarının diğer çocuklardan çok daha farklı, çok daha iyi hatta çok daha zeki olduğunu görme eğilimindeler. Elbette bazı çocuklar diğerlerinden daha farklı özellikler gösterebiliyor daha zeki olabiliyor ancak her çocuğun bu şekilde algılanması onun aslında ne gibi özelliklerinin olduğunu algılamamızın önüne geçebiliyor. Öncelikle çocukların zekâ düzeylerinden çok içinde bulundukları yaşa uygun gelişim özelliklerine sahip olup olamadığını öğrenmemiz gerekiyor. Çünkü sağlıklı gelişen bir çocuk için bu son derece önemlidir. Çocuğun sağlıklı gelişimi ve buna bağlı olarak mevcut potansiyelinin ne olduğunu görmemiz ve bu doğrultuda çocuğu desteklememiz daha doğru bir yaklaşımdır. Örneğin, hiçbir sağlık sorunu olmadığı halde kendi başına giyinip soyunamayan bir çocuğun zekâ puanının çok yüksek olması tek başına yeterli değerlidir. Çocuğun mevcut potansiyeline ilgi duyduğu alanlara yeteneklerine odaklanmak ve hiçbir şekilde diğer çocuklarla karşılaştırmamak mutlu, kendisiyle barışık ve toplumsal olarak uyumlu çocukların var olmasında son derece önemlidir.

138 Sigara, alkol ve uyuşturucu konusunda onu bilgilendirin

Ergenlik döneminde kimi çocukların sigaraya ve alkole de başladığını gözlemliyoruz...

Arzu Yükselen: Çocukların sigara, alkol, uyuşturucu bağımlılığı daha çok bu dönemde başlıyor. Bu tarz alışkanlıklarını genelde arkadaşlarından öğreniyorlar. Ailelerin, çocuklarının bu tarz şeyler kullanan arkadaşlarının olup olmadığını erken dönemde keşfetmeleri lazım. Çocuğun arkadaşlarını tanımak çok önemli. O çocukların aileleri ile bir araya gelmek lazım bu süreçte. Böylece çocuğunuzun neleri alışkanlık edinebileceğini görebilirsiniz. Üstelik bu, anne babaların sadece kendi çocuklarını korumaları için değil, diğer çocukları korumaları için de önemli. Onların anne babalarını da bilinçlendirmek gerekiyor. Toplum, böyle bir olgu! Hepimizi kapsıyor. Bu çok önemli! Çünkü ergenlik öncesinde rol model anne baba iken, ergenlikle birlikte rol model arkadaşları olmaya başlıyor. "Arkadaşım sigara içiyor ben de içeyim" demeye başlıyor çocuk. Sosyal içicilikle başlıyor bu gibi alışkanlıklar... Eğer anne baba çocuğunun girdiği ortam hakkında bilgi sahibi oluyorsa, onu takip edebiliyorsa çözüm çok daha kolay olabiliyor. Ancak anne ve baba, çocuğu takip edeceğim derken hafiyecilik de yapmamalıdır. İyi etkileşimde bulunduğu arkadaşlarıyla ve aileleriyle tanışabilir, çocuğunun gittiği mekânlara o yanlarında yokken gidebilir. O ortamlar, kişiler ve mekânlar hakkında bilgi sahibi olabilir. Bilgi sahibi olduğunda çok daha kolay bir şekilde çözüm üretilecektir.

139 Hobiler, çocukları kötü alışkanlıklardan korur

Çocukları kötü alışkanlıklardan korumak için neler yapmak gerekir?

Norma Razon: Yaptığımız gözlemler bize gösteriyor ki, hobiler çocukları kötü alışkanlıklardan koruyor. Özellikle okul öncesi dönemden itibaren çocukların gözlenerek, sevdikleri, ilgi gösterdikleri alanlarda ilerlemesi, onların ergenlik dönemini çok daha kolay geçirmesine katkı sağlıyor. Eğer bir çocuk, ergenlik öncesinde bir takım sporuyla tanıştıysa, bir müzik aleti çalmaya başladıysa, yani bir hobisi varsa ona odaklanıyor; gerçek hazzı yaşıyor, keyif alıyor, böylece ergenlikte kötü alışkanlıklarla daha az zaman bulabiliyor. Örneğin gitar çalan bir çocuk, birkaç arkadaşla küçük bir orkestra kurmuş olan ve sürekli provaları olan bir ergen, bilgisayar oyunlarının ağına daha az düşüyor. Örneğin ekip sporu yapan bir ergen kondisyonunu korumak istediğinden sigaraya ve alkole daha az yöneliyor. Bu nedenle çocukların bir hobisinin olması çok önemli.

140 Farklı sosyal yapıdaki yaşıtlarıyla iletişim kurmasına fırsat tanıyın

Günümüz çocukları birbirine benzeyen insanların ortamlarında büyüyor. Bu nelere yol açar?

Sunay Akın: Kentler öyle bir hale geldi ki, insanlar adeta barbarlaştılar. Eskiden her yerde fabrikalar vardı, şimdi onların yerlerinde alışveriş merkezleri var. Yani üretmiyoruz, tüketiyoruz. Kentler yanlış mimari planlarla değişti, zorlaştı ve yozlaştı. Örneğin benim çocuklarım ergenlik çağını, kendi sosyal yapısındaki çocuklarla geçirdiler. Aynı ekonomik düzey, aynı sosyal ve kültürel anlayış içerisindeydiler. Ama biz öyle büyümemiştik. Ben çocukluk çağımda İstanbul'da Selimiye İlkokulu'nda, ergenlik çağımda ise Haydarpaşa Lisesi'ndeydim. Benim sınıfımda babasının petrol istasyonu olan arkadaşım da vardı, babası pazarda terlik satan arkadaşım da vardı. Benim çocukluğum ve ergenliğim böyle geçti. Kimsenin bana bir şey söylemesine, anlatmasına gerek yoktu. Çünkü ergenlik çağında, arkadaşlarımın ailelerinin sosyal ve kültürel yapıları, koca bir ansiklopediydi. Ben o ansiklopediyi okudum, ama benim çocuklarım okuyamadı. Şu anda sözünü ettiğin o çocukların hiçbiri bu bilgiyi alamıyor, mesele burada! Öyle sağlıksız kentler kurduk ki, yani öyle imla hatalarıyla dolu ansiklopediler bastık ki, o ansiklopedileri okuyanlar okumaktan soğuyor; kentleri işte bu hale getirdik! Haydarpaşa Lisesi'ndeyken benim sıramın arkasında Ahmet diye bir arkadaşım otururdu. Bir gün gelmedi, "Hastalanmıştır" dedik, ikinci gün gelmedi "Hâlâ hastadır" dedik, üçüncü gün gelmeyince, o akşam iki arkadaşımla birlikte Ahmet'in evine gittik. Gördük ki evde bir hasta vardı, ama hasta olan Ahmet değildi, Ahmet'in babasıydı. Ahmet'in babası Üsküdar'da bir sinemada yer göstericisi olarak çalışıyordu. Babası hasta olunca işe gidemiyor, Ahmet de onun yerine işe gidip sinemanın karanlığında koltuklara ışık tutuyordu. Ertesi gün Ahmet yine okula gelmedi. Ahmet'in boş sırasındaki dersi bana hiç kimse vermemiştir. İşte biz çocuklarımızın bu bilgiden mahrum kaldığını görüyoruz. Çocuklarımıza daha iyi bir eğitim aldıracağız diye düşünerek, onları hayatın öykülerinden kopartıp tamamen aynı sosyal ve kültürel yapıdaki okullara yerleştiriyoruz. Bu, sadece çocuğumuza değil, ülkemize de yapılacak en büyük kötülüktür.

141 Evde 'yalan' sözcüğünü bile geçirmeyin

Eğer anne ya da baba çocuğunun yalan söylediğini yakalıyorsa orada nasıl bir tavır sergilemeli?

Arzu Yükselen: Her şeyden önce anne ve babanın da yalan söylememesi gerekiyor. Hatta evde yalan sözcüğü bile geçmemelidir. Yalan söylemenin kötü bir şey olduğunu anlatmak, karşılıklı güvenin önemini vurgulamak, anne baba olarak bu bağlamda çocuklarına doğru rol model olmak gerekmektedir. Çocuk yalan söylediğinde karşılaşabileceği problemli durumlar hakkında bilgi verilebilir. Arkadaşlarına, öğretmenlerine ya da içinde bulunduğu farklı ortamlardaki diğer kişilere yalan söylediğinde karşılaşacağı olumsuz tutum ve davranışların onu ne kadar zor durumda bırakabileceği örneklerle açıklanabilir. Arkadaşları tarafından dışlanabileceği, yalnız kalabileceği sosyal kabulünün zarar görebileceği gibi durumlar suçlayıcı, yargılayıcı ve cezalandırıcı olmayan bir yaklaşımla anne baba tarafından anlatılmalıdır. Anne babası tarafından demokratik ve güven verici bir tutumla ve kayıtsız şartsız koşulsuz sevgi ortamında büyüyen çocukların yalan gibi birçok olumsuz tutum ve davranıştan uzak duracağı unutulmamalıdır.

Ergen bireylerin en büyük sorunlarından biri yalan söylemek... Çocuklar yalan söylemeyi nasıl öğrenir?

Özgür Bolat: Yalan söylemek aile ile çocuk arasında bir sorunlu ilişkinin ve güven eksikliğinin bir göstergesi. Çocuklar 3 ve 3,5 yaşına kadar kendi düşüncelerinin başkalarının düşüncelerinden farklı olduğunu bilmiyor. Yani kendisi ne düşünüyorsa, başkaları da aynı şeyi düşünüyor zannediyor. Tabii ki bu durumda çocuğun kafasında yalan diye bir mefhum yok. Ancak 4 yaşından sonra çocuk kendi düşüncelerinin farklı olduğunu fark ediyor. Kendisi söylemedikçe, insanların onun ne düşündüğünü ve ne yaptığını bilemeyeceğini keşfediyor. Yani yalanın varlığının keşfediyor. Ama bu demek değildir ki çocuklar hemen yalan söylemeye başlıyor. Eskiden araştırmacılar çocukların yalanın iyi olduğunu düşündüğünü ama toplumun bunun kötü olduğunu öğrettiğini zannediyordu. Ama sonraki araştırmalar gösterdi ki durum tam tersi aslında. Çocuk yalanı keşfediyor ama yalanın kötü olduğunu da biliyor. Ama bazı durumlarda yalan söylemenin işe yaradığını ailesinden öğreniyor veya keşfediyor. Aileler o bazı durumları anlayıp önlem almazsa, çocuk yalan söylemeye devam ediyor.

Peki, nedir bu önlem?

Özgür Bolat: Çocuklar aşağı yukarı 11 yaşına kadar genelde cezadan kaçmak ya da övgü almak için yalan söylüyor. Çoğu çocuk yalan neden kötüdür sorusuna "yakalanırsan ceza alırsın" diye yanıt veriyor. Yalanın doğası hakkında çok fikirleri yok. Ama 11 yaşından sonra yalan söyleme sebepleri farklılık gösteriyor: başkalarını korumak için, kibar olmak için, kendini iyi göstermek için, arkadaşları üzerinde kontrol kurmak için. Cezayı ortadan kaldırmak yalanı önlemiyor. Yani, "Doğruyu söyle dövmeyeceğim, kızmayacağım!" demek boşuna. Bir araştırmada yalan söyleyen çobanın hikâyesi çocuklara anlatılıyor. Bu hikâyeden sonra çocukların yalan söylemesinde bir azalma gözlemlenmiyor. Neden? Vurgu hâlâ ceza üzerinde! Yalan söyleyen çocuğun yalanın diğer insanları nasıl etkilediğini öğrenmesi gerekiyor. Doğru söyleyen çocuğun, ailesiyle olan ilişkisinin bozulmayacağını bilmesi gerekiyor. Çocuk için önemli olan hâlâ 'kendisinin önemli olduğunu' hissetmek. Zaten yalan söylemek aile ile çocuk arasında sorunlu ilişkinin ve güven eksikliğinin bir göstergesi. Çocuk yalan değil de doğruyu söylediğinde hem ceza almayacağını hem de aile ile güven ve dürüstlük üzerine bir ilişki kuracağını bilmesi gerekiyor. Bunun üzerine vurgu yapan aileler çocuklarına dürüst olmayı öğretebiliyor.

142 Ona yardımseverliği öğretin

"Yardımsever olun" demekle kimse yardımsever olmaz. Ne yapmak gerek?

Selçuk Şirin: Evet, elbette ki bunun yolu çocuklara Osmanlı vakıf geleneğini anlatmaktan geçmiyor. Bunun yolu çocuklara köylerdeki imece hikâyeleri anlatmak da değil. Yardımseverlik yaparak, yaşayarak öğrenilen bir davranış biçimi! Araştırmalar da gösteriyor ki yardımseverlik faaliyetine katılan çocuklar hem kendilerini daha iyi hissediyor hem geleceğe daha güvenle bakıyor hem de toplumsal sorunlara çok daha duyarlı oluyor.

143 Ona biyografi okutun

Çocuklara biyografi okutmak neden önemli?

Arzu Yükselen: Özellikle ergenlik çağındaki çocuklar için hayati önemde. Çünkü ergenlik çağı çocukların kendilerine modeller aradığı, zaman zaman karamsarlığa düştüğü, gelecek kaygısı ve korkusu yaşadığı bir çağ. Hayatını bir takım güçlüklerle engellerle mücadele ederek geçirmiş kişilerin biyografilerini okumaları ergen bireyler için oldukça yararlıdır. "O yaptıysa ben de yapabilirim" şeklinde düşünebilmesi için önemli olabilir.

144 Yaz tatilinde çalışma alışkanlığı kazandırın

Bizim toplumumuzda çalışan çocuğa hemen 'çocuk işçi' olarak bakılmaya başlandı. Bu doğru mu?

Norma Razon: Kırsal kesimde çocuklar yaz aylarında hala çalıştırılmakta ancak kentlerde yaşayan çocukların tatillerde, yaz aylarında çalışma kültürü maalesef ki azaldı. Eğer bir çocuğu çalıştırıp onun çok az miktardaki kazancına annesi veya babası el koyuyorsa bu 'çocuk işçilik' olur evet, ama çocuk kendi kazandığı parayı biriktirip, o para ile istediği bir şeyi alabiliyorsa bu onun için çok faydalı. Ailenin gelir durumu ne olursa olsun, çocuk yaz tatilinde bir tezgâhta çalışabilir, bir kafede çalışabilir, kendisinden küçük bir çocuğa ders verebilir, cep harçlığını kazanabilir, günlüklerini biriktirebilir, böylece hem para kazanmanın o kadar da kolay bir şey olmadığını görür hem de parasını yönetmeyi öğrenir. Bazı anne babalar "Çocuğum çalışmasın, ben çocuğunu çalıştırtıyor dedirtmem" diye yanlış algı ve düşüncelerle çocukları bu güzel alışkanlıktan alıkoyuyorlar. Bazı anne babalar tanıyorum, onlar da "Çocuğum yanımda çalışsın, ona ben para vereyim" diyor. Bu da doğru bir şey değil. Mesela, bir baba çocuğunu hafta sonlarında iş yerine getiriyor, her geldiğinde de ona 50 TL veriyor. Peki, çocuk ne yapıyor? Masada oturuyor, bilgisayarda oyun oynuyor. Baba da bununla gurur duyuyor. Bu çalışmak olmuyor ki... Çocuk bu kez "Çalışmak ne kadar kolaymış!" diyor. Madem çocuğa çalışmayı öğreteceğiz ve madem onunla gurur duymak istiyoruz, o zaman hiç olmazsa fotokopi çektirtmek, toz aldırmak, mutfağı toparlatmak, dosyaları düzenlemek gibi çok basit işler vermek lazım. Çünkü çocuk kolay para kazandığı zaman okumasına gerek olmadığını düşünüyor. Ancak etrafı görmek, çevreyi öğrenmek, paranın değerini öğrenmek; insanlar ne yapar, nasıl para kazanırlar gibi soruların yanıtı bulmak için çocukların zaman zaman kısa süreli işlerde çalışması çok yararlı. Yarın öbür gün meslek seçeceği zaman da çok faydası var bunun.

145 Dikkat eksikliği ve hiperaktivite bozukluğu

Son yılların en büyük sorunlarından biri dikkat eksikliği hiperaktivite bozukluğu... Nedir bu?

Özgür Bolat: Dikkat Eksikliği ve Hiperaktivite Bozukluğuna (ADHD) sebebiyet veren bir gen var. Araştırmalara göre, bu gene, Afrika'daki nüfusta az rastlanırken; Amerika'daki nüfusta daha sık rastlanıyor. Çünkü ADHD'ye sebebiyet veren bu gen, geçmiş zaman da Amerikalı'lara avantaj sağlamış olabilir, diyor araştırmacılar. Bu gen; riskin, yeniliğin, tehlikenin olduğu ve hareket gerektiren ortamlarda yarar sağlıyor. Çünkü bu tür ortamlarda tehlikelere karşı hareketli olmak, bir şeye takılı kalmaktansa bütün çevreyi dikkate almak daha önemli. Yani bu gen, göç eden, riskli ve bilinmedik ortamlara maruz kalan toplumlara yarar sağlıyor. Amerika kıtasına göç etmiş insanlara sağladığı gibi. Bu gen, durağan ortamlarda yaşayan insanlara avantaj sağlamıyor. Tam tersi, sorun teşkil ediyor. Okullarımızda aynı geni taşıyan hiperaktif çocuklarımız var. Durağan, öğretmen merkezli, riskin, yeniliğin, etkinliğin, hareketin olmadığı sınıf ortamında bu hiperaktif çocuklar dezavantajlı konumda oluyor. Öğrenme gerçekleşmiyor. Yani bu çocuklar ile okul ortamı arasında bir uyumsuzluk var.

Peki, çözüm nedir?

Özgür Bolat: Ya çocuğu ortama uyduracağız ya da ortamı çocuğa. Başka bir deyişle, o genin düzenlediği hormonel yapıyı değiştireceğiz ya da bulundukları eğitim ortamını. Biz ne yapıyoruz? Birincisini. Çocuğu değiştirmeye çalışıyoruz. Örneğin okulda sınıf ortamını değiştirsek, olmaz mı? Çocukların keşfederek öğrendiği, etkinlikte bulunduğu, hayatı keşfettiği, yenilikçi bir ortam yaratsak, olmaz mı? Bu eğitim reformu mutlaka gerçekleştirilmeli.

146 Çocuğun dikkatini arttıran yiyecekler

Çocukların dikkatini arttıran yiyecekler var mı?

Taylan Kümeli: Elbette... Günümüz çocuklarında dikkat eksikliği ve sınavlara hazırlanma problemi var. Bu iki sorun da beyni doğrudan ilgilendiriyor. Dikkat eksikliğinin nedeni, vücuttaki nöronların bilgileri doğru şekilde iletmemesi. Biz bilgiyi protein olarak depolarız. Eğer çocuk sağlıklı protein alırsa, Omega 3 kaynağını doğru kullanırsa ve Omega 3'ü aktif hale getirebilirse, vitamin ve mineralleri de doğru alırsa, zaten dikkat eksikliği sorununu belli bir şekilde çözebilir. Örneğin ben çok yaramaz bir çocuktum. Duvarlara tırmanırdım adeta... Ancak benim ailem "Biz bu çocuğa çok balık yedirelim, fosfor ve Omega 3 iyi gelir" dedi. Bu, çok doğru bir teşhis. Çünkü bir çocuğun beynini kuvvetlendiren ilk yiyecekler Omega 3 kaynağını barındıran yiyeceklerdir. Balık, badem, ceviz, fındık gibi... Ancak bu yiyeceklerin belli ölçülerle verilmesi gerekir. Meselâ bir ceviz 10 fındığa, 6 kajuya ve bir avuç yer fıstığına eş değerdedir. Yani ceviz öyle keyfe keder yenilecek bir şey değildir. Yumurta ve Omega 3 ile zenginleştirilmiş sütler, B grubu vitaminin yoğun olduğu hayvansal gıdalar (et, organik tavuk, hindi vb.) beyin için çok önemlidir. Dikkat eksikliği ve hiperaktivite sorunu olan çocuklar bu gıdalarla beslenirse, bu gıdaları da posalarla desteklerse önemli ölçüde bu sorunları çözecektir. Meselâ bir ızgara, organik tavuğun yanına haşlanmış brokoli eklenirse, brokolideki magnezyum ile bu eksiklikleri çok güzel bir şekilde tamamlayacaktır. Güzel bir köftenin yanına haşanmış barbunya eklenirse aynı şekilde çok sağlıklı bir öğün tamamlanmış olacaktır, çünkü barbunyanın içindeki proteinlerle köftenin içindeki proteinler beynimiz için pozitif etki yapacaktır. Şunu unutmamak gerekiyor ki, beyni güçlendiren gıdaların özünde protein vardır.

147 Hazır yiyeceklere değil, sağlıklı olanlara yönlendirin

Çocuklar 'fast food' olarak adlandırılan hazır yiyecekleri çok seviyor. Ne yapmak gerekir?

Taylan Kümeli: Çocuğa nasıl bir hazır yiyecek yedirdiğimiz önemlidir. Örneğin, okulda beyaz ekmekten yapılmış içinde yağlı kaşar peynirinin olduğu, sosis veya salam gibi malzemelerin olduğu bir sandviç çocuk için çok zararlıdır. Ancak tahıllı bir ekmeğin içine konulmuş güzel bir beyaz peynir, olgunlaşmış avokado, marul ve mevsim sebzeleriyle hazırlanmış bir sandviç yanında bir bardak ayran ile çok güzel bir öğün olabilir. Çocukların hayatında salata olmalı. İçinde şeker barındıran ambalajlanmış gıdalar yerine kuru meyve ve fındık fıstık yemeleri de son derece sağlıklı olacaktır. Çocuklara sağlıklı olanı öğretmek, onları tatlardan soğutmadan istediklerini de vererek son derece güzel yiyecekler ve lezzetli öğünler geçirilebilir.

148 Ergenlik döneminde kilo almasına engel olun

Ergen bireyin sağlıklı gelişimi için hangi besinleri tüketmesi gerekiyor?

Taylan Kümeli: Ergenlik dönemi, çocukların kalori tüketimlerinin dikkatle izlenmesi gereken bir dönemdir. Eğer besin seçimlerine dikkat edilmezse kilo fazlalığı ve obezite sorunu ortaya çıkabilir. Ergen bireyler yüksek kalorili hazır gıdaları tüketmeye çok yatkındırlar. Bu dönemde bilgisayar oyunları oynamaya, televizyon programlarını izlemeye, telefonla veya tabletle vakit geçirmeye oldukça eğilimlidirler. Bu durum onların hareketsiz kalmasına ve kilo almasına sebep olur. Ergenlik döneminde kilolar kontrol altına alınmazsa, gelecekte de sorun olmaya devam edebilir. Eğer anne baba aşırı kiloluysa, şeker hastalığına yatkınsa veya genetik bir kilo fazlalığı sorunu yaşıyorsa, çocuklarının tükettiği besinlere karşı daha dikkatli olmalıdır.

149 Onu okula 'meslek sahibi olsun' diye göndermeyin

Günümüz anne babalarının çocuklarını meslek sahibi olsun diye okula gönderme eğiliminde olduğunu görüyoruz. Bu doğru bir yaklaşım mı?

Sunay Akın: Biz çocuklara okulda okumaları için ders kitapları veriyoruz. Tarih kitapları, sosyal bilgiler kitapları, edebiyat kitapları... Ancak bir yıl içinde o kitabı okuyan kişi sayısı çok az. Oysaki çocuklara onları eğitmek, bilgi vermek için hazırlanan bu kitapları okutup bir iki gün içinde geri getirtmek gerekiyor. "Öğretmenim ben bu kitabı okudum, şimdi yenisini almaya geldim" demeli çocuk. Oysaki bu böyle olmuyor. Çünkü biz aslında böyle kitaplar hazırlamıyoruz çocuklar için. Çocukların okuyabileceği, yenisini isteyebileceği kitaplar yazmalıyız oysaki... Bilgi nedir? Bilgi üretilen en büyük güçtür. Biz bu gücün farkında mıyız? Anne babalar farkındalar mı? Bizler, çocuklarımızı meslek sahibi olsunlar diye okula gönderiyorsak hayatımızın en büyük hatasını yapıyoruz demektir. Benim babam terziydi, senin baban ise döşemeciydi. İkisi de ellerine kumaş alıyorlardı. Benim babamın ya da senin babanın gözlerini bağlayıp, ellerine bir kumaş versek bize o kumaşın nasıl kullanılacağını söylerlerdi. Biri "Bu perdelik kumaş, bundan çok güzel perde olur", diğeri "Bu döşemelik kumaş, bundan çok güzel koltuk kaplanır" derdi. Bambaşka bir kumaş versek ellerine "Bundan pijama olur, bundan takım elbise olur" derlerdi. Çünkü tanırlardı. Peki, biz çocuklarımızı 6 yaşından itibaren okullara veriyoruz da 18 yaşına gelindiğinde bu çocuktan ne olacağını neden öğrenemiyoruz? Çünkü bu çocuklara hiç dokunulmuyor. Bu çocukları, yani o kumaşları tanımak için bir kez olsun dokunulmuyor. Oysaki eğitim budur. Hayata perdelik lazım, elbiselik lazım, pijamalık lazım, koltuk kumaşı lazım, hepsi lazım. Ancak bu insanlar bizim çocuklarımız, onlar hayatın her yerinde lazım.

150 Sohbet etmek için zaman ayırın

Çocuğun kişilik gelişimine anne babanın, öğretmenin, amcanın, komşunun daha çok katkı sağlaması için neler gerekir?

Doğan Cüceloğlu: Sohbet gerekir. Göz göze gönülle yapılan sohbet. Her gün en azından 15 dakika çocukla sohbet için aman ayırılmalı. O sohbette ise çocuğa şu sorulmalı: "Bugün öğrendiğin yeni bir şeyler oldu mu? Eğer öyleyse bana da öğret..." Her gün mutlaka yeni bir Türkçe sözcük. "Oğlum, kızım bir yeni kelime öğren bana da öğret." Örneğin çocuk 'mücevher' sözcüğünü bilmiyorsa öğrensin, bugünün kelimesi o olsun. "Mücevher gibi bir çocuksun, mücevher gibi kalbin var." Her gün bir kelime ayda otuz kelime yapar. Bu, çocuğun düşünce evrenini de geliştirir, soru sorma becerisini de kuvvetlendirir, anne baba ve çocuk arasındaki iletişimi de güçlendirir. Sohbetin çok büyük artıları vardır. Herkes sohbet içinde olmalı, iletişim içinde olmalı...

151 Çocuklara öğretmeniz gereken beceriler

Dünya değişiyor, her geçen gün yeni teknolojiler, yeni düşünce biçimleri hatta yeni meslekler ortaya çıkıyor. Geleceğin insanlarının sahip olması gereken beceriler neler?

Selçuk Şirin: Biz, çocuk eğitimi meselesine sadece çocuklarımızı geleceğe hazırlamak için değil, aynı zamanda ülkemizi de geleceğe hazırlamak için de eğilmeliyiz. Ülkelerin rekabet koşullar belli! Harvard Innovation Lab'de öğrenme ve eğitim üzerine kafa yoran Toni Wagner "Global Achievement Gap" adlı çalışmasında küresel ekonomide başarılı olabilmek için 7 temel beceriye sahip olunması gerekir, diyor. Artık pek çok eğitim sisteminin benimsediği 7 küresel beceri şunlardan oluşuyor: Eleştirel düşünme, işbirliği, zihinsel çeviklik ve esneklik, inisiyatif alma, sözlü ve yazılı iletişim, veri analiz ve tahayyül!

» **Eleştirel düşünme ve problem çözme becerisi:** Eleştirmeden, itiraz etmeden yeni bir ürün, hizmet ya da fikir ortaya koyamazsınız! Var olanı olduğu gibi kabul eden birinden, her şeye evet diyen birinden ne mucit olur ne de kâşif. Katma değere dayalı yeni ekonomik üretim yarışında okulların yapması gereken var olanı eleştiren, eski sorunlara yeni çözümler üreten bireyler yetiştirmek. Okullarda eleştiri ve itiraza sınır koymak demek, bu çağda, sefaleti kabul etmek demektir. Öyle olmasaydı OECD gibi kalkınma odaklı bir kuruluş 'eleştirel düşünme ve problem çözme becerisi' adlı bir testle tüm üye ülkelerdeki gençleri ölçer miydi? Evet, itiraz da ekonomik bir girdi artık...

» **Hayatın farklı katmanları arasında işbirliği kurma becerisi:** Hayatımız her gün biraz daha karmaşıklaşıyor. Göçlerle, küresel ısınma gibi doğal afetlerle ve tabii ki sosyal paylaşım ağları gibi küresel bağlarla hayatımız her zamankinden daha fazla birbirine eklemlenmiş durumda. O nedenle farklı katmanlar arasında işbirliğini arttırmak her zamankinden daha hayati bir ihtiyaç. Önümüzdeki dönemde farklı kültürlerden ve hayatın farklı katmanlarından gelen bireyler arasındaki işbirliğini arttıracak kişilere ihtiyacımız her zamankinden fazla olacak. Türkiye gibi zaten kendi içinde ciddi toplumsal güven krizi yaşayan bir toplumda bu beceri ayrı bir aciliyet taşıyor. Herkesin kendi toplumsal katmanı içine sıkıştığı bu girdaptan kurtulabilmemiz için başta okullarda olmak üzere çocuklarımıza işbirliği becerisini kazandırmamız gerekiyor. Hem ekonomik hem beşeri bir aciliyet bu.

» **Zihinsel çeviklik ve esneklik:** Tek bir meslekle bir ömür geçirmek artık tarih oldu. Meslekler de bireysel ilgiler de hızla değişiyor. Bugün doğan bir çocuk en az üç meslek değiştirecek ve bugün var olan mesleklerin önemli bir kısmı o çocuk iş hayatına başladığında ortada olmayacak. Teknolojinin bu kadar hızla değiştiği bir çağda bu değişen hayata hızlı ve uyumlu bir şekilde müdahil olmak ayrı bir beceri! Ben bu beceriye zihinsel esneklik diyorum, Wagner ise çeviklik demiş. Tek bir fikre sonuna kadar bağlananların, fikir değiştirmeyi bir nevi ezniklik olarak görenlerin çok zor elde edebileceği bir beceriden söz ediyoruz. Bizim biraz da sınav sistemi ile beslenen 'tek bir doğru' hastalığımız çocuklarımızın zihinsel çeviklik ve esneklik becerisi kazanmasının önündeki en büyük engel. Ama eğer başta okullarda çocuklarımıza hayata yaklaşırken bu zihinsel çevikliği kazandıramaz isek, geçmişte çakılı kalmış bireylerle yeni ekonomide rekabet etmemiz mümkün olmayacak.

» **İnisiyatif alma ve girişimcilik:** Aslında Mevlana bu beceriyi en güzel şekilde anlatmıştı, "Dünle beraber gitti, cancağızım, ne kadar söz varsa düne ait. Şimdi yeni şeyler söylemek lazım." Yeni şeyler söyleyebilmek için yeniliklere açık olmamız, bunun için de inisiyatif almak, adım atmak gerek. Sesini çıkartanın susturulduğu bir ortamda inisiyatif almak zor, yeni bir şeye girişmek daha da zor. Ama içinde bulunduğumuz küresel rekabet ortamında tutunabilmemiz için çocuklarımıza başta okulda inisiyatif almayı öğretmemiz gerek. Çünkü çocuklar erken yaşta bu beceriyi almayınca sonrasında ne inovasyon yapacak cesarete sahip oluyorlar ne de yeni bir girişimi hayata geçirecek öz güvene ulaşıyorlar.

» **Sözlü ve yazılı iletişim:** Sanırım anlaşılması en kolay beceri bu. Kendini ifade edemeyen, bunu gerektiğinde bir metne dökemeyenler zaten her devirde oldukça zorlanıyordu. Ancak içinde bulunduğumuz yoğunlaştırılmış medya çağında insanların dikkatini çekmek her zamankinden daha çok beceri gerektiriyor. O nedenle bu çağda başarılı olmak için başta okullarda olmak üzere çocuklarımıza kendilerini ifade etmeyi ve okuduklarını anlamayı öğretmemiz gerek. Bu konuda elimizdeki veriler maalesef durumumuzun iyi olmadığını gösteriyor. Ana dilini hakkıyla kullanamayan bireylerden oluşan bir sistemde insanların ne birbirini anlamasını ne de bir işbirliğinde başarılı olmasını bekleyebiliriz. İletişim, adı üstünde, olmazsa olmaz.

» **Bilgiye ulaşma ve işleme becerisi:** Biliyorsunuz içinde bulunduğumuz yeni devrin bir diğer adı, bilgi çağı ya da bilgi ekonomisi. Her zamankinden daha çok bilgi var artık hayatımızda. O yüzden bilgiyi akılda tutmanın, ezberi sınavlarla yüceltmenin hiçbir karşılığı yok çünkü artık o işi internet yapıyor. Son müfredat tartışmasında da gördüğümüz gibi, okulu içerik aktarma mekanizması olarak gören yaklaşımın miadı doldu. Bu çağda ihtiyaç duyulan beceri bilgiye hızlı bir şekilde ulaşmak ve daha da önemlisi pek çok farklı kaynaktan elde edilen bilgiyi etkili bir şekilde analiz etmek. Bilgi hamallığına değil, bilgi işleme ustalığına ihtiyacımız var.

» **Meraklanma ve hayal kurma becerisi:** Hayal kurmakla başlıyor her ilerleme. Merak etmeyen, hayal kurmayanların bu yeni sistemde bir değer ortaya koymaları mümkün değil. O nedenle çocuklarımıza soru sormayı, ayakları yere basmayan hayaller kurmayı öğretmeye her zamankinden daha çok ihtiyacımız var. Bu amaçla okulun yapması gereken tek şey gölge olmaktan vazgeçmek.

152 Hızlı olmayı değil, içinde bulunduğu anı yaşamayı öğretin

Günümüz çocukları için hız çok önemli bir kavram. İnternete hızlı bağlanmak istiyor, hızlı hızlı yemek yiyor, hızlı hızlı konuşup hızlı hızlı davranıyorlar. Ne yapmak gerek?

Özgür Bolat: Bir insanın yaşadığı anın farkında olması çok önemli. Evet, şehir hayatı bize 'hız' kavramını getirdi. Sürekli bir yerlere yetişmeye çalışıyoruz. Bu durum da dikkatimizin dağılmasına, çok fazla uyaranla aklımızın karışmasına sebep oluyor. Bu sorun farkındalıkla aşılabilir. Bir çocuk yaptığı şeylerden keyif aldığında o anda kalmayı ister. Daha yavaş, sindire sindire yaşamak ister o anı... Anda kalabilmek için de farkındalığa ihtiyaç vardır. Anı yaşamayan insan kaygılı olur, yaşamın kaçtığını hisseder ve hızlı davranır, hızlı davrandıkça da tükettiği hissine kapılır.

Arzu Yükselen: Hız kavramı teknolojiyle de doğru orantılı olarak gelişen bir kavram. Hızlı internete bağlanmayan veya bir cep telefonu uygulamasının hızla telefonuna yüklenmediğini gören çocukların aşırı tepki gösterdiğini hatta telefonu tableti elinden fırlattığını bile gözlemleyebiliyoruz. Bu, çok kolay elde etmekle de ilgili. Bir çocuk, çok istediği bir şeye çabuk kavuşmadığında ona yüklediği değer artıyor. Hele hele çok istediği bir oyuncağı, bir tableti kendi harçlıklarını da biriktirerek aldıysa ona yaklaşımı daha dikkatli olabiliyor. Burada çok fazla belirleyici var, ancak çocukların her şeyi bu kadar kolay elde etmesi, öfkelendiğinde aşırı hoşgörü gösterilmesi aslında onlar için çok da uygun tepkiler değil. Yemeğini hızlı hızlı mı yiyor, bir yere yetişmeye çalışır gibi mi davranıyor, uygun bir şekilde uyarabiliriz. Ona yaptığı davranışın onun için iyi olmadığını anımsatabiliriz. Örneğin, "Yemeğini biraz yavaş ye istersen. Hızlı yediğinde tadını yeterince fark edemeyebilirsin, keyif de almayabilirsin" şeklinde onu uyarabiliriz.

153 Meslek seçimine siz karar vermeyin

Çocukların meslek seçimleri anne babaların gündem maddesi... Kimi büyüyünce çocuğunun mühendis olmasını istiyor, kimi doktor olmasını... Çocukların meslek seçimlerine anne babaların karar verme çabası doğru bir yaklaşım mı?

Arzu Yükselen: Hayır, elbette ki değil. Özellikle lise son sınıfta çocuklar üniversite sınavına hazırlanmaya başlıyorlar. Bu süreçte anne babalar çocuğun sınava gireceği alandan, onun meslek seçimine kadar her şeye müdahale etmek istiyor. Oysaki çocuğun meslek seçiminde anne babanın müdahaleci olmamaya çalışması daha doğru olacaktır. Çünkü çocuk gelecekte, yetenekleri doğrultusunda belirlediği sevdiği işi yapacaktır. Hiçbir matematik yeteneği olmayan bir çocuğu ısrarla matematik ağırlıklı bir meslek olan mühendisliğe yönlendirmek yanlıştır. Bu noktada velilerin hem kendi çocuklarını iyi gözlemlemesi hem de okulların rehberlik servisleriyle ve öğretmenleriyle iyi ilişkiler kurmaları gerekiyor. Böylece çocuklarının hangi alanlarda başarılı olduğunu görebilirler. Sanata ve spora erken başlamanın da bu aşamada yararları vardır. Örneğin bazı çocuklar bu yolla kendilerinin farkına varabiliyorlar. "Ben gelecekte jimnastik yapacağım" diyor çocuk veya "Ben müzisyen olacağım" diyor ve bu alandaki bir okula kayıt olmak isteyebiliyor. Bu nedenle çocuğu zorlamanın gereği yok. Eğer anne babalar, çocuklarının hangi alanda başarılı olduğunu tespit ederlerse, çocuklarını da o alanlara yönlendirebilirler.

Özgür Bolat: Hayatı mesleklere göre belirleyemeyiz. Bir insanın, bir çocuğun ne olmak istediği değil, ne yapmak istediği önemlidir. Her çocuğun bir mizacı vardır, yetenekleri vardır, becerileri vardır. Çocuğunu iyi gözlemleyen anne babalar, becerilerine ve yeteneklerine göre onu yönlendirmek, ona destek olarak istediklerini yapması konusunda onu desteklemek eğilimindedir. Diğer yanda da "Ben çocukken doktor olmak istedim, olamadım; çocuğum olsun!" diyen ebeveyn modeli var. Bu, çok büyük sıkıntı! Hem gerçekçi değil hem de çocuk için iyi değil. Belki o çocukta doktorluk becerisi değil de müzik becerisi var. Neden onu yetenekli olduğu alana değil de hayatı boyunca mutsuz olabileceği bir alana yönlendiriyoruz. Anne babalar çocuğun potansiyeline güvenmeli ve o potansiyeli görerek çocuğuna destek olmalı.

154 Meslek seçiminde çocukluk anıları çok önemli

Çocukluk anıları meslek seçimlerini etkiler mi?

Norma Razon: Kesinlikle etkiler. Avrupa ve Amerika'da yapılmış olan araştırmalar, çocukluklarında tatmin edici duygusal bir yaşamı olanların, aileleri ve çevreleri ile iyi bir iletişim içinde yetişmiş olanların, insan ilişkilerinin yoğun olduğu meslekleri tercih ettiklerini; duygusal kırıklıklar, yoksunluklar ve mutsuzluklar yaşamış olanların, sevgisiz büyümüş olan bireylerin ise mekanik meslekleri seçtiklerini ortaya koymuştur. Demek ki bebeklik, çocukluk ve ergenlik dönemlerinde olumlu duygusal deneyimler yaşamış olanlar, insan ilişkilerine dayalı uğraşları seçme eğiliminde; oysa anne, baba ve çevreleri ile olumsuz duygusal anıları olanlar, insanlarla etkileşimin az olduğu uğraşlara yönelme eğilimindeler.

155 Sınavlar, çocuğun değerini belirleyecek bir sonuç olmamalıdır

Çocuklardan beklentimiz okuldan aldığı sonuç. Oysaki çocuk en iyi karneyi de getirse kendini değerli hissetmeyebilir. Çocuğun değeri sınavla, notla ölçülür mü?

Doğan Cüceloğlu: Hayır hayır, asla. Çocuk da yetişkin de kendine yakışan bir hayatı yaşamalı. Ona "Kendi gözünde, sana yakışan gayreti gösteriyor musun?" diye sorduğunuzda "Hayır, göstermiyorum" diyorsa sebebini anlamaya çalışmak lazım. Sınavlar, notlar çocuğun değerini belirleyecek bir sonuç olmamalıdır. Çocuk sürekli bir yaşam içinde şunun farkına varmalı: "Yaşamda güçlü olmak zorundasın, bu hayvanların dünyasında da böyledir. Şimdi biz senin hayatındayız, gelecekte yanında olamayabiliriz. Dolayısıyla ileride güçlü olman için seni okula gönderiyoruz." İnsanın 5 varoluşu vardır: Biyolojik, psikolojik, akıl ve duygular, sosyal, aşkınlık. Bu varoluşlar insanın anlam bulduğu yerler. Hepsinin de sağlıklı ve güçlü olması lazım. Bu varoluşlardan biyoloji hepsinin temelinde yer alıyor, örneğin kalbin işlemiyorsa bittin! Aklın, gönlün değişmesi lazım; sosyal yaşam, manevi yaşam gerekiyor çünkü hayatının bir anlamının olması lazım. Böylece kendinle barışık bir insan olabilmek hayatın en önemli başarılarından biridir.

156 Onu arkadaşlarıyla kıyaslamayın

Çocuklar hayatın her alanında; arkadaşlarıyla, akrabalarıyla, başkalarının çocuklarıyla kıyaslanıyorlar. Bu adeta bir yarış gibi... Karneler kıyaslanıyor, notlar kıyaslanıyor, beceriler kıyaslanıyor. Bu çocuğu nasıl etkiler?

Doğan Cüceloğlu: Şüphesiz ki çocuğa zarar verir. Çocuğun bir tek kıyaslanmaya ihtiyacı vardır, o da bir önceki haliyle, yani kendisiyle... Başarının da bir tek tanımı vardır. Önceki halinden biraz daha iyi yapabilmişse bu başarıdır. Zaten yaratan öyle yaratmış ki, çocuk bir alana (Dans, müzik, spor, dil öğrenme vb.) yöneliyor ve keşif alanına çıkıyor. O keşif alanına çıkmaktan da büyük keyif alıyor. Sürekli deniyor, sürekli... Bu nedenle tekrar tekrar yapıyor. Muazzam bir zevk alıyor ve tanık istiyor. "Anne bak" diyor, "baba bak" diyor. Anne baba, tanıklığının gücünün farkına varırsa, bir şey söylemeye gerek kalmaz. "Ne okuyorsun orada, anlat bakalım" de, çocuk da anlatır. İşte tanıklık, işte sohbet... Zaten bir keşif alanına çıkmış olan çocuk, başkasıyla kıyaslandığı andan itibaren ruhen yaralanır, zedelenir ve zehirlenir. Çocuğun ruhen ihtiyaçları vardır, alamadığında gergin, yerinde duramayan, haylaz bir insan olur.

Norma Razon: Çocukları; arkadaşları, kardeşleri ile kıyaslamak son derece sakıncalı. Çocukları kıyaslamak olumsuz sonuçlara yol açabiliyor. Kıyaslanan çocuk agresif olabiliyor ve kıyaslandığı çocuğa karşı olumsuz bir tavır geliştiriyor. Hırçınlık ve olumsuzlukla kabul görmeye çalışıyor, çabadan ve olumlu atılımdan kaçıyor ya da kendini başarısız algılıyor, kırılıyor, kapanıyor, başaracağına inanmadığı için mücadele etmiyor, pasifleşiyor, çaba harcayıp bir yere gelecekse bile gelemiyor. Anne babalar çoğunlukla çocuklarının bedensel sağlıyla ilgileniyorlar, psikolojik sağlığını ihmal ediyorlar, oysaki çocuğun ruh sağlığı da en az fiziksel sağlığı kadar önemlidir. Hastalanınca çocuğuna çorba yapmayı, doktora götürmeyi, ilaç vermeyi ihmal etmeyen anne, herhangi bir olay karşısında düşünmeden kullandığı bir sözcükle çocuğunun ruh sağlığını sarsabiliyor. Başkasıyla kıyaslamak da çocuğun ruh sağlığını zedelemektir, sarsmaktır. Çocuğu başkası ile kıyaslamak yerine "Görüyorum çok çaba harcadın ama istediğin gibi olmadı, eminim tekrar denediğinde daha iyi olacaktır" veya "Biliyorum bazı işler hemen hallolmuyor, çok uğraşmak gerekiyor, daha az yorgun olduğun bir zaman, tekrar deneyebilirsin" veya "Uzun zamandır uğraşıyorsun, galiba bir yerlerde takıldın, Gel nerede takıldığını birlikte keşfedelim, nerede yardıma ihtiyacın olduğunu söyle beraber çözmeye çalışalım" demek, daha yapıcı bir yaklaşımdır.

157 Aşırı sosyal medya kullanımı onun için bir kaçış olabilir

Çocuklar sosyal medya bağımlısı, anne babalar ise şikâyetçi... Ne yapılmalı?

Özgür Bolat: Çocukların çoğu, ilişki ihtiyacını okulda veya evde karşılayamıyor. Bu durumda, ilişki ihtiyacını karşılamak için sosyal medyayı kullanmayı seçiyor. Peki, sosyal medya çocukların mutluluğunu nasıl etkiliyor? Bu soruyu yanıtlamak için Michigan Üniversitesi profesörlerinden Ethan Kross ve ekibi bir araştırma tasarlıyor. Prof. Ethan, 82 üniversite öğrencisinin Facebook kullanımını iki hafta boyunca takip ediyor. Bu süre içerisinde bu öğrencilerin 'mutluluk' seviyesini de anket ve SMS mesajları yoluyla ölçüyor. Facebook kullanım oranı ile öğrencilerin mutluluğunu karşılaştırınca, çok ilginç bir sonuca ulaşıyor. Facebook kullanımı arttıkça, öğrenciler 'mutsuz' oluyor. Prof. Ethan, öğrenciler Facebook'u kullanmadan önce ve kullandıktan sonra onların duygularını ölçtüğü için, Facebook'un sebep mi sonuç mu olduğunu kolayca öğrenebiliyor. Öğrenciler mutsuz olunca daha çok Facebook'a girmiyor ama Facebook'u kullandıktan sonra daha mutsuz oluyor. Yani Facebook, mutsuzluğun sonucu değil, sebebi. Peki, gerçek hayatta sosyalleşmek insanı mutlu ederken, Facebook'ta sosyalleşmek neden mutsuz ediyor? Facebook dünyası, gerçek dünyadan iki açıdan farklı: İlk olarak, Facebook dünyasında kişiler genellikle gerçek kimliklerini değil, 'idealleştirilmiş' kimliklerini gösteriyor. Yani aslında kişi, kendisini olduğundan farklı gösteriyor. Biz profiline baktığımız kişinin, 'ideal' bir yaşam sürdüğünü zannediyoruz. Bu durumda kişiler kendilerini, Facebook'taki 'ideal' kişilerle karşılaştırınca, daha mutsuz oluyor. İkincisi, Facebook'ta insanlar 'dış odaklı' paylaşımlar yapıyor. Yani, bir kişinin Facebook hesabına girince, o kişinin 'idealleştirilmiş' dış görünüşünü, kariyerini, başarılarını veya sahip olduklarını görüyoruz. Değerlerini, karakterini veya kişiliğini (iç odakları) göremiyoruz. Çünkü bunları genellikle yüz yüze iletişimde görebiliriz. Peki, kişinin dış odaklı paylaşımlarını görmekle, iç odağını görmek arasında nasıl bir fark var? Sevgi ile karşılaştırma, gece ile gündüz gibidir. Sevginin olduğu yerde karşılaştırma, karşılaştırmanın olduğu yerde sevgi olmaz. Bir etkileşimde dış odak varsa, o kişiyle gerçek ilişi kuramıyoruz. İlişki kuramayınca da sevgi bağı oluşamaz. Sevginin olmadığı yerde de karşılaştırma başlar. Karşılaştırma da insanı mutsuz eden en önemli etkenlerden biridir. Gerçek ilişkinin olduğu yerde, bağ kurma ve sevgi vardır. Sevdiğimiz bir kişiyle beraber olunca, amacımız karşılaştırma değil, anı paylaşmaktır. Sevdiğimiz kişileri kıskanmayız. Kendimizi onlarla karşılaştırmayız. Kısacası, Facebook insanları genellikle 'mutsuz' eder. Çünkü insanlar kurgulanmış 'ideal' bir dünyaya maruz kalır. Sanal dünyada sosyal ilişkiler derin olmadığı için de sevgi bağları oluşmaz. Sevgi bağı oluşmayınca da özenti ve karşılaştırma başlar ve bu da insanları mutsuz eder.

Ne yapılmalı peki?

Özgür Bolat: Sosyal medya birçok farklı amaçla (bilgi, eğitim, iletişim, eğlence, gündem takibi, iş, reklam vs.) kullanılmaktadır. Eğer sosyal medya 'ilişki kurmak' için kullanılıyorsa, gençlere bu dünyanın kurgulanmış bir dünya olduğunu öğretmeli ve bilinçlendirmeliyiz. Sadece bu bilinçle, gençler kendilerini bu kurgulanmış hayata karşı koruyabilir ve mutluluklarını gerçek ilişkiler ile sürdürebilir.

158 Onunla sosyal medyada arkadaş olun

Eskiden anne babalar, çocuklarının arkadaşlarının kimler olduğunu bilirdi. Mahalledeki ve okuldaki çocukları tanırlardı. Ancak şimdi internet var ve kimse çocuğunun kimlerle arkadaşlık yaptığını bilemiyor. Belki de çocuğu Filipinler'de biriyle yazışıyor... Bu durum iyi göründüğü kadar tehlikeli de olabilir. Ne yapılmalı?

Arzu Yükselen: Sosyal medya öyle bir hal aldı ki, daha anne karnındaki ultrason fotoğraflarını sosyal medyada paylaşan anne babalar var artık. Çocuğunun her halini videoya kaydeden ve sosyal medyada paylaşan anne babalar aslında çocuğun mahremiyetini ihlal etmiş oluyorlar. Çocukların artık çok küçük yaşlardan itibaren sosyal medya hesabı oluyor. Bu hesaplarda bir sürü tanımadıkları kişiyle sohbet ediyor, birbirlerinin fotoğraf ve videolarını izliyorlar. Bu noktada anne babaların çok dikkatli olması gerekiyor. Eğer çocuk cep telefonu yazışmalarını sık sık temizliyorsa, sosyal medyadaki mesajlaşmaları siliyorsa, telefonunun şifresini sık sık değiştiriyorsa anne babanın bu durumdan şüphelenmesi lazım. Çünkü böyle durumlar bir şeylerin gizlendiği sinyalini verir. Çocuk aşırı derece bilgisayarıyla, telefonuyla haşır neşirse ve anne babasını da kendi dünyasına pek sokmuyorsa, ona soru sorulduğunda çelişkili cevaplar veriyorsa ve özellikle yetişkinler uyuduktan sonra bazı etkileşimlerini sürdürmeye çalışıyorsa bunlar önemli ipuçları olarak görülebilir.

Ne yapmak gerekiyor böyle bir durumda?

Arzu Yükselen: Öncelikle anne babanın, çocuğa bu işlerin tehlikelerinden bahsetmesi lazım... Çünkü çocuklar gerçekten tehlikenin farkında değiller. Bu tarz tehlikelerin nelere yol açacağını bilmeleri gerekiyor. Mesela 13 yaşından önce sosyal medya hesabı açması hukuken yasak. Yasal yaş 13. Ancak günümüzde 3 yaşında, 5 yaşında, bebeğe sosyal medya hesabı açan var. Siz bu kadar erken izin veriyorsanız bunun olumsuz sonuçları ile de yüzleşmek zorundasınız. 13 yaş önemli, çünkü ergenlik dönemi. Dolayısıyla bu dönemde mümkün olduğunca çocuğun arkadaşlarını takip etmek, onunla sosyal medyadan da arkadaş olmak ve açık iletişimde bulunmak çok önemlidir. Hesabında kimler ekli, ne yapıyor, nelere yorum yapıyor, neleri beğeniyor? Anne babanın bunları izlemesi lazım. Bu çağın anne babalarının farkındalıklarının çok yüksek olması gerekiyor. Mümkün olduğunca her şeyden haberdar olmaya çalışmaları ve kendilerini güncel tutmaları önemlidir.

159 Onu medya okuryazarlığı hakkında bilinçlendirin

Medya okuryazarlığı nedir?

Selçuk Şirin: Türkiye'de anne babaların "Bizim çocuk, teknolojiden çok iyi anlıyor" deyip, sevindiğini gözlemliyorum. Ancak nedense çocuğa ulaşan içeriklerin onun için yararlı mı zararlı mı olduğu endişelendirmiyor ebeveynleri... Çocuklar Youtube'da videolar izliyor, Facebook'ta Instagram'da geziniyor. Karşısına çıkan her şey onun yaşına, anlayışına uygun değil. İşte bu noktada medya okuryazarlığı önem kazanıyor. Nedir medya okuryazarlığı? Bir tür kaynak sorgulamadır. İnternet yaygınlaştığı zaman geleneksel medyanın sonu geldi, deniyordu. Eski çağın medyası gazeteler, dergiler bir bir yerini dijital platformlara bırakıyordu. Ama şimdi anlaşılıyor ki bilgi paylaşmanın bu kadar kolay olduğu, herkesin elindeki telefonla fotoğraf, video çekip anında yayın yaptığı bir çağda veri çok ama teyit yok. Sorun içerik değil, içeriğin yalan mı doğru mu olduğunun teyit edilmesi. Öyle olduğu için de pek çok veri doğrulama platformu doğdu. Bu teyit kaynaklarıyla medya okuryazarlığı bilinci yüksek yurttaşlar bir haberin gerçek mi sahte mi olduğunu teyit edebiliyor. Ancak bu herkesin yapabileceği pratik bir çözüm değil. O nedenle güvenilir haber kaynaklarına olan ihtiyaç da bir taraftan hızla artıyor. İçinde bulunduğumuz bu çağda toplumsal huzurun yolu medyayı bilinçli kullanmaktan geçiyor. Bu nedenle anne baba ve çocuklar medya okuryazarı olmalı. Okullarda mutlaka medya okuryazarlığı eğitimi verilmeli. Bu milli bir meseledir.

160 Ekran bağımlılığına karşı dikkatli olun

Günümüz çocuklarının ve hatta anne babaların en büyük sorunlarından biri ekran bağımlılığı... Nasıl aşılır bu sorun?

Selçuk Şirin: Aslında iki çocuk yetiştiren bir baba olarak benim de en çok zorlandığım mesele ekran bağımlığı. Oysa ilk oğlum doğduğunda ekran bağımlısı olmasın diye evde televizyon bile yoktu. Bu, internetin yaygın olmadığı zamanlarda bizim için büyük bir fedakârlıktı. Yeni baba olmanın heyecanıyla çocuğumuzun geleceği için bu yola başvurmuştuk. Çocuk gelişimi okumuş bir baba olarak 'ideal' bir ebeveyn olmak istiyordum. Çocuklarla diyalog kurmak, onlara kitap okumak üzerine kurulu bir felsefemiz vardı. Ama bütün bunlar hayatın sınamadığı hayallerdi... İnsan yaşadıkça bildiklerini yeniden öğreniyor. Zira ikinci oğlumuz doğduğunda evde televizyon da vardı, oyun konsolu da. Çünkü gördük ki teknolojinin geldiği nokta itibariyle artık ekranları yok saymak çocukları yeni dünyadan tamamen koparmak demek. Artık yaşadığımız bu çağda ekranlardan uzak bir hayat mümkün değil. Bilgisayarlar, akıllı telefonlar, tabletler olmadan iş yapmak da artık imkânsız... Sorun işte tam da burada başlıyor. Bizim için hayatı kolaylaştıran, bize yeni dünyaların kapısını açan bu ekranlara bizi hapsetmek isteyen başka bir sektör de var artık. Evet, milyarlarca bütçeli bilgisayar oyun sektöründen söz ediyorum. Bu sektörün tek bir gayesi var: Çocukları ekran başına hapsetmek! O halde soru şu: Bir ebeveynin tek başına, bu devasa sektörle baş etmesi mümkün mü? Yapılan tüm araştırmalar gösteriyor ki ekranı çocuklara tamamen yasaklamak çözüm değil. Bu tarz toptan yasakların çocuklarda daha çok ilgi uyandırdığı ve onları ekrana daha çok bağladığı bir gerçek. Ayrıca ekranlar aynı zamanda çocukların akranlarıyla ortak tecrübe biriktirdiği yerler oldu. Biz eskiden nasıl maçlar üzerinden arkadaşlarımızla sohbet ediyorsak, şimdiki çocuklar da oyunlar üzerinden birbirleriyle arkadaşlık kuruyor. Yani siz çocuğunuzu ekrandan tamamen uzaklaştırınca, aslında çocuğunuzun akranlarıyla kuracağı bağları da ortadan kaldırmış oluyorsunuz. O nedenle yapılması gereken ekranları tamamen karartmak değil, ekran karşısında geçen zamanı daha iyi bir şekilde planlamak. Şunu unutmamak gerekiyor ki çocukların zaman kontrolü çok önemli bir güçtür. Çünkü ebeveynliğin bir tarafı sevgi ve şefkat sunmak ama diğer tarafı da zaman kontroldür. Ancak bu kontrol çocuk büyüdükçe kaybettiğimiz bir güç. O nedenle dikkatli ve erken kullanılması gerekiyor.

Peki, bu gücü nasıl kullanacağız?

Selçuk Şirin: İşe evden başlayarak... Çünkü bu alışkanlık evde başlıyor. Bu nedenle bu bağımlılıktan çocuklarımızı kurtarmak için anne ve babalara, çocuk yetiştiren herkese büyük bir sorumluluk düşüyor. Ancak şunu unutmamak gerekiyor ki, tutarlılıkla uygulanmayan ve çocukların oluşmasına katkıda bulunmadığı hiçbir plan başarılı olamaz! Uzun müzakereler, ikna turları ve mücadeleler gerektiriyor bu anlattığım kuralları uygulamak. Tabii bir de şu var; elinden ekranı düşürmeyen ebeveynlerin yukarıdaki kuralları uygulayabilmesi çok zor. O nedenle işimiz zor ama imkânsız değil.

Çocukları ekran bağımlılığından kurtarmak için öneriler:

- Günde 1 saat fiziksel aktivite zamanı muhakkak olmalı.
- Her gün en az 8 saat uyku zamanı ayrılmalı.
- Çocukların yatak odasında TV olmamalı.
- Uykudan bir saat önce tüm ekranlar karartılmalı.
- "Ekransız zamanlar" belirlenmeli. Tüm aile fertleri kahvaltı, öğlen yemeği ve en önemlisi akşam yemeğinde ekranları karartmalı. Bu ekransız zamanların önceden belirlenmesine özen gösterilmeli.
- "Ekransız mekânlar" belirlenmeli. İmkânlar ölçüsünde evin bir odası ya da bir köşesinin ekransız mekân olarak belirlenmesi gerekiyor.

161 Oyun bağımlılığını engellemek için çocuklara seçme özgürlüğü verin

Günümüz anne babaları, çocuklarının dijital oyun bağımlılığından yakınıyor. Çocuklar neden dijital oyunlara bu kadar bağlı?

Özgür Bolat: Seçme özgürlüğü, yani özerklik en temel psikolojik ihtiyaçlardan bir tanesi. Bu yüzden seçme özgürlüğünü yaşayamayan insan coşkusuz bir hayat sürebilir. Peki, seçme özgürlüğü bu kadar temel bir ihtiyaçsa insanlar neden özerkliklerinden vazgeçebiliyor? İnsanın daha da temel bir ihtiyacı var. O da güvende olmak. Bir ailede veya okulda çok fazla baskı veya şekillendirme varsa, çocuk da buna karşı çıkınca daha sert bir tepki alıyorsa çocuk 'güvende' hissetmez. Bu durumda bir seçim yapmak zorunda kalır. Ya güvenlikten vazgeçecektir ya da özerklikten. Tabii ki özerklikten vazgeçer. Bundan dolayı bizim toplumda tercihlerinin farkında olmayan ve seçim yapmaktan korkan çok insan vardır. Peki, evde veya okulda seçme özgürlüğünü yaşayamayan çocuk ne yapar? Güvenliğini kaybetmeden seçim yapabileceği yerlere gider. O da çoğu zaman bilgisayar oyunlarıdır. Maalesef bizim okullarda ve evlerde çocukların çok fazla seçme hakkı olmadığı için çocuklar sık sık bilgisayar oyunu oynar. Çünkü çocuklar oyunlarda özgürce seçim yapar. Karakterlerini seçer, seviyesini seçer, oyun alanını seçer. Yaptığı her iş kendi seçimidir. Ne büyük bir mutluluk! Kısacası özerkliğini yaşayamayan çocuklar, oyunlarda özerklik ihtiyacını karşılar. Gerçek hayatta seçme özgürlüğü olan çocuklar oyunlara yönelme ihtiyacı duymaz (Tabii ki özerklik oyunlara yönelmesinin tek sebebi değil. Başka sebepler de var.). Bugünden itibaren çocuklara gerçek hayatta özerkliklerini karşılayacak etkinlikleri yapma şansı vererek, onların bilgisayar oyunlarına olan ilgilerini azaltabilirsiniz. Hem de çocuklar daha mutlu bir yaşam sürer.

162 Dijital oyunlara karşı dikkatli olun

Çocuklar dijital oyunları seviyor, anne babalar yasaklıyor.

Norma Razon: Dijital bir çağdayız, belli bir yaştan sonra cep telefonunu, tableti, bilgisayarı yasaklama şansımız yok ancak sınırlama görevimiz var. Çünkü neredeyse her çocuğun telefonu, tableti var. Kendi telefonu, tableti yoksa evdekileri kullanmayı biliyor, eline geçirdiği anda ona odaklanıyor ve bir daha elinden bırakmak istemiyor. Çocuk, çok uzun süre ekrana yapışıyor, yaşına uygun olsun olmasın birçok uyarana maruz kalıyor, bunların çoğu savaş, kan, şiddet, ölüm içerikli oluyor, oynadığı oyunların bir kısmı yaşının üstündekilere hitap ediyor, bir kısmı da korkuyu tetikliyor, kâbuslara yol açıyor. Böyle olunca, cinselliği de uyuşturucuyu da silahları da sanal olarak öğreniyor. Üstelik çocukluğunun doğasına uymayan şekilde... Bazı çocuklar ise bu oyunları oynamasalar bile sırf yaşıtlarının sohbetlerine dâhil olmak için internetten bu oyunların videolarını izleyebiliyorlar. Bu dijital bir baskıcılık... Bugün oyunların içeriklerine baktığımızda yararlı içeriklerin az olduğunu, daha doğrusu yararlı içerilere ilgi duyanların az olduğunu görüyoruz. Ortaya çıkan ilk oyunlarda şehirler kurmak, imparatorluklar kurmak, mimarlık çok önemliyken birden bunlar ikinci plana düştü, üç boyutlu savaş oyunları öne çıktı. Mimarlık ve şehir oyunlarında çocuk hiç değilse bir şeyler inşa ediyordu, şimdiki savaş oyunlarında ne kadar çok adam öldürürlerse o kadar çok puan topluyor. Hedefi öldürme, savaşma, kan akıtma, kısaca şiddet olan oyunları oynayan, filmleri izleyenlerin şiddete yönelmemesi çok kolay değil. Son zamanlarda şiddet olaylarının artmasında bu sanal dünyadakilerin etkisi yadsınamaz.

Peki, ne yapmak gerekiyor?

Norma Razon: Elbette ki yasaklamak ilk akla gelen şey, ama yasaklamak çözüm değil. Çünkü yasaklamak oyunu daha cazip hale getiriyor. Ancak yaşı ve süreyi kısıtlamak, oyunları ve izlenenleri denetlemek, çocukları oyunlar konusunda bilinçlendirmek çözüm. Mesela çocuğa "GTA diye bir oyun varmış, herkes söz ediyor, nasıl bir oyun bana anlatır mısın?" diye sorarak, oyunun olumlu ve olumsuz yönleri hakkında konuşmak ve çocuğun farkındalığını arttırmak bir çözümdür. Böylece çocuk oyunu, farklı bir yönüyle tanımış oluyor. Anne babanın dijital okuryazarlık ve medya okuryazarlığı eğitimleri alması bu açıdan çok önemli. Anne baba "ekran süresi" gibi tekniklerle çocuğunun elindeki dijital araca müdahale edebilmeli, nelerle ilgilendiğini izleyebilmeli, anne babanın kartını kullanarak paralı ve parasız oyun ve videolar indirmesini engelleyebilmeli, koyduğu kısıtlamaların da takipçisi olmalıdır. Bunların yanı sıra aile; çocuğunu sanata, spora, grup etkinliklerine yönlendirmeli, iyi arkadaşlar edinmesine yardımcı olmalı, arkadaşlıklarını iyi takip etmeli, anne-çocuk ve baba-çocuk grupları oluşturarak izcilik, dağcılık, kamp, doğa gezileri, sinema-tiyatro-konser gibi etkinliklere katılımları teşvik etmeli. Bu etkinliklerle çocuğunu sanal dünyadan uzaklaştırmalı, böylece çocuğunun ekran başında geçirdiği süreyi doğal olarak kısaltmasına yardımcı olacaktır. Doğada, hayvanat bahçesinde, şehir içi gezilerde, şehir dışı seyahatlerde, müzelerde farklı keşifler yaparak gerçek mutluluğu yaşayan çocuk, sanal mutluluğa daha az yönelecektir. Unutmamak gerekir ki, arkadaş edinemeyen, yalnız olan, arkadaşları tarafından istenmeyen, dışlanan çocuklar daha kolay ekran bağımlısı olur ve daha uzun saatler ekran başında kalır. Bu nedenle çocuğunu sosyalleştirmek, farklı etkinliklerle meşgul etmek anne babanın ilk hedefi olmalıdır.

163 Çevrimiçi oyunları kulaklıkla oynamasın

Çocuklar çevrimiçi oyunlarda hiç bilmediği kişilerle oynuyor, sohbet ediyor. Anne baba onları nasıl kontrol edecek?

Arzu Yükselen: Çocukların bir video izlerken veya bir oyun oynarken kulaklıkla oynadıklarını görüyoruz. Kulaklığını takan ve kendini sanal ortama kaptıran çocuk, ekranla baş başadır. Dolayısıyla evdekiler çocuğun ne izlediğini, ne oynadığını veya ne dinlediğini bilemezler. YouTube'da bir video izliyorsa o videonun içeriği çocuk için çok zararlı olabilir veya oynadığı çevrimiçi oyunda olumsuz ifadeler kullanılıyor olabilir. Bilgisayar başında kaldıkları süre içinde öncelikle odasında yalnız başına değil de evde ortak alanda olması ve kulaklıkla bir şey izlemek yerine sesin herkesin duyabileceği şekilde açık olması sağlanabilir. Böylece anne veya baba da çocuğun ne ile ilgilendiğini görebilir ve duyabilir.

164 Her anne baba topluma yurttaş yetiştirir

Çocuk yetiştirmek meselesine nasıl yaklaşmalıyız?

Doğan Cüceloğlu: İnsan biyolojik ve zihinsel bir varlık. Her birimizin hayatının bir anlamı var. Çocuğun yapısında da o anlam içinde duygusallık var. Çocuğu gönülden candan sevmek gerekir ki duygu gelişsin. Eğer bu sağlanamazsa, o çocuk da gelişemez. İmkânı yok! Bunun için sevginin nasıl bir gıda olduğunu anne-babalar bilmelidir.

Buna 'varlık felci' diyebilir miyiz?

Doğan Cüceloğlu: Evet, çok güzel bir tanımlama. Tam da budur! Bir insanın her şeyi olabilir. Parası, bilgisi, her şeyi... Fakat sevgisi yoksa o bir felç durumunu ifade eder. Anne babalar, çocuklarının felç olmasını istemiyorsa, sevgiyi oldukça iyi bir şekilde vermelidir çocuğa. Her anne-baba sadece çocuk yetiştirmez, aynı zamanda içinde yaşadığı topluma yurttaş yetiştirir. Bunun farkında olmalıyız. Mesela bir ormana bakın... İçinde ağaçlar var, hayvanlar var. Hepsi farklı farklı, ama müthiş bir ahenk içinde yaşıyorlar. Üstelik ormandaki her birey, o ormana uyumlu bir şekilde yetiştiriyor yavrularını. Yani yine varoluş hikâyesi. Ancak insanlar aynı durumda değil. Her insan varoluşunun gücünü keşfetmeli ve içinde yaşadığı topluma özgür yurttaşlar yetiştirmeli. Çocuğunu dayakla terbiye eden bir toplumda demokratik hayatın oluşması olanaksızdır. Dayak, azar ve utandırma, korku-kaygı kültürünün terbiye arayışıdır. İşte bu, çocuğu kısıtlar, ona duvarlar örer. Unutmamak gerekir ki her akıllı anne baba çocuğa yönelir, çocuğun davranışına değil. Çocuk önemsenmeli, sevgi görmeli, saygı görmeli, ona tanıklık etmeli, örnek olmalı. Anne babalar içinde yaşadığı topluma yurttaş yetiştirdiğini unutmamalı.

165 Otoritenin olduğu yerde yaratıcılık ölür

Türkiye'de çocukların yaşları ilerledikçe yaratıcılıklarının azaldığını gözlemliyoruz. Yaratıcılığı öldürmemek için ne yapılmalı?

Özgür Bolat: Kesinliğin, otoritenin olduğu yerde yaratıcılık ölür. Örneğin "Türkiye'nin başkenti neresidir?" diye sorduğumda düşünmeye gerek kalmaz. Yanıt tektir. Çocuk "Ankara" deyiverir. Ancak bir çocuğa "Bir şehri başkent yapan prensipler nedir?" desem düşünmeye başlar. Ancak bu soruyu "Türkiye'deki başkenti başkent yapan özellikler nedir?" diye sorsak ve sadece güvenliği kabul etsek yaratıcılık gene ölür. Kesinlik ve otoritenin olduğu yerde yaratıcılık ölür. Bu evde de böyle, okulda da böyle, sokakta da böyledir. Eğer çocukla iletişimimizde otoriter olursak ve kesinlik belirten ifadelerle konuşursak çocuğun yaratıcılığını geliştireceği alanları tıkamış oluruz. Ancak çocuğu düşünmeye sevk edecek, kendi duygularını da düşüncelerine katarak üretmeye sevk edecek bir iletişim tarzını belirlersek çocuk gelişecektir.

166 Cep telefonundakileri sık sık siliyorsa, dikkat

Ergenlik çağı çocukların gizli işler peşinde koştuğu bir dönem. Anne babalar nasıl uyanık olacak?

Arzu Yükselen: Ergenlik karmaşık bir süreçtir. Çocuk, okulda annesiyle babasını görmek istemez, hatta onları arkadaşlarından gizler. Yalnız takılmak ister, özgür olduğunu düşünür, isyankâr bir tavır içine girer. Genellikle aile bireyleriyle zıtlaşır. Sokakta uysal görünüp evde çok sert olabilir. Bu süreçte daha çok cep telefonuyla ve arkadaşlarıyla vakit geçirmek ister. Arkadaşlık ilişkilerinde ise son derece içe kapanık olabilir. Anne ve babasıyla, arkadaşları hakkında konuşmak istemez. Bu dönemde çocuğun nasıl vakit geçirdiği önemlidir. Eğer arkadaşlarıyla gizli gizli yazışıyor ve o yazışmaları düzenli olarak temizliyorsa bu ciddi bir sorun olabilir. Bu durumda çocukla yumuşak bir sohbet geliştirzaman da Amerikalı'lara avantaj sağlamış olabilir, diyor araştırmacılar. Bu gen; riskin, yeniliğin, tehlikenin olduğu ve hareket gerektiren ortamlarda yarar sağlıyor. Çünkü bu tür ortamlarda tehlikelere karşı hareketli olmak, bir şeye takılı kalmaktansa bütün çevreyi dikkate almak daha önemli. Yani bu gen, göç eden, riskli ve bilinmedik ortamlara maruz kalan toplumlara yarar sağlıyor. Amerika kıtasına göç etmiş insanlara sağladığı gibi. Bu gen, durağan ortamlarda yaşayan insanlara avantaj sağlamıyor. Tam tersi, sorun teşkil ediyor. Okullarımızda aynı geni taşıyan hiperaktif çocuklarımız var. Durağan, öğretmen merkezli, riskin, yeniliğin, etkinliğin, hareketin olmadığı sınıf ortamında bu hiperaktif çocuklar dezavantajlı konumda oluyor. Öğrenme gerçekleşmiyor. Yani bu çocuklar ile okul ortamı arasında bir uyumsuzluk var.

Peki, çözüm nedir?

Özgür Bolat: Ya çocuğu ortama uyduracağız ya da ortamı çocuğa. Başka bir deyişle, o genin düzenlediği hormonel yapıyı değiştireceğiz ya da bulundukları eğitim ortamını. Biz ne yapıyoruz? Birincisini. Çocuğu değiştirmeye çalışıyoruz. Örneğin okulda sınıf ortamını değiştirsek, olmaz mı? Çocukların keşfederek öğrendiği, etkinlikte bulunduğu, hayatı keşfettiği, yenilikçi bir ortam yaratsak, olmaz mı? Bu eğitim reformu mutlaka gerçekleştirilmeli.

146 Çocuğun dikkatini arttıran yiyecekler

Çocukların dikkatini arttıran yiyecekler var mı?

Taylan Kümeli: Elbette... Günümüz çocuklarında dikkat eksikliği ve sınavlara hazırlanma problemi var. Bu iki sorun da beyni doğrudan ilgilendiriyor. Dikkat eksikliğinin nedeni, vücuttaki nöronların bilgileri doğru şekilde iletmemesi. Biz bilgiyi protein olarak depolarız. Eğer çocuk sağlıklı protein alırsa, Omega 3 kaynağını doğru kullanırsa ve Omega 3'ü aktif hale getirebilirse, vitamin ve mineralleri de doğru alırsa, zaten dikkat eksikliği sorununu belli bir şekilde çözebilir. Örneğin ben çok yaramaz bir çocuktum. Duvarlara tırmanırdım adeta... Ancak benim ailem "Biz bu çocuğa çok balık yedirelim, fosfor ve Omega 3 iyi gelir" dedi. Bu, çok doğru bir teşhis. Çünkü bir çocuğun beynini kuvvetlendiren ilk yiyecekler Omega 3 kaynağını barındıran yiyeceklerdir. Balık, badem, ceviz, fındık gibi... Ancak bu yiyeceklerin belli ölçülerle verilmesi gerekir. Meselâ bir ceviz 10 fındığa, 6 kajuya ve bir avuç yer fıstığına eş değerdedir. Yani ceviz öyle keyfe keder yenilecek bir şey değildir. Yumurta ve Omega 3 ile zenginleştirilmiş sütler, B grubu vitaminin yoğun olduğu hayvansal gıdalar (et, organik tavuk, hindi vb.) beyin için çok önemlidir. Dikkat eksikliği ve hiperaktivite sorunu olan çocuklar bu gıdalarla beslenirse, bu gıdaları da posalarla desteklerse önemli ölçüde bu sorunları çözecektir. Meselâ bir ızgara, organik tavuğun yanına haşlanmış brokoli eklenirse, brokolideki magnezyum ile bu eksiklikleri çok güzel bir şekilde tamamlayacaktır. Güzel bir köftenin yanına haşanmış barbunya eklenirse aynı şekilde çok sağlıklı bir öğün tamamlanmış olacaktır, çünkü barbunyanın içindeki proteinlerle köftenin içindeki proteinler beynimiz için pozitif etki yapacaktır. Şunu unutmamak gerekiyor ki, beyni güçlendiren gıdaların özünde protein vardır.

147 Hazır yiyeceklere değil, sağlıklı olanlara yönlendirin

Çocuklar 'fast food' olarak adlandırılan hazır yiyecekleri çok seviyor. Ne yapmak gerekir?

Taylan Kümeli: Çocuğa nasıl bir hazır yiyecek yedirdiğimiz önemlidir. Örneğin, okulda beyaz ekmekten yapılmış içinde yağlı kaşar peynirinin olduğu, sosis veya salam gibi malzemelerin olduğu bir sandviç çocuk için çok zararlıdır. Ancak tahıllı bir ekmeğin içine konulmuş güzel bir beyaz peynir, olgunlaşmış avokado, marul ve mevsim sebzeleriyle hazırlanmış bir sandviç yanında bir bardak ayran ile çok güzel bir öğün olabilir. Çocukların hayatında salata olmalı. İçinde şeker barındıran ambalajlanmış gıdalar yerine kuru meyve ve fındık fıstık yemeleri de son derece sağlıklı olacaktır. Çocuklara sağlıklı olanı öğretmek, onları tatlardan soğutmadan istediklerini de vererek son derece güzel yiyecekler ve lezzetli öğünler geçirilebilir.

169 Öğretmen her sistemde öğretmendir

Kuşkusuz ki her öğretmen öğrenciyi etkileme potansiyeline sahip. Öğretmen öğrencinin içindeki gizil gücün farkına nasıl varacak?

Doğan Cüceloğlu: Her insanın içinde bir gizil güç vardır. Gizil güç fırsat verildiği zaman ortaya çıkar, fırsat verilmezse hiç yokmuş gibi farkına varılmadan çeker gider. Gizil güç ipuçları verir. Mesela çocuğa bakarsın 3 yaşında, bir topu öyle bir ele alışı, yakalayışı, dönüşü vardır ki, "Bu çocukta epey bir spor kabiliyeti var" der ve eğer takip edersen o gizil güç ortaya çıkmaya başlar. Gizil gücü müzikte görebiliriz, matematikte görebiliriz. Çocuk, "Baba sıfırdan küçük rakam yok mu?" diye soruverir, felsefe de var matematik de var çocukta. Bir çocuk 4 yaşında bunu sorduğu zaman, hiçbir şey olmamış gibi davranırsan ve "Saçma sapan şeyler konuşma!" dersen o gizil güç söner gider. Ancak iyi bir öğretmen, iyi bir anne baba "Burada bir potansiyel var, bunun bir vebali var, elime bir şey verilmiş, geliştirmem lazım" derse o gizil güç gelişir. Bir öğretmen, öğretmenlik mesleğinin niyetinin saflığını keşfettiği zaman, şunu bilir: Bu öğrencilerin her biriyle bir öğretmenin göz göze geldiği bir an vardır. İster komünist sistemde, ister Taocu sistemde, ister liberal sistemde, hiç fark etmez. İşte bu an, öğretmenin potansiyelini göstereceği muhteşem andır. Eğer öğretmen o gizil gücün etkisiyle karşı karşıya kaldığının bilincindeyse çocuk bunu hemen hisseder ve kendini göstermeye başlar. "Öğretmenim sana şarkı söyleyeyim mi?" der, "Dans edebilir miyim?" der. Aynı durum anne babalar için de geçerlidir. "Baba bak, resim yapabiliyorum" der. Öğretmen, anne baba bu bilincin farkına varınca "Gördüm" demesi yeterlidir. Bu, muhteşem bir andır.

170 Veli, öğretmene hediye almamalı

Son yıllarda öğretmenler sadece öğretmenler gününde değil, çay partilerinde, doğum günlerinde ve bazı özel günlerde de hediyelere boğuluyor. Veli grupları, aralarında para toplayıp öğretmene en pahalı hediyeyi almak için yarışıyor. Gruba katılmayan veliler dışlanabiliyor. Peki, ama bu durum öğretmen veli ve öğrenci ilişkisini nasıl etkiliyor?

Doğan Cüceloğlu: Öğretmen öğrenci ilişkisi devam ettiği sürece öğrencinin veya velinin öğretmene hediye alması doğru değildir. Anaokulunda, ilkokulda velilerin aralarında toplanıp öğretmenlere pahalı hediyeler aldığını duyuyoruz. Öğretmenler de bu hediyeleri kabul edebiliyor. Velilerin, öğretmeni tavlamaya yönelik bu tavrı, öğretmenlerin de bu hediyeleri alması kabul edilemez. Hediye alan veli ile alamayan arasına nifak giriyor, hem velilerin ilişkileri hem çocukların ilişkileri hem de öğretmen öğrenci ilişkisi bozuluyor. Bir çocuk okulda öğrenci olduğu sürece gerek velinin, gerekse çocuğun öğretmene hediye alması eğitimin kalitesini çok olumsuz etkiler, temelden sarsar. Bu durum sanki sağlıklı bir bardak suya damlatılan mikrop gibi içildiği takdirde zehirleyen bir karışıma benzer. Eğitimsel yönden zehirleyici bir etkisi olur.

Öğretmen ve veli ilişkisi nasıl olmalı?

Doğan Cüceloğlu: Çocuğun eğitimi bir ekip işidir. Öğretmen ve veli ise bu eğitimin iki önemli ekip üyesidir. Bu ekipte öğretmen, veli, okul yönetimi, çocuğun arkadaşları ve o arkadaşların velileri vardır. Bu ilişkiler çocuğun topluma, yaşama, sağlıklı bir şekilde hazırlanmasına yardımcı olmak için vardır. Bu nedenle önemli ilişki olarak görülmeli ve iyi bir ekip olmaya özen gösterilmelidir.

Öğretmenlerin bazı velilerle özel dostluk ilişkisi geliştirmesi nelere sebep olur?

Doğan Cüceloğlu: Öğretmen veli ilişkisi, amacına yönelik olmalı. Yani öğrencinin iyi bir eğitim alarak gelişmesine yardımcı olacak şekilde olmalı. Bu amaçla hem veli hem öğretmen birbirine karşı açık olmalı ve bu amaca hizmet etmek için ilişki kurmalı. Bunun dışında herhangi bir niyet ve davranış çocuğun eğitimini olumsuz etkiler. Öğretmen, bütün velilere eşit mesafede durmalı ve dengeli olmalı. Yani öğretmen her bir öğrencinin gelişimiyle ilgili olarak adil bir şekilde sorumluluk alıp ona göre ilişki kurmalı. Bu ilişki zaman, emek, ilgi, empati, sevgi, anlam, halden anlama gibi yaşayan değerler çerçevesinde olmalı. Herhangi bir din, dil, ırk, ekonomik durum farklılığı, öğrenciler arasında bir ayrıcalık yapmaya neden olmamalı. Aksi halde toplum bunun acısını gelecekte çeker, yaralanır.

Anne baba ve öğretmenlere tavsiyeleriniz neler?

Doğan Cüceloğlu: Adil olmaya özen göstermeleri şart. Öğretmen ve veli ilişkileri sevgi ve saygıya dayalı olmalı, niyetleri çocukların gelişimi olmalı. Bu, sadece kendi çocukları, kendi aileleri için değil, tüm toplumu, insanlığı kapsayan bir niyet olmalı. Yani "Benim çocuğum iyi olsun" demekle kendi çocuğumuza iyilik etmiş olmuyoruz. Tüm çocukların iyi olması için uğraşırsak hem kendi çocuğumuza hem de topluma iyilik etmiş oluruz. Bu nedenle öğretmen de veli de sorumluluk almalı. Bu sorumluluk da çıkarsız olmalı!

171 Ergen birey dış görünümüyle çok ilgilidir, sakin olun

Ergen bireyler kendi bedenlerini çok önemsiyor. Bu durum nasıl karşılanmalı?

Arzu Yükselen: Ergenlik, insan hayatının kırılma noktalarından biri. Ergen bireyler bu dönemde özellikle dış görünüşleri konusunda çok hassaslaşır. Kızlar genellikle nasıl göründüklerine önem verirken, erkekler fiziksel güce önem verir. Bu nedenle kızlar makyaja ilgi duyar, kaşlarını alır, saçlarını tarar, üstünü başını çok sık değiştirirken erkekler kaslı bir vücut isterler. Bunlar doğal gelişim süreçleridir. Birbirinden ilginç kıyafetler giymek isteyebilir, farklı bir görünüme sahip olmak için uğraş verebilirler. Bu süreç geçicidir, anne ve baba sakin olmalıdır. Yapılacak en iyi şey çocuğa destek olmak, anlamaya çalışmak, yargılamaktan kaçınmak ve onu sevdiğini belli etmektir. Bu dönemde anne ve babasının desteğini ve koşulsuz kabulünü hisseden çocuklar kendilerini daha iyi ifade edebilirler. Her ne kadar bu süreçte olumsuz duygulara kapılsalar da anne ve babanın desteğiyle bu süreci geçirmeleri daha kolay olabilir. Özellikle evde abi veya abla olması ya da daha önce ergenlik sürecini geçirmiş kuzenler iyi birer örnek olabilir.

Peki, ergenlikte diyet yapılması doğru mu? Ergen bireyin sağlıklı olması için bu süreci nasıl yaşaması lazım?

Fatma Kırcı: Ergenler nasıl göründükleri ile çok ilgilenirler. Özellikle kızların vücut algısı olumsuz yönde değişir; kendilerini olduğundan şişman ve çirkin bulurlar. Bu algı değişikliğinde yaşıtlarının ve sosyal medyanın da önemli bir etkisi vardır maalesef. Özellikle kızlarda "anoreksiya" veya "blumia" gibi ağır yeme bozuklukları gelişebilir. Bu nedenle ergen kız çocuklarının beslenme alışkanlıklarını yakından takip edip gerekirse psikolog desteği sağlanmalıdır. İnce ve fit görünme kaygısı ile aşırı egzersiz yapabilirler. Diğer taraftan ergenlik çağında aşırıya kaçmadan düzenli spor yapmak hem kilo kontrolünü kolaylaştırır hem de kemik yoğunluğunu artırarak kemik ve kasları güçlendirir. Ergenlikte görülen orantısız büyüme (önce kol ve bacaklar, sonra gövde büyür), ses değişikliği ve sakarlıklar, yetişkinler tarafından alay konusu edilmemelidir, aksi durumda utangaçlık, içe kapanma gibi psiko-sosyal bozukluklar gelişebilir. Ergenlik döneminde fiziksel yapının hızla değişmesi ve artan hormonların etkisiyle depresyona eğilim vardır. Sigara, alkol ve zararlı madde kullanımına alışabilirler. Şüphe edilen durumlarda sorun derinleşmeden profesyonel yardım almaktan çekinilmemeli.

172 Her çocuk âşık olur, endişelenmeyin

Aşk, ergenlik döneminde daha ciddi bir hal alıyor. Bu süreçte çocuklara nasıl yaklaşılmalı?

Arzu Yükselen: Ergenlik döneminde aşk kaçınılmazdır. Kız ve erkek farketmeksizin her çocuk ebeveynleri tarafından koşulsuz kabul edilmek ister. Aşkın onların en doğal tercihleri olduğu unutulmamalıdır. Özellikle ergenlik dönemi, bireyin âşık olduğu, kendini fark ettiği bir dönem... Bu süreç doğru yönetildiğinde çözümler üretilir, yanlış yönetildiğinde ise ebeveyn-oğul/kız çatışmaları başlayabilir. O nedenle çözüm odaklı bir dil kalıbını tercih etmekte yarar olacaktır. Çünkü çocuklar, anlaşıldığını bildiği ölçüde ebeveynleri ile iyi anlaşacaktır.

Aşk acısı çeken çocukla nasıl konuşulmalı peki?

Arzu Yükselen: Her şeyden önce çocuğu anlamamız gerekiyor. Ona aşkın normal bir şey olduğunu söylememiz lazım. Karşımızdaki ergen birey de olsa ilk çocukluğunu yaşayan bir birey de olsa fark etmiyor bu durum. İnsanların duyguları vardır ve duygulara karşı saygılı olmak gerekir. Her ne kadar onlar bizim çocuklarımız da olsa duyguları bizim değildir, onlar ayrı birer bireydir ve her bireyin kendine ait duyguları vardır. Öncelikle o duygulara saygı göstermeyi öğrenmemiz gerekiyor. Bunu başardığımızda çocuğu anlamak da kolay olacaktır. Ona "Seni anlıyorum, yaşadığın duyguları çok iyi anlıyorum" demek çocuğa güven verecektir. Asla çocuğun duyguları küçümsenmemeli, âşık olduğu kişi de kesinlikle aşağılanmamalıdır.

Anne ve babalara önerileriniz neler?

Arzu Yükselen: Yetişkinlerin aşka yüklediği anlamla çocukların yüklediği anlamı birbirine karıştırmamak gerekir. Onların duygularını küçümsemek veya reddetmek yerine bu duyguyu doğru yaşamaları üzerine desteklemek yararlı olacaktır.

173 Denetim odaklı korku kültüründen uzak durun

Çocukları 'korku kültürü' ile disipline etmeye çalışmak onların gelişimini olumsuz yönde etkiliyor. Ne yapılmalı?

Doğan Cüceloğlu: Bir çocukla karşı karşıya geldiğinizde eğer siz hâlâ geçmişin etkisi altındaysanız ve çocuğu geçmişin etkisindeki modeller içindeki kalıplarla yetiştirmeye çalışırsanız sadece davranışa odaklanırsınız. Bu anne babada da böyledir, öğretmende de... Denetim odaklı korku kültüründeki eğitimde sürekli çocuğun davranışlarına bakılır. "Doğru dürüst otur, burnunu sil, dişlerini fırçaladın mı, ödevini yaptın mı?" Bu, davranış odaklı yaklaşımdır. Peki, ama gülüşünü nereden bulacak çocuk? Nasıl bilgilendireceğim onu? Korkutarak... Ya sınavdan korkutarak, ya anne babadan, ya öğretmeden, ya polisten... Bu yöntem tarih boyunca hemen hemen dünyanın her yerinde kullanılmıştır, ama 70-80 yıldır dünya bunun çok verimsiz olduğunu, hayvan terbiyesine benzer bir durum olduğunu anlamış ve terk etmiştir. Bu nedenle çocuk eğitiminde denetim odaklı korku kültüründen uzak durmak gerekir.

174 Gelişim odaklı değerler kültürünü benimseyin

Çocuğu geliştirmek için ona nasıl davranmak gerekir?

Doğan Cüceloğlu: Gelişim odaklı değerler kültürünü benimsemek, yani çocuğa yatırım yapmak gerekir. Onu engellemek, korkutmak, sindirmek yerine; yeteneklerini görmek, değer vermek yeşertmek gerekir çocuğu. Eğer bir çocuğun aklı, varoluşu gelişirse zaten ona uygun davranışı yapar çocuk, güvenilir insan olur. Bunun için çocuğun ailede yaşayan değerlerle uyum içinde olması lazım. Nasıl ki biz "Kul hakkı yemeyeceksin" diyoruz. İşte bir toplumun içinde cinsiyeti, yaşı, dili, dini, ırkı ne olursa olsun her bir çocuk, bir değerdir ve bunun gelişim potansiyeli birinci planda tutulacak ve yapılabilecek her şeyi yaparak, gelişebileceği ortama yönelecektir. Bunu başardığımızda kul hakkı yememiş oluyoruz. Bu çok önemli.

İlginç bir anım var: Epey seneler önce ağabeyim, karısı kız çocuk doğurdu diye yengeme bir ay boyunca küsmüştü. Yani ben bunu yaşadım ve bu korku kültürü benim ailemden, içinde yaşadığım toplumdan gelmişti, ağabeyim bunu havadan öğrenmedi. Yengem o zaman 19 yaşındaydı, ama ömür boyu kırgın kaldı. Yeğenim şu anda 60'lı yaşlarda ve hâlâ babasının gözüne girmeye çalışıyor. Babası öldü gitti ama o hâlâ onun gözüne girmeye çalışan bir hava içinde. Bu nedenle gelişim odaklı değerler kültürü benimsenmeli. Her can bir potansiyeldir. O potansiyele odaklanmalıyız.

175 Çocuklar soru değil, sorun çözmeyi öğrenmeli

Çocukların hayatı soru çözmek üzerine kurulu... Testler, sınavlar... Bu yöntem de yaratıcılığı yok ediyor. Ne yapılmalı?

Özgür Bolat: Bizler çocukların önlerine test maddelerini koyduk ve o şıklardan birini seçmelerini istedik. Bu çocuklar yaratıcı olabilir mi? Sorun çözebilir mi? Evet, ona verilen yönergelerle aşağıdakilerden birinin doğru olduğunu bulur ve sonuca ulaşabilir; ancak o yönergeler ortadan kalktığında kendi yönünü bulamaz çocuk. Sürekli soru çözüyorlar ama arkadaşlarıyla kavga ettiklerinde oturup konuşamıyorlar. Servisi kaçırdığında ağlıyor mesela... "Ben şu anda eve nasıl gidebilirim?" diye bir soru bile sormuyor kendine veya öğretmen geliyor "Üzülme, ben anneni ararım şimdi" diyor. Dolayısıyla çocuk yine sorun çözemiyor. Yani çocuklar soru çözebiliyorlar evet ama sorun çözemiyorlar. Oysaki hayatları boyunca sorun çözmekle uğraşacak onlar, soru çözmekle değil! Bunun çözümü çocuğa sorun çözme fırsatı vermektir.

176 Çocuk, okulun gösteri aracı değildir

Çocuklar okula velisi için değil, kendisi için gider ama çocuklar adeta bir gösteri aracına dönüştürülmüş durumda... Veliler bu konuya nasıl yaklaşmalı?

Doğan Cüceloğlu: İnsan eğitimin değil, eğitim insanın hizmetinde olmalıdır. Bir öğretmen, karşısında duran öğrencinin yaşam yolculuğunun hizmetinde olmalı ve o yaşam yolculuğunun anlamlı, güçlü, coşkulu olması için uğraşmalı. Yani "Eğitime bir kalıp olarak yaklaşıp, çocukları da o kalıba göre biçimlendireceğiz" dersek çok büyük hatalar ortaya çıkar. Bilimsel gerçekçi süreçlere dönük yaklaşımları temel almak gerekiyor. Dolayısıyla eğitim, velilerin değil, çocukların mutluluğunu hedeflemeli. Bir veli mutlu olacak diye, okulda çocuğu, velinin beklentisine uygun kalıplara sokmak doğru değildir. Hele hele bir çocuk, okulun kendini gösterdiği, yarışa çıktığı bir alan hiç değildir. Çocuk, okulun gösteri aracı değildir. Okullar bir kurum olarak vardır ve amacı çocukların içinde var olan potansiyeli açığa çıkartmak olmalıdır. Çocuğun içinde soru sorma ve merak etme potansiyeli zaten vardır. Dolayısıyla çocuklar bu potansiyele dönük olarak keşfeder, sistem oluşturur, o sorunu çözer. Böylece çocuk kendine özgü bir gelecek planlamaya başlar. Eğer anne baba veya öğretmen çocuğun hayalindeki bu gelecek planlamasını reddederse çocuk şevkini kaybeder. Bütün düğüm buradadır.

177 Ergenlik döneminde okulunu değiştiren çocuğa destek olun

Okul değişikliği de çocukları olumsuz etkileyebiliyor. Bu süreç nasıl geçirilmeli?

Norma Razon: Çeşitli gerekçelerle okul değişiklikleri olabiliyor. Kimi zaman anne veya babanın iş, görev yeri, ülke, şehir değişikliği, kimi zaman okul sorunları sebebiyle çocuklar okullarını değiştirmek zorunda kalabiliyorlar. Bu süreçte yeni okula uyum sağlamada sorunlar ortaya çıkabiliyor. Özellikle de ergenlik döneminde okul değiştirmek, semt, şehir, ülke değiştirmek çocuklar için oldukça zor. Çünkü okul değiştirdiğinde ergen eski oklundaki arkadaşlarından ayrılmak, eski alışkanlıklarından kısmen vazgeçip yeni koşullara uyum sağlamak zorunda kalıyor. Yeni okulunda da kendini yalnız veya dışlanmış hissedebiliyor. Eğer önceki okulunda sanatsal veya sportif aktivitelerle kolaylaşabiliyor. Ancak yeni okulunda bu aktiviteler varsa uyumu kolaylaşabiliyor, yeni okulunda bu olanaklar yoksa yeni okuluyla birlikte düzeni sarsılabiliyor, eski uğraşlarından mahrum kalabiliyor. Üstelik okul başarısından veya dış görünüşünden ötürü akran zorbalığına da maruz kalabiliyor ki akran zorbalığının çok yaşandığı bir dönem ergenlik... Bu nedenle okulu tanımak, çevreyi tanımak, hemen arkadaş edinmesi için uğraşmak gerekiyor. Burada anne babalara da büyük görev düşüyor. Diğer velilerle arkadaş olmak, iyi ve başarılı olduğu bir yönde sivrilmesini sağlamak, sınıfta görevlendirilmesine ön ayak olmak, öğretmenlerden ve okulun rehberlik servisinden destek istemek yararlı olabiliyor.

178 Ergenlikte cinsel yönelimler

Ergen bireyler cinselliklerinin farkına varıyorlar. Peki, cinsel yönelimlerle ilgili neler söylersiniz?

Norma Razon: Ergenlikte cinsel yönelimler çok önemli. Cinselliğin fark edildiği en önemli süreç. Ergenlikle birlikte bireylerin hayatında aşk önemli konu olmaya başlar ve cinsel beğeni de öne çıkar. Karşı cinsi beğenme ya da hem cinsini beğenme gibi yönelimler görülebilir. Eğer ergen birey, eşcinsel olduğunu düşünüyorsa, çeşitli korkulara kapılabiliyor. Anne veya baba, çocuğunun eşcinsel olduğundan şüpheleniyorsa ailede büyük bir panik yaşanabiliyor. Çocuklar evde büyük bir baskı görebiliyor. Böyle durumlarda da bir yolunu bulup evden bir an önce kaçmayı düşünebiliyor. Örneğin burs bulup başka bir okula, başka bir şehre, başka bir ülkeye kaçmayı planlayabiliyor. Eşcinsel yönelimi olan ergen "Seni keserim, biçerim" gibi çok sert söylemlerle karşılaşabiliyor evde. Hatta psikoloğa götürülüp "Bu eşcinsel bunu düzelt" denilebiliyor. Ergenlikte bazen eşcinsel yönelim nedeniyle, bazen ise merak nedeniyle gençlerin cinsel içerikli oyunlar oynadıkları, cinsel deneyimler edinmeye çalıştıkları bilinir, önemli olan bu dönemde cinsellikle ilgili doğru bilgilendirilmeleridir. Bilgilendirilme, anne baba, okul, doktor, konferans, kitap yoluyla gerçekleşebilir. Kendini farklı hisseden çocuk ya da ergen bu kaynaklardan bilgilenmeyi beceremeyebilir, onu aydınlatmak ailesinin görevidir. Kendini farklı algılayan bireye anlayışla yaklaşılmalı, toplumdan dışlanmamasına özen gösterilmelidir. Kendini farklı algılayan eşcinsel bireyler hakkında toplum bilgilendirilmeli. Cinsiyeti ne olursa olsun, yaşı kaç olursa olsun, hangi aşamada ihtiyaç duyarsa duysun, birey doğum, ölüm, cinsellik, çiftleşme, kadın-erkek ilişkisi hakkında merak ettiği soruları sorabilmeli ve olgunluk düzeyine uygun cevap alabilmelidir.

179 Ergen bireyleri bedensel değişimler konusunda bilgilendirin

Regl olma yaşı ne zamandır? Bir çocuk çok erken yaşta regl olursa bu ne anlama gelir?

Fatma Kırcı: İlk regl ortalama 12 - 13 yaş civarında görülür. 10 yaşından önce görülmesi normal değildir ve mutlaka altta yatan bir hastalık olup olmadığı araştırılmalıdır. Çoğunlukla bir neden bulunamaz, ailevi olabilir. Eğer çocuğun tahmin edilen erişkin boyunun çok kısa kalma ihtimali varsa veya psikolojik olarak çocuğu çok etkileyecekse ergenlik ilaçlarla durdurulabilir. Çocuk normal ergenlik yaşına geldiğinde ilaçlar bırakılır ve ilaç bırakıldıktan yaklaşık 6 ay sonra regl olur.

Anneler kızlarıyla nasıl konuşmalı?

Fatma Kırcı: İlk regl genellikle annenin beklediğinden daha erken olur. Hâlbuki ne anne ne de çocuk için regl bir sürpriz olmamalı. İlk ergenlik bulgularının başlamasından yaklaşık 2 yıl sonra ilk regl beklenir. Bu süreçte reglin ne olduğu, ped kullanımı ve hijyen gibi konuları annelerin kızları ile konuşmaları gerekir. İlk regl çocuğun evden uzakta olduğu bir zamanda da gerçekleşebilir, çocuk hazır hissetmeli ve panik yaşamamalı. Kız çocukları meme büyümeye başladığında utandıkları için kambur dururlar, vücudundan utanmaması gerektiği ama isterse bol kıyafetler giyebileceği öğütlenebilir.

Babalar oğullarıyla nasıl konuşmalı peki?

Fatma Kırcı: Herhangi bir cinsel düşünce olmaksızın gelişen ereksiyonların, gece istemsiz boşalmaların normal olduğu, aynı şekilde yaşıtlarında da görüldüğü, doğal büyüme sürecinin bir özelliği olduğu ve zaman geçtikçe sıklığının azalacağı anlatılmalı. Erkek çocuklarda da memede büyüme ve hassasiyet gelişebilir, birkaç ay içinde kendiliğinden düzelir. Bir testis diğerinden aşağıda olabilir. Çocuk için can sıkıcı ve utanç verici olabilecek bütün bu fiziksel değişikliklerin, çocukluktan erişkinliğe geçişin birer aşaması olduğu ve kendiliğinden düzeleceği anlatılmalıdır.

180 Sesinin kalınlaşmasının veya incelmesinin bir sorun olmadığını söyleyin

Erkeklerde ince ses, kızlarda kalın ses bir sorun mudur? Çocukla nasıl konuşulmalı?

Fatma Kırcı: Ergenlik döneminde cinsiyet hormonlarının etkisiyle gırtlak kıkırdakları ve kasları büyür, ses telleri uzar ve kalınlaşır. Özellikle erkek çocukların sesi kalınlaşır ve çatlar ya da kısık ve ince çıkar. Kızlarda da seste kalınlaşma olabilir. Bu durumun doğal büyüme sürecinin bir parçası olduğu ve bir süre sonra normale döneceği anlatılmalı. Genellikle 13-15 yaşlarında erişkin sesine dönüşür. Ergenlikte alkol veya sigara kullanımının da bu tarz ses değişikliklerine neden olabileceği akılda tutulmalıdır.

181 Ergen bireyin sakinliği ciddi bir sorun olabilir

Bir çocuğun ergenlik sürecini sakin geçirmesi sorunsuz olduğu anlamına mı gelir?

Özgür Bolat: Çocukluğu sağlıklı geçen, yani sevgi gören çocuğun, ergenliği de sağlıklı geçer. Çünkü sevgi gören çocuk, duygularını yönetebilir. Bazı aileler, "Çocuğum bu dönemde sessiz ve sakin. Biz sorun yaşamıyoruz" der. Peki, bu sakinlik, çocuğun ergenlik dönemini sorunsuz geçirdiği anlamına gelir mi? Sevgi görmüş kişi, duygusunun farkına varır ve onu yönetir. Yönetmenin de iki yolu vardır. Birincisi, duyguyu yaşamak. Örneğin, sinirlenen kişi, kendi öfkesinin kaynağını başkası olarak görüyorsa, bu duyguyu yaşamadığı anlamına gelir. Bir çalışan, müdüre selam vermezse ve müdür de bundan dolayı çalışana kızarsa; bu duygudan kaçmaktır ama müdür, öfkesinin sebebinin otoritesinin sarsılmasıyla ilgili olduğunu fark ederse, bu duyguyu sahiplenmek ve yaşamak anlamına gelir. İkincisi de duyguyu sağlıklı bir şekilde ifade etmektir. Müdür, çalışana "Bana niye selam vermedin?" diye kızarsa, bu yanlıştır. Çünkü öfkenin, çalışanla ilgisi yoktur. Sağlıklı birey, sadece duygunun kaynağı kendisiyse, bunu ifade eder.

Peki, duygusunu yönetemeyenler ne yapar?

Özgür Bolat: Duyguyu yönetemeyen insanlar ya (i) duygusunun farkına varmaz ya (ii) duygusunun tam tersini ifade eder ya da (iii) duygusunu bastırır veya yok sayar. Nasıl mı? (i) Bazı insanlar, bazı durumlarda ne hissettiğini bilmez. Sinirlenmesi gerekirken, üzülür. Üzülmesi gerekirken, sinirlenir. Yani, duygusunun farkında değildir. (ii) Bazıları da üzgünken, neşeli davranmaya çalışır. Neşeliyken de içinde bir üzüntü yaşar. Yani duygusunun tam tersini gösterir. (iii) Bazı insanlar da duygusunu bastırır. Öfkelenir, ama korkularından dolayı bunu ifade etmez. Üzülür, ama duygusunun karşılık görmeyeceğini düşündüğü için üzüntüsünü paylaşmaz. Bu kişileri siz sakin görürsünüz ama içinde aslında fırtınalar kopuyordur. Duygularını dışa vurmazlar ve bastırırlar. Dahası, bir süre sonra duygularını yok saymaya çalışırlar. Bunun için de alkol, kumar veya bilgisayar gibi bağımlılıklar geliştirirler. Bağımlılıklar, duygularla yüzleşmeyi engeller. Bu üç yöntemle de duygular yönetilemez. İşte bu yüzden bir gencin ergenliğinin sakin geçiyor olması, onun sorunsuz olduğu anlamına gelmez. O ergen, duygusunu bastırıyor olabilir. Duygusunu bastırdığı için, çok duygu patlaması yaşamaz veya asilik göstermez. Aile de çocuğu, sorunsuz ergenlik geçiriyor zanneder. Kısacası, sakinlik bir sorun olabilir. Bu arada asla unutulmamalıdır ki duyguların bastırılması, duygu patlamalarından daha tehlikelidir.

Ne yapılmalı peki?

Özgür Bolat: Ergen, duygusunu bastırdığı için mi yoksa duygusunu sağlıklı bir şekilde yönettiği için mi sakin, bu keşfedilmelidir. Eğer ergen; rahatça duygularından bahsedemiyorsa, sizinle iletişimden kaçıyorsa, hayatında olup bitenler hakkında çok konuşmuyorsa, utangaç davranışlar sergiliyorsa veya söz verip yapmıyorsa, duygusunu bastırıyor olabilir. Bu durumda anne baba, ona baskı uygulamadan, onunla gerçek ve koşulsuz ilişki kurmalıdır. Onu kontrol etmektense, dinlemek ve anlamak gerekir. Onun adına karar vermektense, kendi kararlarını vermesi için destek olunmalı. Dahası anne babanın da onun yanında, gerçek duygularını utandırıcı olsa da ifade etmesi gerekir. Eğer anne ve baba böyle bir ilişki kurmaya başlarsa, çocuk da zamanla duygularını size ifade etmeye başlayacaktır ve ergenliği daha sağlıklı geçecektir.

182 Dürtüsellik dikkate alınması gereken bir konudur

Dürtüsellik nedir?

Norma Razon: Davranışları planlamada, istekleri ertelemede ve kendini durdurabilme becerilerinde zorlanmadır. Düstüsellik, dürtülerini kontrol edememek, frenleyememek, düşünmeden davranmak, önce hareket etmek sonra düşünmek demektir. Genetik aktarımla gelen bir takım özellikler var dürtüsellikte... Hiperaktif, aceleci, sabırsız, tez canlı, beklemeye tahammülsüz, sınırlara tahammülsüz bireylerin bir kısmı dürtülerini kısmen veya tamamen kontrol etmeyi başarsa da, bir kısmı bütün çabalara rağmen başaramaz. Bu nedenle dürtüsellik önemsenmesi, üzerinde çalışılması ve küçük yaştan itibaren ele alınması gereken bir konudur. Bireye kontrol becerisini kazandırmada duyu bütünleme uzmanlarının, psikiyatristlerin, psikolog ve eğitimcilerin rolü büyüktür. Anne babanın sakin, sabırlı ve kararlı olması, az kural koyması ama bu kurallara uyulmasını sağlaması, anne babanın birbirine müdahale etmemesi ve paralel davranması, sınırların belirgin olması, az 'hayır' denmesi ancak hayırların 'evet'e dönüşmemesi, enerji harcama fırsatlarının yaratılması, arkadaş görüşmelerine ve hobilere yer verilmesi, sosyalleşme olanaklarının bulunması, okul, sınıf, öğretmen ve eğitim modelinin doğru seçilmesi, dürtüsellik kontrolünde önemlidir.

183 Disiplin için çocuğunuza 'hayır' deyin

Ergenlikte de çocuğa 'hayır' demek işe yarar mı?

Norma Razon: Evet, elbette... Belli konularda 'hayır' demek çok önemli. Ancak çocuğun isteklerine 'hayır' demenin makul, mantıklı gerekçelerinin olması ve bunların açıklanabilmesi lazım. Ergen arkadaşlarıyla sinemaya gitmek istiyor, onu engellemek için hiçbir neden yokken ona "Hayır, gidemezsin!" demek bambaşka sorunların ortaya çıkmasına sebep olabilir, ergenin isyankâr olmasına, saygısız davranmasına, hırçınlaşmasına, kuralları yıkmasına yol açabilir. Ergen ödevlerini bitirmiş, görevlerini tamamlamış, kendisinden beklenenleri gerçekleştirmiş, gideceği sinema ve seçilen film uygun ise 'hayır' demek, otorite gösterisinde bulunmak hatalı olur. Ergen sorumluluklarını yerine getirmemiş, ödevlerini eksik bırakmış, saygısızlık yapmış, arkadaşları ile uyumsuzluk sergilemişse, sinema uzakta ve seçilen film de uygun değilse, tabii ki 'hayır' demek doğru davranıştır. Evin kurallarına uymamak, sınırları zorlamak, talimatları dikkate almamak, görevlerini vaktinde yerine getirmemek, yaşına uygun olmayan isteklerde bulunmak, anne babanın onaylamadığı davranışlarda ısrarcı olmak 'hayır' cevabını gerektiren ergen hatalarıdır. Çocuğuna hep 'evet' demek, sevgi göstergesi değildir, 'hayır' demek de sevgisizlik işareti değildir. Çocuğunu çok seven anne baba da 'hayır' diyebilmeli, . 'hayır'ı yerinde kullanmayı bilmelidir.

Ergenlikte disiplin işe yarar mı peki?

Norma Razon: Disiplin her dönemde işe yarar, tabii ki ergenlikte de işe yarar. Yeter ki disiplin kararlı ve tutarlı olsun, disiplin kuralları mantıklı bir temele otursun, sabırla, sukunetle ve anlayışla uygulansın. Ergen başına buyruk hareket etmeyi sever. Özgür olduğunu ona kimsenin karışamayacağına inanır, kendi kararlarını kendi vermek ister. Ergene "Sen bir bireysin, bazı konularda karar verme hakkına sahipsin, ancak biz bir aileyiz ve ailece aldığımız kararlara, annen ve baban olarak koyduğumuz kurallara uymanı bekliyoruz" demek çok önemli. Ergenlikte çocuğu disipline etmek zor olabilir, ancak imkânsız değil. Evdeki kurallara herkes uyduğu sürece ergen, disiplinli olmayı, tutum ve davranışlarını düzenlemeyi öğrenecektir.

184 Yasaklamayın, açıklayın

Ergenlik döneminde çocuklar sigaraya, alkole veya uyuşturucu maddelere yönelebiliyorlar. Çocukları korumak ve doğru yönlendirmek için neler yapılmalı?

Norma Razon: Öncelikle şunu belirtmek isterim ki, yasaklamak en tehlikeli yöntemdir. Yasaklar hiçbir işe yaramaz. Bir de çocuğun ne gördüğü çok önemlidir. Mesela anne baba sigara içiyor, ama çocuğun cebinde sigara bulunca isyan ediyor. Bu doğru bir yaklaşım olamaz. "Sigara sağlığa zararlıdır, şu şu nedenlerden dolayı çok kötüdür" gibi söylemler de sanıldığının aksine çocuğu sigaraya iter. Bu nedenle böyle söylemlerden uzak durmak gerekiyor. Bunun yerine "Sigarayı deneyeceksen evde dene, içkiyi deneyeceksen evde dene; ben yasaklamıyorum ama dışarıda kontrolü kaçırabilirsin, başına istemediğin şeyler gelebilir. Bu nedenle deneyeceksen burada denemeni istiyorum" demek bile çocuk için caydırıcı bir yöntem olabilir. Çocuğunu sigara içerken yakalayan ailelerin yasaklar koyması, cezalar vermesi, telefonunu veya tabletini elinden alıp onu böyle cezalandırmaya çalışmasının hiç yararı olmuyor. Bu nedenle anne babaların böyle meselelerin yasakla çözülemeyeceğini bilmeleri gerekiyor. Çözüm, bu konuyla ilgili konuşmak, davranışlarla rol model olmaktır. Nasıl ki, cinselliği çocukla konuşmamız gerekiyorsa, sigara alkol veya uyuşturucu maddelerin zararlarını da çocukla konuşmamız gerekiyor. Bu konuşmalar da ergenlik öncesinde başlamalı. Örneğin çocuk, kendisine bu tür teklifler yapıldığında "Hayır" diyecek kadar güçlü ve güvenli olduğunu bilmeli. Çünkü çocuklar arkadaş kaybetmemek, sosyal bir grubun üyesi olabilmek için bir takım alışkanlıklara yönelebiliyorlar. Bir de eğer çok içinden çıkılamaz bir durum varsa, uyuşturucu ile ilgili ciddi şüpheler varsa mutlaka uzmandan yardım alınmalı.

185 Bir milletin zenginliği hisse senetleri değil, hissi senetleridir

Ergenlik öncesinde kurslara boğulan çocuklar, ergenlikle birlikte seslerini yükseltmeye başladıklarında hepsini birden bırakabiliyorlar. Bu sorun nasıl çözülür?

Sunay Akın: Anne babalar, küçük yaşlardayken çocukları kursa boğuyor. Sabah ata binsin, öğleden sonra gitar kursuna, sonra yüzmeye, ertesi gün etüt çalışmalarına... Çocuk birazcık büyüyünce, 13-14 yaşlarına gelince ve azıcık sesi yükselmeye başladığında hepsinden vazgeçiyor. Yani aslında anne babalar çocuklarının iyiliği için onları kurslara gönderiyor. Hiçbir anne baba çocuğunun kötülüğünü istemez. Ancak ortada öyle büyük bir sorun var ki... Yakın tarihimize baktığımızda, bu eğitim sisteminin içinden çıkan insanlardan başarılı olanları çok az. Türkiye'yi biz sanat anlamında, spor anlamında, kültürel anlamda başarılı göremiyoruz. Anne babalar bu kadar iyi niyetli davranırken, maddi olarak da bu kadar para dökerken bu başarı neden sağlanamıyor? Çünkü parayla saadet olmaz, bir milletin zenginliği hisse senetleri değil, hissi senetleridir. Biz hep bilinçli anne babalardan bahsediyoruz. Çocuğunu kursa gönderebilecek durumda olan anne babalardan söz ediyoruz; ama toplumun gerçeği bu değil. Toplumun gerçeğinde anne baba, çocuğuna oyuncak bile alamıyor. Zaten oyuncak lüks tüketim maddesi. Aylık bütçe yaparken oyuncağa pay ayıramıyor ki, ne yapsın? Peki, bu çocuk hayallerini nasıl güçlendirecek? Bir de anne baba bilinçli değil, daha minicikken kız çocuğa bebek, erkek çocuğa tabanca alıyor. Erkek çocuk silahla, kız çocuk bebekle büyüyor. Geniş fotoğraf böyle... Sonra devlet "Kadın cinayetleri sorununu nasıl çözeceğiz?" diye düşünüyor. Bir ülkenin geleceği o politikacıların vaatlerinde değil, o çocukların hayallerindedir. Her şeyden önce çocuğa bakış açımız değişmeli, çocukluk öyle kazasız belasız atlatılması gereken bir dönem değil! İlk çocukluk da, ergenlik de çocuğun özgürleştiği dönem olmalı. Çocuklara para ile yatırım yapmak yerine, hislerimizle yatırım yapmalıyız.

186 Hedefimiz 'iyi bir yurttaş yetiştirmek' olmalı

Vatana, iyi bir yurttaş yetiştirmek için anne babaların dikkate alması gereken noktalar neler?

Doğan Cüceloğlu: Bizi bir arada tutan ve bizi birbirimize bağlayan ortak değerimiz, en önemli büyük resmimiz bu vatandır. Üstelik bu değere, her birimiz damlaya damlaya katkıda bulunuruz. Bizler, birer birey olarak ne kadar çok sözcük bilirsek o kadar geniş düşünür, ne kadar çok üretirsek o kadar güçlü oluruz. Elbette ki buna bağlı olarak ortaya çıkacak olan sonuç da çok güçlü olur. Bundan dolayı 'hepimiz' kavramı içinde her birimizin sorumluluğu vardır. Dolayısıyla bu bilince sahip olup, bu bilinçle hareket etmeliyiz. Bir toplumda anne baba ve öğretmeni bir araya getiren en büyük güç çocuktur. Çocuğun gücü bu üç yetişkin bireyi aynı paydada buluşturur ve hepsi de özünde çocuğun iyiliği için bir aradadır. Ancak eğer anne baba veya öğretmen kendi tanıklığını keşfetmezse, çocuğun içinde var olan ve yeşertilmeye muhtaç olan potansiyel söner gider. Ancak anne baba ve öğretmen kendi tanıklığını keşfederse, vatana yurttaş yetiştirdiğini de keşfeder. Üstelik sadece kendi çocuğuna odaklanmaz, bu kez komşunun çocuğunu da önemser, okulda aynı sıralarda oturan çocukları da önemser, sokakta gördüklerini de önemser. Kendi çocuğu için istediğini diğer çocuklar için de ister. Böylece büyük resmi görür ve bir ekip içinde olduğunu anlar. Bu nedenle anne babalar ve öğretmenler kendi tanıklıklarını keşfetmeliler.

187 Evde haftalık beslenme programı hazırlayın

Çocuğun beslenme konusunda bilinçlenmesi için neler gerekir?

Taylan Kümeli: Haftalık programlar hem anne babanın alışverişini yönlendirir hem çocuğun disiplinini sağlar hem de anne babanın rastlantısal durumlarda çok fazla zorluk yaşamamasına yardım eder. Bu nedenle mutlaka haftalık beslenme programları hazırlanmalıdır. Mesela programında olan bir akşam dışarı çıkılmak zorunda kalınır ve o gün aslında evdeki köfte salata günüdür. O zaman "Bugün dışarıda köfte salata yiyelim" dersiniz, böylece düzen bozulmaz. Disiplin, insanın hayatını sıkıştırmadığı ve zorlaştırmadığı sürece çok çok önemlidir. Özellikle de beslenme alışkanlığı konusunda eğer dozunda olursa hem bedene hem ev düzenine hem de insanın mutluluğuna büyük katkı sağlar.

188 Şekerli yiyeceklerden uzak durmayı öğretin

Beslenme alışkanlığı çocuğun okul başarısını etkiliyor. Çocuklar şekerli gıdalara, özellikle de çikolataya bayılıyor. Ne yapılmalı?

Taylan Kümeli: Beslenme alışkanlığı çocukların okul başarısını doğrudan etkiler. Bu nedenle çocukları besinler konusunda bilinçlendirmek gerekiyor. Çocukların, hatta yetişkinlerin de vazgeçemediği yiyeceklerin başında çikolata geliyor. Eskiden insanlar bu tür ürünlere çok kolay ulaşamıyordu ama artık çok basit. Markete gittiğinizde ucuzu da var pahalısı da... Çocuklar kolaylıkla alabiliyorlar ve sınırsız çikolata yemek istiyorlar, ama çikolata şeker! Evet, son zamanlarda kakao oranı yüksek, şeker oranı düşük çikolatalar da yapılmaya başlandı ama bir çikolatanın da içeriği önemli. Örneğin bir çocuk her türlü çikolatayı yemek isteyebiliyor. Burada çocuğu bilinçlendirmek çok önemli. Sütlü ve şekerli çikolata yiyorsa zararlı, ama bitter olanını tercih ediyorsa daha iyi olduğunu bilmeli. Çikolatanın içinde magnezyum var, mutluluk hormonu salgılayacak yapısı var, hatta bitter çikolata her gün düzenli olarak 30 gram yendiğinde kalp krizi riskini de %17 oranında azaltıyor. Ancak çocuk "Bu çikolata çok acı, yemek istemiyorum" dediğinde "Bak bu çikolata diğerlerinden daha sağlıklı, yanında da bir bardak süt içtiğinde kalsiyum değeri artacak, vücuduna büyük fayda sağlayacak" diye çocuğu bilinçlendirmek gerekiyor. Eğer bitter çikolata sevmediyse onun yerine hurma yediğinde tatlı ihtiyacını gidermeyi öğrenecektir çocuk.

189 Çocuğunuzun yerine siz karar vermeyin

Çocukların yerine büyüklerin karar vermesi doğru mu?

Sunay Akın: Bir gün İstanbul Oyuncak Müzesi'ne 8 yaşındaki kızıyla birlikte bir anne gelmişti. Birlikte müzeyi gezerken özel oyuncakların sergilendiği odayı gördüler. Kız çocuğu içeri girmek istedi, anne ise çocuğu çekti ve "Gel yavrum burası erkek çocukları için!" dedi. Üstelik bunu, çocuğunu müzeye getirecek duyarlılıkta bir anne söylemişti. İnanılmaz! Dolayısıyla bu küçük örnekte bile çocuğun isteğini bir annenin yönlendirdiğini görüyoruz. Oyuncakların da yetişkinler tarafından cinsiyetlere ayrıldığını görüyoruz. Büyükler elbette ki, çocuklarının iyiliği için onları yönlendirecekler, ama çocuklarının yerine karar verme cesareti göstermeleri kabul edilemez. Çocuklar da birer bireydir. Bu nedenle bu yaklaşımlar kesinlikle doğru olamaz!

190 Gereksiz vitamin tüketiminden uzak durun

Hem yetişkinler hem de çocuklar son yıllarda çok fazla vitamin takviyesi alıyor. Doğru mu bu?

Taylan Kümeli: Kesinlikle hiçbir şey ezbere kullanılmamalı. Vitaminler de öyle... Vitaminler ezbere kullanıldığında ve fazla olmaları durumunda vücudumuzda zehirlenmeye sebep olur. Örneğin A, E ve K vitaminleri yağda depolanan vitaminlerdir. B ve C grubu vitaminleri de suda eriyen vitaminler olduğu için depolanma özelliği yoktur. Bunlar çok basit kurallardır. Burada bizim dikkat etmemiz gereken şey şudur: Basit bir ağrı kesici bile alacak olsak mutlaka analiz yapıldıktan sonra alınmalıdır. Önce bir kan tahlili yapılmalıdır. Daha sonra da o tahliller bir aile hekimi, beslenmeye yönelik ise bir beslenme uzmanı tarafından değerlendirilmeli, eksiklikler varsa vitamin tüketilmelidir. Özellikle ergenlik döneminde yanlış vitamin kullanımı çocukların sağlığını çok çok olumsuz etkiler. Hormonal denge bozulabilir, hatta fazla vitamin alınması toksik etki yapar. Mesela D vitamini çok önemli bir vitamindir ama fazlasının toksik etkisi vardır. Evet, D vitamini mutlaka çocukların ve ailelerin alması gereken bir vitamindir. B grubu vitaminlerinden B12 çok önemlidir ama analiz edilerek alınmalıdır. Örneğin bir ergen bireyde demir eksikliği çıktıysa mutlaka C vitamini takviyesi gerekir. Aynı şekilde aileye de... Eğer ergenlik döneminde ciltte problem varsa, saç dökülmesi varsa, mutlaka tahlille belirlenerek Biyotin alınması gerekir. Eğer ailede tiroid problemi varsa, mutlaka selenyum vitamini alınmalı. Bu vitamin de haftalık dozlarda ve ölçtürülerek alınmalı. Ergenlikte demir vitamini çok önemlidir, çinko vitamini boy uzamasında çok önemli rol oynar. Kalsiyum da çok önemlidir. Her bir vitaminin faydası vardır, ama vücutta eksikse... Bu nedenle dozlarının, mevsimlerinin ve kullanım sürelerinin iyi ayarlanması gerekir. Hiçbir aile, doktor tavsiyesi olmadan vitamin kullanmamalıdır.

191 Mevsime göre beslenin

Çocuklar ve hatta yetişkinler bile hangi ürünün hangi mevsimde yetiştiğini unuttu. Oysaki mevsime göre beslenmek çok önemli... Ne yapılmalı?

Taylan Kümeli: Bizler çocukken mevsimler arasında çok keskin ayrımlar vardı. Sonbaharı, yazı, kışı çok yaşardık. Karın ne zaman yağacağını bile tahmin ederdik. Şimdi ise mevsimler birbirine karıştı. Tarımda ve beslenmede de bazı ürünler birbirine karıştı. Şimdi her sebze meyve her mevsim var. Mesela çeri domates yoktu eskiden, mart ayı gelsin de mis gibi domatesler çıksın, kış gelsin de kestane çıksın diye beklerdik. Burada geçmişten gelen bilgilerimizden de yararlanarak hangi meyve ve sebzenin hangi mevsimlerde çıktığını öğrenmemiz ve ona göre tüketmemiz gerekiyor. Örneğin, lahanayı kasım ayında, çileği nisan ayında, karpuzu haziranda, temmuzda almalıyız. Ağustosun sonunda taze ceviz ve taze fındık çıkar. Çünkü ağustos depresif bir aydır. Sonbahar geleceği için insanlar depresyona girer ve Omega 3'e ihtiyacımız olur. Dolayısıyla ağustosun sonunda balık mevsimi açılır, çünkü en büyük Omega 3 kaynağı balıktır. Neden nar, mandalina, portakal, limon kışın çıkar? Çünkü biz kışın daha çok hastalanırız ve vitamine daha çok ihtiyacımız vardır. Mesela yazın bütün meyveleri suludur. Kiraz gibi, erik gibi, karpuz gibi...

Çünkü yazın suya ihtiyacımız var. Mesela neden meyveler kışa doğru geçtikçe tatlılaşır? Çünkü canımız tatlı ister... Dolayısıyla burada doğaya kulak vermek, çocukları doğanın getirdikleri konusunda bilgilendirmek ve araştırmak gerekiyor. Beslenme bir bilinç meselesidir ve bu bilinci kazanan her birey sağlıklı ve mutlu yaşamanın formülünü bulur.

192 Sınav günlerinde kahvaltıya dikkat

Sınav gününe özel beslenme tarzı var mıdır?

Taylan Kümeli: Var. Eğer çocuk ertesi sabah sınava girecekse hafif bir akşam yemeği yemeli. Sabah kalkınca da kahvaltısını mutlaka yapmalı. Sınav sabahı kahvaltıda bir yumurta, yanında tahıllı bir ekmek, tuzlu olmayan bir peynir, birkaç tane zeytin ve mevsimine göre yeşillik en ideal kahvaltı. Bunun yanında pekmez veya bal, bir tane hurma, bir tane kuru kayısı son derece iyi, zinde ve sağlıklı bir kahvaltı olacaktır. Ayrıca üniversiteye giriş sınavı gibi sınavlar aylar öncesinden belli olur. Özellikle sınavdan bir hafta öncesinden hafif ve sağlıklı bir beslenme programı yapılabilir. Bu, sınava özel bir beslenme gibi algılanmamalı, ancak özellikle bu dönemde aşırı yağlı, şekerli gıdalardan uzak durulmalı.

193 Üniversiteye giriş sınavı konusunda bilinçlendirin

Üniversiteye giriş sınavı çocuğun en çok stres yaptığı sınav. Bu süreç nasıl geçirilmeli?

Arzu Yükselen: Anne babaların sınavlar konusunda çocuklardan daha heyecanlı olduğunu görüyoruz. Bir defa bu konuda anne babaların ortamı gerginleştiren ve çocuğu zorlayan tavrından vazgeçmesi gerekiyor. Sınavın normal bir şey olduğu, heyecana gerek olmadığı, ona sadece sorular sorulduğu ve bu soruların yanıtlarının beklendiği söylenebilir. "Şu veya bu üniversiteyi kazanacaksın! Haydi, başaracaksın!" gibi bir tavır sergilenmemelidir. "Biz seni her koşulda seviyoruz, sonuç ne olursa olsun yanındayız" mesajının çocuğa açıkça verilmesi gerekiyor. Şunu unutmamamız gerekiyor: Özellikle üniversite sınavının olduğu dönem çocukların pek çoğunun sosyal ilişkilerinin azaldığı bir dönemdir. Çocuklar test çözmekten başlarını kaldıramıyorlar. Stresleri en üst düzeye çıkıyor. Bu süreçte ailelerin de anlayışlı olması gerekiyor. Çocuğun bir plan dâhilinde çalışması, kendine dinlenme zamanları ayırması, fırsatı varsa bisiklet sürmesi, açık havaya çıkması, zaman zaman arkadaşlarıyla buluşması çok önemli. Anne babalar bu süreçte asla baskıcı olmamalı, çocuklarına güvenmeli, sınavın anne babalarının değil çocukların sınavı olduğunu anlamaya çalışmalıdır.

194 Üniversite tercihi yaparken onu zorlamayın

Ergenlik dönemi üniversite sınavına hazırlanmakla geçiyor, sonra da en stresli ikinci dönem olan üniversite tercihleri başlıyor. Aileler, çocuklarıyla nasıl konuşmalı?

Selçuk Şirin: Üniversite tercihi gençlerin yapacağı nihai tercih değil. Rahat olmalılar. Hata yapılacak bir durum yok. Daha önceki kuşaklarda belki girdiğiniz üniversite hayatınızın sonuna kadar yapacağınız işi belirliyordu. Artık böyle bir durum yok. Meslekler hızla değişiyor. O nedenle bu çağın gençleri en az üç meslek değiştirecek. Dolayısıyla ailelerin de kendine dair fikirleri, beklentileri ve hayalleri değişecek. Bu nedenle üniversite tercihi yapacak gençler, verecekleri kararın nihai bir karar olmadığını bilmeli ve rahat olmalıdırlar. Çünkü kariyerlerine dair daha pek çok tercih yapma fırsatı bulacaklar. Üniversite tercihi o kararlardan ilki ve muhtemelen en önemlisi değil. Gençler, taban puanlarına ve sıralamalara değil kendi hayallerine kulak vermeli. Aileleri de bu konuda onları desteklemeli. Anne babaların çocuklarına sorması gereken çok basit bir soru var: "Hayalin nedir? Tutkun nedir?" Bu sorunun yanıtı çok önemli. Çünkü bu devirde, sıradan bir tıp doktoru olmak yerine, mesleğine tutkuyla bağlı bir hemşire olmak çok daha iyi. Böyle bir tercih insanı daha mutlu yapar ve daha iyi bir maddi gelecek sunar. Ayrıca gençlerin de kendilerine sorması gereken çok basit bir soru var: "Yaparken zamanı ve mekânı unuttuğum uğraş nedir?" Bir alanda başarılı olmanın sırrı bu soruda yatıyor. Bu nedenle üniversiteye gidecek olan bir genç, tutkusu neyse onun peşine gitmeli, hayallerini hiçe saymamalı. Anne babalar da şunu unutmamalı: Çocuğunuz o tercihi kendisi için yapıyor, sizin için değil!

195 Beslenme tercihlerini anlayışla karşılayın

Ergen bireyler arasında veganlıkla ilgili bir eğilim var. Bu, bir tercih. Anne baba nasıl yaklaşmalı?

Taylan Kümeli: Ergenlik, çocuk bireyselliğinin öne çıktığı dönemdir. Bu durum beslenme konusunda da böyledir. Çocuklar kurulu düzene karşı çıkar, ailesinde yapılmayanları yapmak isteyebilir, arkadaşlarından etkilenebilir ve çeşitli eğilimlerde bulunabilir. Dolayısıyla bir gün eve gelip "Anne baba et pişirme, süt de içmem! Ben vegan oldum" diyebilir. Burada çocukla inatlaşmamak gerekir. Aslında bu tür tartışmalar çok iyidir, çünkü çocuğu da anne babayı da ileriye götürecek bir şeydir. Eğer ergen bireyin beslenme tercihi, beslenme bozukluğuna gitmeyecekse sorun yok. Onu anlamak, hatta gerekçelerini öğrenmek, bu konuda sohbet etmek ve kararlarına saygı duymak gerekir. Sadece veganlık konusunda değil, verdiği tüm kararlarda iyi araştırma yaptıysa, gerekçeleri sağlam bir şekilde yere basıyorsa saygı duymaktan başka seçeneğimiz olamaz. Ancak şunu unutmamalıyız: Beslenme bir bilimdir ve her insan besinler konusunda araştırma yapmalı, besinlerin insan vücuduna etkilerini öğrenmelidir.

196 Sosyal hayat ile aile hayatı arasında bağ kurun

Anne ve babalara şunları söylemek istiyorum dediğiniz bir şeyler var mı?

Taylan Kümeli: Ergen bireylerin sosyal hayatı ile aile hayatı arasında bir uyum yakalamak çok önemlidir. Bu, beslenme konusunda da böyledir. Çocuğun dışarıda ne yiyip ne içtiği, kendini ergenlik sürecinde nasıl bir beden içinde gördüğü çok önemli.

Arkadaşlarıyla sinemaya gittiğinde onlara uyum sağlamak adına bazı gıdaları tüketmek isteyebilir, bu evde bir kavga konusu olmamalıdır. Eğer anne baba, çocuğunun beslenme konusunda takıntılı olmasını istemiyorsa onun bireysel yapılanmasına saygı duymalıdır. Zaten küçük yaşlardan itibaren besinlerle ilgili bilgi verilen çocuk, öğrendikleriyle kendi yolunu bulacaktır. Ancak arkadaş grubundan kopmamak için zaman zaman evdeki beslenme düzenini ihlal eden tavırlar içinde bulunabilir. Eğer beslenme konusunda onun tercihlerini ağır eleştirirsek ve ona saygı duymazsak, çocuk bizden kopabilir. Bu da daha kötü beslenmesine sebep olabilir. Bizler çocuklara sözlerimizle ve yargılarımızla değil, tavır ve davranışlarımızla örnek olabiliriz. Eğer dışarı çıktığımızda sağlıklı gıdaları tercih ediyorsak, o da sağlıklı gıdalara yönelmenin önemi üzerinde durur. Ayrıca ergen birey arkadaşlarıyla beraber dışarı çıktığında hamburger yemek istiyorsa bazen siz de evde sağlıklı bir hamburger günü yapabilirsiniz. Örneğin pazar günü tahıllı bir ekmeğin içine taze köfte ve mevsim sebzeleriyle hazırlanmış güzel bir hamburger günü çocuğun aile hayatı ile sosyal hayatı arasında bağ kurabilir. Çocuk, evde yediği sağlıklı hamburgeri dışarıda yediğine tercih edebilir, farkındalığı artar.

197 Gelecek korkusu yaşayan bir ebeveyn olmayın

Anne babaların, çocuğunun geleceğiyle ilgili kaygıları neden kaynaklanıyor?

Sunay Akın: Anne babalar çocuklarını yarıştırıyorlar. Çünkü toplum, geleceğinden emin olmayan, geleceğini öngöremeyen anne babalardan oluşuyor. Yetişkinlerde gelecek kaygısı had safhada. Bu korkumuzu çocuklarımıza onları yarıştırarak ya da kıyaslayarak yansıtıyoruz.

Peki, bu durum nasıl çözülür?

Sunay Akın: Çözüm için bir anne oğul öyküsünden söz etmek istiyorum: Osman Şahin çok değerli bir yazardır, senaristtir, öykücüdür. Çok iyi ve güçlü bir kalemdir. 1970'li yıllarda TRT ödülleri çok önemliydi. 1971 yılında TRT Edebiyat Ödülü'nü Osman Şahin kazanmıştı. Mersinli bir Yörük olan Şahin ödülü kazandığını duyunca annesini arar: "Anne, hani bir yarışma vardı ya, oğlun o yarışmada birinci oldu. Birinciyim anne!" Karşı taraftan ses gelmez. Osman, hat düştü herhalde, diye düşünür. "Anne! Orada mısın?" der, karşıdan "Evet oğul!" sesi gelir. "Birinci oldum anne, birinci!" der bu kez Osman Şahin. Bu cümle üzerine o Yörük annesi oğluna şöyle der: "Üzülme oğul! İleride üçüncü de olursun, beşinci de olursun, dokuzuncu da." O annenin bu yanıtının derin bir anlamı vardır. Çünkü o anne için birinci olmak demek, tek kalmak demektir. O, oğlunu kalabalığın içinde görmek istiyor, çünkü oğlunun mutluluğu kalabalık içinde bulacağını düşünüyor. Bu Yörük anneye iyi bakalım. Yörük anne demek, doğadan kopmayan, ayakları yere basan bir anne demek. Oysaki bizim ayaklarımız asfalta basıyor, doğadan uzağız. Kentin bu "Altta kalanın canı çıksın" şeklindeki acımasız tavrı yüzünden anne babalarımız kaygıyla çocuk yetiştirmeye çalışıyor. Çocukları teklikte değil, çoklukta gören bir geleneğe yönelmemiz gerekiyor.

198 Hedefiniz 'mutlu insan yetiştirmek' olsun

Çocukların geleceğe umutla bakması için ne yapmalıyız?

Sunay Akın: Bizim ihtiyacımız olan tek şey var, o da mutluluktur. İnsan neden yaşar? Eğer mutlu değilse, dünyanın parasını kazanmış, en iyi şirkette üst düzey yönetici olmuş ama mutlu değilse o yaşamın bir anlamı olur mu? Mutluluk insanın en temel ihtiyacıdır. Mutlu bir çocukluk geçiren insanların yaşamda daha mutlu olacağı, kendi kendine yeteceği, en küçük şeylere bile sevineceği aşikâr. O halde, anne babaların da en temel isteği çocuğunun mutlu olmasıdır. Ancak çocuklar dayatma içinde mutlu olamazlar. İşte bu sebeple çocukların isteklerini göz ardı etmeden, onlarla karşı karşıya gelmeden, inatlaşmadan bir ilişki kurmak gerekir. Sevildiğini bilen çocuk heyecanlanır, heyecanlanan çocuk kendini gösterir. Eğer çocuk kendini gösterdiğinde anne, baba ya da öğretmen o çocuğun gayretini görür, ona destek olursa; gelişim de olur başarı da olur mutluluk da olur... İşte bu nedenle anne babalar, çocuklarının mutluluğunu hedeflemeli.

199 Tüketici değil, üretici olmayı öğretin

Mutlu çocuklar yetiştirmenin sırrı nedir?

Doğan Cüceloğlu: Anne baba, çocuğunun mutlu olmasını istiyorsa kendisinin mutlu, huzurlu ve şükür duygusu içerisinde bir insan olmasına önem göstermeli. Şükredecek değerlerinin farkında olmalı. Eğer çocuklar sürekli şikâyet eden, doyumsuz, daha çok isteyen, asla azla yetinmeyen, AVM'lerden çıkmayan, "Bende niye yok?" diyen çocuklarsa, ne kadar çok şeye sahip olurlarsa olsunlar mutlu olamazlar. Bu nedenle tüketici değil, üretici olalım. Bir serçe için bir kap su koymak, bir ağaç dikmek, bir kediye mama vermek, basit malzemelerle bir şeyler ortaya koymak, üretmek mutluluk getirir. Bir çocuk doğayla ilişki içerisinde olup kendisinin de fark yaratabileceğini bilmeli. Kendisinin de üretken olabildiğini görmeli. Bizim hedefimiz çocukların mutlu olması olmalıdır. Çocukların, çocukluğunu yaşaması lazım! Çünkü insanın anavatanı çocukluğudur. Bu öylesine önemlidir ki... İnsan bir kere çocuk olur, bir daha asla...

200 İdeal toplum için 'ideal insan' şarttır

Herkesin 'ideal insan' tanımı farklı. Türk toplumun ideal insan uzlaşısı nasıl olmalı?

Sunay Akın: İdeal insan dediğimizde, benim gözümün önüne hep bir orkestra gelir. Orkestrada vurmalı çalgılar vardır, üflemeli çalgılar vardır, yaylı çalgılar vardır. Her biri tek başlarına başka başka sesler çıkartır ama bir araya geldiklerinde müthiş bir eserin paydaşı olurlar. Her biri farklı seslerle bütünü oluştururlar. İşte bu çalgıların her biri ideal insandır, o orkestrayı tamamlayacak olan ideal insan! Biz, ideal insan için kültürü çok iyi algılamalıyız. Örneğin Mezopotamya'yı düşünün... Ne kadar farklı ve ne kadar canlı bir kültür vardır orada! Kafkasları, Balkanları düşünün... İşte bu üçünün aktığı yer Anadolu'dur. "İdeal insan nedir ve nasıl olacaktır?" sorusunun yanıtı şudur: Kültür politikasıyla! Cumhuriyetin, Mustafa Kemal'in kültür politikasına baktığımızda şunu görüyoruz: Atatürk'ün 1930 yılında Paris'te çıkardığı bir dergi vardır, Hitit Dergisi. Bu, Anadolu'nun ilk devleti Hititleri araştırır. Atatürk bu çalışmaları, kültür politikasında vatan tanımını, aidiyet duygusunu ve vatanseverliği bu coğrafyada bizden önce yaşayan medeniyetlere kadar indirmek için yaptırır. O dergide yapılan çalışmalardan biri çok çarpıcı bir örnek sunuyor bizlere: Eski Hititlerde saz görülüyor, o sazın ucundan da ip sarkıyor. Çünkü o saz çalındıktan sonra yere konulmaz, sapından kaldırıp duvara asılır. O sazın başındaki ip, kültür politikasıdır işte. O, bilginin ipidir. Türkiye Cumhuriyeti'nin, Atatürk'ün oluşturduğu kültür politikası budur. Düşünün ki, Cumhuriyeti'in ilk yıllarında bankalara Sümerbank, Etibank adları konulmaktaydı. İstanbul'da yeni yapılan semtlerin adları Etiler'di, Akatlar'dı. İdeal insan işte bu kültür politikasında ortaya çıkar. Bilginin ışığında yürüyen insandır ideal insan. Bugünün anne babaları da ideal insanı hedeflemelidir. Çünkü onların yetiştirdiği çocuklar, bir orkestrayı tamamlayacak çalgılar gibi olmalılar.

Uzmanlar

Çocuk Gelişimi Uzmanı Prof. Dr. Arzu Yükselen: Lisans, yüksek lisans ve doktora eğitimini Hacettepe Üniversitesi'nde tamamladı. 2014'de İstanbul Medipol Üniversitesi'nde Çocuk Gelişimi Bölümü'nü kurdu. Özel gereksinimli çocukların gelişimi, kaynaştırma, yaratıcı drama vb. alanlarda çalışıyor.

Psikolog Prof. Dr. Doğan Cüceloğlu: İstanbul Üniversitesi Psikoloji Bölümünden mezun oldu, doktorasını ise ABD Illinois Üniversitesi'nde tamamladı. Çok sayıda bilimsel yayını ve kitabı bulunan Cüceloğlu'nun hayatı "İnsanı Ararken" adlı kitaba da konu oldu.

Çocuk Sağlığı ve Hastalıkları Uzmanı Dr. Fatma Kırcı: İstanbul Üniversitesi Cerrahpaşa Tıp Fakültesi'nden mezun oldu. Uzmanlık eğitimini de aynı üniversitede Çocuk Sağlığı ve Hastalıkları konusunda tamamlayan Kırcı, serbest hekim olarak çalışmaktadır.

Eğitim Danışmanı Pedagog Prof. Dr. Norma Razon: Ekipnormarazon Eğitim Danışmanlığı Merkezi'nin kurucusu, cocukludunya.com internet sitesinin eğitim danışmanı olan Razon, İÜ Edebiyat Fakültesi Pedagoji Bölümü'nden mezun oldu. 1968'den bu yana eğitim-öğretim hizmetlerini sürdürmektedir.

Eğitim Bilimci Dr. Özgür Bolat: Lisans eğitimini Boğaziçi Üniversitesi'nde, yüksek lisansını Harvard Üniversitesi'nde, doktorasını ise Cambridge Üniversitesi'nde tamamladı. "Beni Ödülle Cezalandırma" kitabıyla dikkatleri üzerine çeken Bolat, bir dönem Hürriyet Gazetesi'nde köşe yazarlığı da yapmıştır.

Davranış Bilimci Prof. Dr. Selçuk R. Şirin: Çok sayıda ödülün sahibi olan bilim insanı, New York Üniversitesi'nde davranış bilim ve istatistik dersleri vermektedir. Bir dönem Hürriyet Gazetesinde köşe yazarlığı da yapan Şirin'in son kitabı "Yetişin Çocuklar" adını taşıyor.

Yazar ve Şair Sunay Akın: Türkiye'nin yetiştirdiği en değerli aydınlardan biri olan Akın, Türkiye'ye aralarında İstanbul Oyuncak Müzesi, Masal Müzesi ve Oyun Müzesi gibi müzelerin de olduğu çok sayıda müze kazandırdı. Yazar; öykü, deneme, oyun, şiir gibi türlerde çok sayıda esere imza atmıştır.

Beslenme ve Diyet Uzmanı Taylan Kümeli: Hacettepe Üniversitesi Beslenme ve Diyetetik Bölümü'nden mezun oldu. 1999 yılında Taylight adlı kliniğini açtı. Çok sayıda kitabı bulunan Kümeli, çocuklar için beslenme eğitim programı "Çocuklar Mutfakta/Kids in the Kitchen" projesini hayata geçirdi.